Hans Albrecht Hesse

Einführung in die Rechtssoziologie

Hans Albrecht Hesse

Einführung in die Rechtssoziologie

VS VERLAG FÜR SOZIALWISSENSCHAFTEN

VS Verlag für Sozialwissenschaften
Entstanden mit Beginn des Jahres 2004 aus den beiden Häusern
Leske+Budrich und Westdeutscher Verlag.
Die breite Basis für sozialwissenschaftliches Publizieren

Bibliografische Information Der Deutschen Bibliothek
Die Deutsche Bibliothek verzeichnet diese Publikation in der Deutschen Nationalbibliografie;
detaillierte bibliografische Daten sind im Internet über <http://dnb.ddb.de> abrufbar.

1. Auflage August 2004

Alle Rechte vorbehalten
© VS Verlag fur Sozialwissenschaften/GWV Fachverlage GmbH, Wiesbaden 2004

Lektorat: Frank Engelhardt

Der VS Verlag für Sozialwissenschaften ist ein Unternehmen von Springer Science+Business Media.
www.vs-verlag.de

Umschlaggestaltung: KünkelLopka Medienentwicklung, Heidelberg
Gedruckt auf saurefreiem und chlorfrei gebleichtem Papier

ISBN-13: 978-3-531-14260-9   e-ISBN-13: 978-3-322-80572-0
DOI: 10.1007/ 978-3-322-80572-0

Vorwort

Dieses Buch ist aus meiner langjährigen Lehrtätigkeit am Fachbereich Rechtswissenschaften der Universität Hannover hervorgegangen. Meine rechtssoziologischen Lehrveranstaltungen – sie begannen im Gründungssemester des Fachbereichs 1974/75 und dauerten bis zu meiner Emeritierung im Sommersemester 2003 – wurden von Studenten der Rechts- und der Sozialwissenschaften besucht. Das dafür erprobte didaktische Konzept liegt diesem Buch zugrunde. Dass Lehrveranstaltungen – Mischungen aus Vorlesung und Diskussion – dem Text zugrunde liegen, merkt man ihm auch nach gründlicher Überarbeitung der Vorlesungsskripten im Tenor wie in den Redundanzen und Verweisungen sicherlich an. Ich hoffe, dass das Konzept sich auch bei Lesern bewährt.

Ich danke den Studierenden, von deren kritischer Mitarbeit ich profitiert habe. Eine frühere Fassung von Kap. 2 war Gegenstand eines Seminars im Sommersemester 2003. Den Teilnehmern danke ich für eine Reihe von Anregungen zur Überarbeitung. Sehr hilfreich war die Initiative von Stephanie Thiede, die zur Auffindung des Goethe-Gedichts „Katechisation" führte, das mir nur in Bruchstücken in Erinnerung war. Ein besonderer Dank für wichtige Hinweise gilt den studentischen Mitarbeitern Maike Reershemius und Felix Haupt. Ohne ihre Hilfe bei der Literaturbeschaffung und beim Korrekturlesen wäre das Buch nicht zustande gekommen. Ebenso gilt mein Dank den ehemaligen studentischen Mitarbeitern Irene Goodchild, Peter Kauffmann und Stephan Meyer, die, inzwischen als Referendare oder als Rechtsanwalt tätig, weiterhin meiner Arbeit verbunden geblieben sind. Irene Goodchild verdanke ich die Register; allen dreien verdanke ich eine Fülle von Anregungen und Literaturhinweisen. Für Anregungen und Literaturhinweise danke ich ebenfalls meinen Kollegen Ernst-Wilhelm Luthe und Stephan Meder. Schließlich habe ich wie immer, wenn ich etwas zu Papier bringe, Karin Hase zu danken. Sie hat alles in die gehörige Form gebracht.

Ich widme das Buch Julia, Nora und Hellena, Barbara und Ursula, und Zoi.

Hannover, im Februar 2004

Hans Albrecht Hesse

Inhalt

1 Grundlegung

1.1 Recht und Rechtssoziologie im „Hier und Heute"

Das Recht gibt es nicht als festen Bestand. Es ist im Fluss, und der Fluss fließt immer schneller. Gesetzessammlungen werden immer häufiger erneuert, Kommentare und Lehrbücher in immer kürzeren Zeitabständen neu aufgelegt. Wer heute das Studium der Rechtswissenschaft beginnt, der kann nicht damit rechnen, dass der Stoff, den er zu Beginn seines Studiums vorgesetzt bekommt, zum Zeitpunkt seines Examens unverändert aktuell ist. Das gilt für das Recht ebenso wie für die im Gewande der Rechtswissenschaft auftretenden Auslegungen des Rechts, die den eigentlichen Kern des Studiums bilden.

Auch die Zahl der *Quellen* wächst, aus denen Recht fließt. Dass das Recht *positiv* wurde, ist eine der Errungenschaften der Neuzeit. Eine Weile konnte man davon ausgehen, dass der Blick auf das Recht an dem vom *Parlament* beschlossenen und ordnungsgemäß verkündeten *Gesetz* einen *sicheren* Anhalt habe. Dann musste man lernen, zwischen dem Gesetz im *formellen* und im *materiellen* Sinn zu unterscheiden, aber nur, um *beide* als Ausdruck *geltenden Rechts* zu akzeptieren. So tritt mit dem *Verordnungsrecht* die *Exekutive* als Gesetzgeber neben die *Legislative*, obwohl sie streng genommen nach dem mit Verfassungsrang ausgestatteten *Gewaltenteilungsprinzip* dort nichts zu suchen hat. Der beschwichtigende Hinweis, das Verordnungsrecht als Recht der Exekutive habe Ausnahmecharakter und sei durch Vorgaben der Legislative streng begrenzt, ist durch die Praxis längst überholt und widerlegt. Das Gewaltenteilungsprinzip ist damit ein erster Anwendungsfall der Differenz zwischen Programm und Praxis, auf die die Rechtssoziologie *fortwährend* stößt. Diese Differenz ist geradezu *Geschäftsgrundlage* des Fachs! Davon lebt das Fach, und davon leben die, die es betreiben.

Nicht nur die Exekutive, auch die *Judikative* dementiert das Prinzip der Gewaltenteilung. Sie wird für den Bestand des Rechts immer wichtiger. Vielfach sind Gerichte für die Frage nach dem *geltenden Recht* zur höchsten Autorität geworden. Ob man ihre Tätigkeit im Einzelfall als Rechtsinterpretation bezeichnet oder als Rechtsschöpfung, ist dabei von sekundärer Bedeutung, denn die herrschenden Interpretationskünste haben längst dazu geführt, dass es eine klare Grenze zwischen Interpretation und Neuschöpfung nicht mehr gibt. So oder so verwandelt der Einfluss der Judikative das *Gesetzesrecht* mehr und mehr in *Fallrecht*. Dabei wird immer häufiger, vor allem in den so genannten „harten Fällen", *Verfassungsrecht* streitentscheidend. Das *gesamte nationale* Recht aber, gleich, aus welcher Quelle es fließt, wird zunehmend überlagert und modifiziert durch *internationales* Recht, vor allem durch *EU-Recht*. Die Überlagerung nationalen Rechts durch EU-Recht ist ein weiterer Anwendungsfall für die Differenz von Programm und Praxis. Von der Überlagerung seines Rechts durch EU-Recht wird das für Deutschland wie für jede Demokratie *konstitutive parlamentarische Prinzip* geradezu *zentral* tangiert, denn die Europäische Union hat zwar ein „Parlament", aber dieses Parlament ist *nicht* der Gesetzgeber des EU-Rechts. Das ist vielmehr die Brüsseler Bürokratie.

Ist so „das Recht" als ein aus vielen verfassungsrechtlich nur partiell legitimierten Quellen mit vermehrter Geschwindigkeit fließender Gegenstand schwer zu fassen, so vermehren sich die Schwierigkeiten, wenn man es nicht „als solches" beobachten will, also in der Form, in der die Rechtswissenschaft es behandelt, sondern in den übergreifenden Zusammenhängen des *lebenden Rechts*. Das aber ist Aufgabe der Rechtssoziologie. Sie nimmt die Praxis, aus der das Recht stammt, ebenso in den Blick wie die Praxis, die mit seiner Anwendung befasst ist, wie die Praxis, deren Regulierung Zweck des Rechts ist. Diese drei Praxisbereiche stehen dem beobachtenden Blick nicht ohne weiteres offen. Eher könnten sie als Anwendungsfall dienen für die viel benutzte These von der „modernen Unübersichtlichkeit" (Habermas). Niklas Luhmann hat in den siebziger Jahren des letzten Jahrhunderts vergeblich versucht, „die Profession" der Juristen als „Gesamtprofession" auf einen einheitlichen und gemeinsamen Nenner zu bringen und so die Übersichtlichkeit wenigstens über die juristische Praxis zu sichern. Was damals scheiterte, ist heute erst recht unmöglich. Immer deutlicher werden professionsinterne Besonderheiten. Immer weniger stabilisiert sich die Profession „als Gesamtprofession" gegen die im politischen und ökonomischen Umfeld herrschenden Üblichkeiten und Erwartungen. Immer mehr wird sie ökonomisiert und politisiert und dadurch partikularisiert.

Juristische Praxis ist nicht nur *beruflich* – als „Profession" –, sondern auch *betrieblich* verfasst – als „Büro" oder „Kanzlei", als „Gesellschaft" (GmbH, AG), als „Behörde", als „Gericht", als „Staatsapparat". Dadurch vermehren sich die Schwierigkeiten der Beobachtung. In jeder betrieblich verfassten Praxis ist ein Interesse an *Geheimhaltung* wirksam. Bestimmte staatliche Interna sind dadurch besonders hervorgehoben, dass sie als „Staatsgeheimnisse" unter den Schutz strafrechtlicher Sanktionen gestellt sind. Über diesen, vor allem *außen*politisch orientierten Rahmen hinaus ist bürokratische wie gerichtliche Praxis *weithin* von Tendenzen der Geheimhaltung geprägt. Das entgegenstehende Recht des Parlaments, mit Hilfe von Untersuchungsausschüssen in die Interna der Bürokratie einzudringen, unterliegt parteipolitischem Kalkül und ist schon dadurch weitgehend entschärft. Dass bestimmte Ausschnitte bürokratischer und insbesondere gerichtlicher Praxis ausdrücklich unter das Postulat öffentlicher Abläufe und öffentlicher Begründung gestellt sind, blockiert das innerbetriebliche Interesse an Geheimhaltung nur zum Teil. Entscheidend für betriebliche Praxis ist weniger, welchem externen Programm sie untersteht, sondern vielmehr, welche internen Konsequenzen die Sicherung des Betriebszwecks hat. Wo Geheimhaltung der Interna dem Betriebszweck dient, da wird sie praktiziert. Entweder verläuft betriebliche Praxis dann in einer externen Beobachtern versperrten „black box". Oder sie wird, soweit sie aufgrund zwingender externer Programme öffentlich zu sein hat, Gegenstand einer zweckrational kalkulierten „Öffentlichkeitsarbeit".

So wird juristische Praxis, wenn sie öffentlich dargestellt wird, nicht anders als dies mit politischer oder ökonomischer Praxis geschieht, durchgehend kunstvoll inszeniert und arrangiert. So spaltet sich die Praxis auf in das Spiel für das Publikum vor dem Vorhang und in das „Eigenleben" der Akteure hinter dem Vorhang; in die Rollen, die die Akteure einer auf Publikumswirkung bedachten Regie zufolge auf offener Bühne einnehmen, und in die, die sie nach anderen Regeln im Verborgenen spielen. Als Folge davon ist juristische Praxis durchgehend bestimmt durch eine kultivierte Trennung der *nicht-öffentlichen Herstellung* von Entscheidungen und ihrer *öffentlichen Darstellung*. Immer schon hat deshalb in der Juristenausbildung die Einübung von final orientierten Darstellungsregeln und -techniken einen hohen Stellenwert. Sie ist bisher deutlich auf die *schriftliche Darstellung* bezogen. Juristen werden schon im Studium, vermehrt im Referendariat, darin geübt, die Darstellung ihrer Entscheidungen als Mittel zu dem Zweck zu benutzen, andere zur Akzeptanz ihrer Vorgehensweise und ihrer Ergebnisse zu bewegen. An diesem Zweck werden der Bezug auf die *tatsächliche* Vorgehensweise und die *tatsächliche* Herstellung der Ergebnisse kunstvoll gefiltert. In karikierender Absicht sprechen Richter von den drei Urteils-Typen: dem mündlichen, dem schriftlichen und dem wahren Urteil. Diese Karikatur hat einen wahren Kern, der funktional leicht zu erklären ist. Die Herstellungsregeln organisieren den internen Vorgang der Problemlösungssuche. Die Darstellungsregeln dagegen sind auf die Aufgabe bezogen, die gefundene Problemlösung extern akzeptabel zu machen.

Durch die jüngste Juristenausbildungsreform sind nun auch noch „Rhetorik", „Gesprächsführung", „Mediation" und andere „Kompetenzen" in den Rang von „Schlüsselqualifikationen" erhoben worden. Hier geht es deutlich um die Steigerung *mündlicher* „Kommunikationsfähigkeit". Das wird man vor allem im Zusammenhang sehen müssen mit politischen Bemühungen, das Recht als Problemlösungsmittel durch „Kommunikation" zu ersetzen oder doch zumindest in seiner Bedeutung erheblich zurückzustufen. Mehr oder weniger lautstark wird propagiert, im Streitfall zu „verhandeln", bis der Streit „befriedet" ist: möglichst so, dass das Recht dafür überhaupt nicht herangezogen wird, mindestens aber so, dass das Recht nur noch als Formalie dafür genutzt wird, das Ende des Streits zu dokumentieren. Dass jetzt durch verstärktes Training mündlicher Kommunikationsfähigkeit die *Transparenz* juristischer Praxis gesteigert wird, ist nicht anzunehmen. Die neuen Kommunikationstechniken sind Darstellungstechniken. Die Herrschaft der Betriebszwecke über die Programme bleibt. Zugleich nimmt die Tendenz zu, „informell" zu agieren, Vorverhandlungen unter Ausschluss der Öffentlichkeit *selbst da* zu führen, wo, wie im Strafverfahren, Öffentlichkeit prinzipiell einen besonders hohen Stellenwert haben soll. Auch die neuen „Schlüsselqualifikationen", so sie denn vermittelt werden, sind den Betriebszwecken unterworfen. Also werden sie dazu dienen, auch die mündliche Kommunikation, sei sie öffentlich oder nicht-öffentlich, am Zweck der Sicherung der Betriebszwecke und der Akzeptanz der Ergebnisse zu orientieren und nicht am Programm der Transparenz.

So stößt der Rechtssoziologe, der juristische Praxis beobachten will, auf kunstvolle und immer kunstvollere Arrangements der Darstellung dieser Praxis und nicht auf so etwas wie „die Praxis als solche".

Weite Teile der Öffentlichkeit haben inzwischen gelernt, *politische* Verlautbarungen an ihrem *finalen Charakter* zu relativieren, wenn sich auch vielleicht noch nicht jeder als „goldene Regel" die Annahme zu Eigen gemacht hat, dass hinter jeder Bezeichnung das Gegenteil von dem steckt, wofür sie steht. Mit dieser Regel an juristische Texte heranzutreten, ginge zu weit. Freilich sind sie häufig nicht zu verstehen, wenn man die politischen Anteile daran wegdenkt. Jede Darstellung und jedes Wort für bare Münze zu nehmen ist deshalb nicht der Königsweg für den rechtssoziologisch interessierten Beobachter juristischer Praxis. Stattdessen ist er gehalten, den Blick auf die Praxis zu doppeln. Er muss ihn auf die darstellende Praxis richten. Sie kommt in der Regel in Form rein juristischer Texte daher und ist so ein wesentlicher Teil der Praxis. Der Beobachter muss den Blick zugleich auf die herstellende Praxis zu richten suchen, die in der Regel als eine rein juristische Praxis nicht zu rekonstruieren ist. Kennt er sie nicht, so fehlen ihm wesentliche Voraussetzungen dafür, das, was auf offener Bühne geschieht, zu verstehen.

Die Schwierigkeit des Soziologen, das Recht zu beobachten, wird dadurch, dass das Recht im Kontext von Praxis und als „lebendes Recht" beobachtet wird, mithin eher vergrößert als vermindert. Das ist hier ausführlicher an der juristischen Praxis als Rechtsanwendungspraxis demonstriert worden. Für die politische Praxis als Rechtsherstellungspraxis gilt nicht minder, dass sie in eine öffentliche und in eine heimliche Praxis zerfällt. Für die Praxis schließlich, deren Regulierung Zweck des Rechts ist, wird die Zweiteilung immer schon als Charakteristikum betrachtet. Im Lichte der Öffentlichkeit demonstrieren die Akteure ihre Gesetzestreue; der Gesetzesverstoß dagegen geschieht in der Regel im Verborgenen. Das „lebende Recht" sowohl im „Licht" als auch im „Schatten" zu beobachten wird so zu einer Schwierigkeit, mit der eine Einführung in die Rechtssoziologie durchlaufend konfrontiert ist. Eine Lösung ergibt sich nicht daraus, dass die Einführung auf „den Stand der Disziplin" ausgerichtet wird. *Die Rechtssoziologie* gibt es nicht als irgendwie einheitliche Disziplin. Sie ist in Fachrichtungen und in Schulen aufgeteilt, deren kontroverse Debatten teils den unter den soziologischen Groß-Theorien herrschenden Streit abbilden, teils vom Kampf um die Aufmerksamkeit wichtiger wissenschaftsexterner Bezugsgruppen und Akteure bestimmt sind. Ansätze, Konzepte und Modelle wechseln relativ schnell, und häufig werden Hypothesen durch neue Fragen und neue Hypothesen überlagert, ehe sie im Wege theoretischer Debatten und empirischer Untersuchungen hinreichend geklärt sind.

Am ehesten hilfreich gegenüber allen geschilderten Schwierigkeiten ist der Bezug auf die *Klassiker*. In ihnen und mit ihrer Hilfe speichert die Disziplin Problemlagen, Fragen, Bearbeitungsweisen und schließlich auch Erkenntnisse, die sich im Zeitablauf als *hinreichend stabil* gegen alle Fließ- und Misch- und Verwirrtendenzen erwiesen haben. Der Bezug auf Klassiker ist deshalb zum eigentlichen Rückhalt geworden für diesen Versuch, in bewegter Zeit in die Rechtssoziologie einzuführen. Meine Präferenz gilt dabei deutlich *Max Weber* (1864-1920). In einer denkwürdigen Dankesrede aus Anlass der Verleihung des Börne-Preises hat George Steiner Max Weber als denjenigen benannt, der „das richtige Wort" geprägt hätte für die Analyse der Barbareien, die heute überall in Europa „im triumphalen Aufstieg" sind (Steiner 2003). Damit wird ein Grund für die Bezugnahme genannt; zugleich wird ihre Reichweite deutlich. Es geht nicht darum, bei Max Weber – oder einem anderen Klassiker – „das richtige Wort" zu finden für das, was heute aktuell ist. Er *„hätte"* es *„geprägt"*; er hat es nicht geprägt. Webers Rechtssoziologie bezog sich, so sehr Weber in vergleichender Absicht die Vergangenheit einbezog und über Deutschland hinausstrebte, auf *sein* „Hier und Heute", auf Recht und Rechtspraxis im Deutschland der *vorletzten* Jahrhundertwende. Für jene Zeit hat Weber in bis heute eindrucksvoller Weise „richtige Worte" gefunden. Ob das auch für die Prognosen gilt, mit denen Weber – selten – den Zeitrahmen überschritten hat, ist von Fall zu Fall zu prüfen. Jedenfalls gibt ein anderes „Hier und Heute" den Rahmen für die Rechtssoziologie der Gegenwart und also für diese Einführung ab. Hier und heute handelt es sich um Recht und Rechtspraxis im Deutschland der *letzten* Jahrhundertwende. Zwar sind in Recht und Rechtspraxis manche Charakteristika über die Veränderungen und Brüche von 1900 bis 2000 stabil geblieben, und

Webers darauf bezogene Beobachtungen und Erklärungen sind deshalb besonders interessant. Zugleich aber hat sich im permanenten Wandel von Recht und Rechtspraxis der Gegenstand der Rechtssoziologie teils erheblich verändert. Auch die Rechtssoziologie selbst ist in ihren Fragestellungen, Arbeitsweisen und Erkenntnissen eine andere, als sie zu Webers Zeit war. Deshalb muss ich bei dieser Einführung in die Rechtssoziologie, die dem „Hier und Heute" verpflichtet ist, auf der Suche nach dem „richtigen Wort" eigene Wege gehen. Dabei orientiere ich mich an Max Weber in einer Weise, die mit einem Bild aus der Wissenschaftssoziologie gut beschreibbar ist. Für den, der heute Wissenschaft treibt, ragen, so sagt das Bild, einige „Riesen" aus der Vergangenheit in die Gegenwart herein, deren „Schultern" bereitstehen, seine Füße zu tragen. Mein „Riese" ist Max Weber. Um seiner Vorgehensweise wie um seiner Erkenntnisse willen klettere ich auf seine Schultern, wo immer möglich. In der Erprobung seiner Modelle, Konzepte und Begriffe, vor allem des *Maschinenmodells*, des *Rationalisierungskonzepts* und des Begriffs des *rationalen Rechts,* liegt ein großer Reiz. Ein weiterer Reiz der Bezugnahme auf Weber liegt darin, seine auf die Zeit um 1900 bezogenen Beobachtungen mit der Gegenwart in Beziehung zu setzen und so den Blick für die Besonderheiten der Gegenwart zu schärfen. Dabei geht es, um auf Steiner zurückzukommen, nicht um die Suche nach „Barbareien". Barbarei ist ein Konzept aus der Sphäre politischer Polemik, wo es etwa kontrastierend zur Profilierung von Sozialismus oder Kapitalismus benutzt wird: „Sozialismus oder Barbarei"; „Kapitalismus oder Barbarei?" (Bohrer/Scheel 2003) sind bekannte Formeln dafür. Als analytisches Instrument für rechtssoziologische Analysen ist Barbarei zu grob und von vornherein zu sehr belastet durch wertenden Gebrauch. Da es im Zitat zur Sprache gekommen ist, sollen einige allgemeine Überlegungen zum Sprachgebrauch angeschlossen werden.

Typisch für den Wortgebrauch von Barbarei ist seine negative Färbung. Das Wort dient primär zur Bewertung und nur sekundär, wenn überhaupt, zur Beschreibung. So wird es auch in den soeben erwähnten Dualismen verwandt. Als negativ besetzter Kontrast sichert Barbarei die positive Besetzung des Gegenbegriffs. Ein solcher betont wertender Gebrauch macht Barbarei ungeeignet für die rechtssoziologische Analyse. Rechtssoziologische Analysen sind notwendig auf die Alltagssprache verwiesen. Sie kommt in der Regel in einer Mischung aus Beschreibung und Bewertung daher. Rechtssoziologische Analysen arbeiten auch mit Bildern, Gleichnissen und Metaphern. Sie sind ebenfalls gekennzeichnet durch Mischungen aus Beschreibung und Bewertung. Rechtssoziologische Analyse steht deshalb im Gebrauch der Alltagssprache permanent vor der Aufgabe, die bewertenden Elemente auf Distanz zu halten. „Um ein Höchstmaß begrifflicher Genauigkeit zu sichern", hat Theodor Geiger (1891-1952) in seinen „Vorstudien zur Rechtssoziologie" Symbole und Formeln zur Ergänzung des Sprachgebrauchs eingeführt (1964: 46). Dieser radikale Versuch der Verfachlichung der sprachlichen Darstellung ist gescheitert. Die Notwendigkeit begrifflicher Präzisierung des analytischen Vorgehens und der sprachlichen Darstellung besteht aber fort. Das führt jedenfalls dazu, die Fachsprache von alltagssprachlichen Worten und Bildern freizuhalten, deren wertender Anteil dominant ist. Deshalb ist Barbarei für den fachsprachlichen Gebrauch ungeeignet. Kapitalismus und Sozialismus sind dagegen nicht ungeeignet, weil sie seit längerem im Fachkontext in beschreibender Absicht dazu benutzt werden, Differenzen in Wirtschaft und Gesellschaft zu markieren, deren Bewertung umstritten ist und deshalb auch leichter auf Distanz gehalten werden kann. So stehen Kapitalismus und Sozialismus zur Verfügung für die analytische Suche nach dem „richtigen Wort" für das Recht der Gegenwart, während Barbarei dafür nicht in Frage kommt.

Webers Rechtssoziologie stand, soweit sie auf seine Gegenwart bezogen war, im Zeichen des Rechtsstaats und der durch Besitz und Bildungspatente ausgezeichneten bürgerlichen Klasse. Inzwischen wird der Rechtsstaat erheblich relativiert durch den Sozialstaat, den Schutz- und Sicherheitsstaat sowie den Wohlfahrtsstaat und mehr und mehr durch den von Schulden und Einnahmeausfällen geplagten Finanzstaat. Inzwischen hat sich die Klassenstruktur erheblich verdünnt und verwischt zugunsten eines bunteren Musters von Gruppen und Individuen, die mit- und gegeneinander ihre Interessen verfolgen. Auf durchaus neue Weise konkurrieren sie untereinander in dem alten Spiel um Geld, Sex, Macht und Prestige. Übereinstimmend fordern nahezu alle Autonomie bei der Verfolgung ihrer Interessen und Schutz und Hilfe, Schadensersatz und Entschädigung für den Fall, dass Chancen sich als Risiken entpuppen und dass Schäden eintreten, wo Gewinne erwartet waren. Das Recht ist in dieses Doppelspiel eng verstrickt. Es soll zugleich Autonomie garantieren und noch weiter auszubauen helfen, und es soll Ersatz und Entschädigung, Schutz und Hilfe sichern und ebenfalls immer weiter auszubauen helfen. Wieweit das Recht sich darüber im Vergleich zu Webers Zeit verändert hat, ist eine Frage, die in der folgenden Darstellung permanent mitläuft. Gelegentlich wird sie in Zwischen- oder Schlussbetrachtungen explizit gemacht. Dann wird vor allem erörtert, wieweit das Maschinenmodell, das Rationalisierungskonzept und der Begriff des rationalen Rechts noch geeignet sind, die Besonderheiten der Gegenwart rechtssoziologisch zur Sprache zu bringen. Dafür ist es erforderlich, diese Erkenntnis- und Darstellungshilfen im voraus ein wenig anzusprechen und zu konkretisieren.

Das *Maschinenmodell* ist eine mehrdeutige Metapher (Schmidt-Biggemann 1980). Webers Gebrauch des Modells im Zusammenhang seiner Behandlung der Rechtsprechung und der Bürokratie seiner Zeit ist dagegen eindeutig. Er will damit die *Exaktheit der Arbeitsweise* ansprechen. Ohne jede Irritation verarbeiten der Richter und der Beamte in der Bürokratie die Vorgänge, die sie zu bearbeiten haben, weil sie gelernt haben, sie als *rein juristische* Vorgänge zu sehen, für deren zweifelsfreie Bearbeitung ihnen juristische Logik und Methodik zur Verfügung stehen. Die ideale Maschine in Webers Wortgebrauch ist eine Maschine „ohne Spiel".

Rationalisierung hat nahezu alle Lebensbereiche und so auch das Recht und die Praxis seiner Anwendung erfasst. Auch dieses Konzept ist mehrdeutig (Görlich/Butzer 1992). Für Webers Gebrauch steht die *Rechenhaftigkeit* im Vordergrund. Das Recht, das vom Prozess der Rationalisierung erfasst wird, wird *rechenhaftem Kalkül* unterworfen. Eine wichtige Voraussetzung dafür ist, dass das Recht positiv geworden ist. Rechenhaft behandelt wird es auf unterschiedliche Weise. So kann das Recht in Gesetzgebung und Rechtsanwendung unter anderem in Mittel-Zweck-Zusammenhänge eingestellt werden. Zweckrationale Betrachtung stellt den Wert des Zwecks zurück und konzentriert sich darauf, den Mitteleinsatz zu optimieren. Zweckrationalität ist eine Unterform der materialen Rationalität; eine weitere Unterform ist Wertrationalität. In beiden Formen, vor allem in der Wertrationalität, ist der Rationalisierungsprozess für Weber noch nicht zu seiner Vollendung gekommen. Recht, das auf Zwecke oder Werte hin gesetzt oder angewandt wird, enthält mit dem Zweck, mehr noch mit dem Wert, inhaltliche Momente, die sich nicht hinreichend präzise kalkulieren lassen. Rechtsanwendung auf der Basis materialer Rationalität arbeitet noch mit mehr oder weniger „viel Spiel", kennt eine Mehrzahl richtiger Ergebnisse, die statt als „richtig" eher als „vertretbar" bezeichnet werden. Vollendet ist der Prozess der Rationalisierung erst, wenn er die Stufe der formalen Rationalität erreicht. Formalrationale Arbeit am Recht ist ausschließlich auf die Form des Rechts bezogen. Indem sie das Recht begrifflich präzisiert und systematisch ordnet, konzentriert sie sich auf Formfragen, die sie den Regeln juristischer Logik und Methodik unterwirft. Die aber führen, richtig angewandt, mit Gewissheit zur juristischen Wahrheit. Hier gibt es nur ein richtiges Ergebnis. Rechtsanwendung auf der Basis formaler Rationalität ist Arbeit „ohne Spiel", ist vollendete Exaktheit.

Rationales Recht ist nach alledem Recht, das zu rechenhaftem Gebrauch gesetzt und entsprechend angewandt wird. Es ist frei von allen Bestandteilen, die den rechenhaften Gebrauch stören könnten. Es entbehrt vor allem „jeder inhaltlichen Heiligkeit", die der totalen Verrechnung des Rechts eine Grenze ziehen könnte.

Darstellungs- und Erkenntnismittel bilden die Gegenstände, auf die sie sich beziehen, nicht ab. Sie verfälschen sie geradezu, indem sie sie auf bestimmte

Aspekte zuspitzen. Es ist also nicht die Frage, ob „die Wirklichkeit des Rechts" mit den so gefassten Modellen, Konzepten und Begriffen richtig abgebildet wird. Die Frage ist vielmehr, ob so Besonderheiten des Rechts anschaulich und als Besonderheiten begreifbar gemacht werden können. Für die Zeit um 1900 unterstelle ich das hier, ohne das weiter zu begründen. Für die Zeit danach wird die Frage dagegen zu prüfen sein.

1.2 Zum rechtssoziologischen Konzept

Rechtssoziologie als Fachwissenschaft beruht auf einer *Wert*entscheidung. Dahinter steht die Auffassung, dass es sich lohnt, sich soziologisch mit dem Recht zu befassen. Es lohnt sich schon, weil sich so eine spezielle Möglichkeit eröffnet, das Recht zu verstehen. Es lohnt sich mehr noch, weil die soziologische Beschäftigung mit dem Recht zugleich über das Recht hinaus verweist. Davon gehe ich, wie schon unter 1.1. erkenntlich, aus. Begründungen dafür finden sich unter anderem bei Talcott Parsons (1902-1979) und bei Niklas Luhmann (1927-1998). Parsons behandelt das Recht als „Kristallisationskern der Struktur aller Gesellschaften" (Parsons 1965: 59) und macht es zum „Ausgangspunkt von genetischen und vergleichenden Gesellschaftsanalysen" (60). Damit steht er Max Weber nahe, der das Recht in enger *Wechselwirkung* mit Kultur, Religion, Wirtschaft und Staat behandelt hat. Für Weber wie für Parsons sind das Recht und die verschiedenen Lebensbereiche, in die das Zusammenleben sich ausdifferenziert hat, nicht zu verstehen, wenn die *Wechselwirkung* nicht in Rechnung gesetzt wird. Luhmann charakterisiert das Recht u. a. als „Immunsystem der Gesellschaft" (Luhmann 1993: 161 f.; 565 ff.). Als „Immunsystem" sorgt das Recht dafür, dass Entwicklungen in anderen Bereichen der Gesellschaft nicht zu stark irritiert werden, wenn dort Konflikte ausbrechen oder andere Störungen auftreten. Wenn das Rechtssystem die Störungen übernimmt, sorgt es für eine „professionelle und zugleich friedliche Lösung". Indem es die Lösung an die Betroffenen zurückgibt, schafft es zumindest eine Bedingung dafür, dass die irritierten Entwicklungen wieder in Fluss kommen.

Der Anspruch der Rechtssoziologie, zum Verstehen des Rechts und über das Recht hinaus beizutragen, ist hoch. Die Realisierung leidet erheblich unter den „Mühen der Ebene". Kern der Rechtssoziologie wie aller Soziologie ist Empirie. Sie ist abhängig von der Bereitschaft, die Mühen des Beobachtens, Zählens und Messens auf sich zu nehmen. Weber hat sie am Anfang von „Wissenschaft als Beruf" eindrucksvoll beschrieben (Weber 1922c: 524 ff.). Empirie ist oft auch sehr kostenintensiv. Beides sind restriktive Bedingungen. Sie führen dazu, dass empirische Rechtssoziologie (Blankenburg 1975) dazu tendiert, sich methodisch nicht zu sehr zu disziplinieren, mit der Folge, dass Studien oft nur begrenzt oder gar nicht generalisierbar sind. Sie werden dann eventuell als „pilot studies" ausgewiesen. Alles in allem erhebt sich ein hoher Turm theoretischer Rechtssoziologie auf einer schmalen Basis empirisch gesicherten Materials.

Ist die Basis auch schmal, so ist der „hohe Turm" theoretischer Rechtssoziologie doch hinreichend in sich selbst konsolidiert. In den theoretischen Debatten, die man für Deutschland mit Max Weber und Eugen Ehrlich (1862-1922) beginnen lassen kann, die zum Teil noch weiter zurückgreifen und die dem Recht als universalem Phänomen entsprechend auch auf außerdeutsche Debatten und außerdeutsches Recht ausgreifen, ist eine Fach-Kultur etabliert worden, die sich in einem Kernbestand von Theorien und Hypothesen sowie in der Konzentration auf bestimmte Themen und Probleme äußert. Zu einigen Themen verfügt sie auch über einen beachtlichen Fundus empirischer Erkenntnisse.

Niklas Luhmann hat Rechtssoziologie als *Fremd*beobachtung des Rechts abgegrenzt von Rechtstheorie als *Selbst*beobachtung (Luhmann 1993: 16 f.; 50 ff.). Das ist eine wichtige Unterscheidung, mit der jedenfalls der Anspruch der Rechtssoziologie verdeutlicht wird, Recht und Rechtspraxis in gesellschaftstheoretischer Perspektive zu beobachten, wobei der Soziologe zum Verstehen angewiesen bleibt auch auf juristische Kompetenz. Wird der Rechtssoziologe, der sich extern verortet, freier gegenüber den Restriktionen, die die rechtswissenschaftliche Betrachtung des Rechts ausmachen, so hat er andererseits teil an den Eigentümlichkeiten sozialwissenschaftlicher Praxis. So wird er tangiert von dem ewigen Schulenstreit, der häufig zum reinen Selbstwerk ausartet. So gerät er in Abhängigkeit von Themenkonjunkturen und Themenmoden, deren Auf und Ab eher Anzeichen für politische Affinitäten ist als für die Selbststeuerungskraft der Disziplin.

Das soziologische Interesse am Recht variiert, sobald es verfachlicht wird, unter den verschiedenen in der Soziologie etablierten Groß-Theorien und auch innerhalb einzelner Groß-Theorien. Hier wird der Handlungstheorie der Vorzug gegeben, ohne dass das jetzt weiter begründet werden soll. Systemtheorie als die eigentlich konkurrierende Großtheorie soll dadurch nicht ausgeschlossen werden. Die Annahme vom „Eigenleben" ausdifferenzierter Teilbereiche ist mit handlungstheoretischen Interessen durchaus kompatibel. Das kann allerdings nicht näher ausgeführt werden. Ein soziologisches Propädeutikum kann aus Mangel an Zeit und Raum nicht geboten werden, und auch ein juristisches scheitert an eben diesem Mangel. Nur um Minima kann es gehen, die für das Verstehen dieses Buches unverzichtbar sind; im Übrigen wird auf entsprechende Einführungsliteratur verwiesen (z. B. Henecka 2000 sowie Grimm 1991 und Hesse 1984).

Handlungstheoretisch orientierte Soziologie hat am Zusammenleben ihren eigentlichen Gegenstand, am beobachtbaren Handeln von Akteuren, an dem, was Max Weber als „soziales Handeln" bezeichnet: Handeln, „welches seinem von dem oder den Handelnden gemeinten Sinn nach auf das Verhalten anderer bezogen wird und daran in seinem Ablauf orientiert ist" (Weber 1922c: 1). Rechtssoziologie ist auf die Annahme gegründet, dass das Recht potentiell einen für das Zusammenleben relevanten Faktor darstellt und dass es quer durch alle Lebensbereiche von Fall zu Fall auch tatsächlich relevant wird. Offensichtlich ist zumindest im ersten Zugriff, dass das Zusammenleben „hier und heute" weithin rechtlich verfasst ist. Wie sehr im Einzelnen die Tatsache des rechtlichen Verfasstseins das soziale Handeln tatsächlich bestimmt, ist eine empirische Frage im Einzelnen. Das Maß bewegt sich zwischen den denkbaren Extrempositionen: total oder gar nicht. Soziales Handeln, das total durch das Recht bestimmt wird, fällt ersatzlos weg, wenn ich das Recht wegdenke. Soziales Handeln, das überhaupt nicht vom Recht bestimmt ist, verändert sich überhaupt nicht, wenn ich das Recht wegdenke. So fällt die Praxis der Rechtswissenschaft wie der Rechtssoziologie weg, wenn ich das Recht wegdenke. An meiner Arbeitsweise dagegen ändert sich, wenn ich das Recht wegdenke, nichts.

Recht ist, was immer im Einzelnen darunter verstanden wird – mehr darüber in den nächsten Abschnitten –, jedenfalls ein *wertender* Maßstab, der mit den Alternativen Recht und Unrecht arbeitet. Wo Recht ist, da ist auch Unrecht. Um diese Eigenart des Rechts zu betonen, muss die Sprache, in der Gesetze gefasst sind, für die Zwecke der Rechtssoziologie häufig korrigiert werden. Der Verfassungsgeber etwa bevorzugt beschreibende Sätze anstelle der normativen, die er eigentlich meint. So behandelt das Grundgesetz für die Bundesrepublik Deutschland (GG) eine Welt des Zusammenlebens, in der die Menschen frei und gleich *sind* und in der alle Staatsgewalt vom Volk *ausgeht*. Normen sagen aber nichts darüber, wie Menschen von Staats wegen behandelt werden oder wie sie miteinander umgehen und wer die Staatsgewalt handhabt. Sie legen Maßstäbe fest zur Bewertung dessen, was ist; sie sagen, wie es sein soll, nicht wie es ist. Um den Normcharakter deutlich zu machen, werden im Folgenden die als Seins-Aussagen formulierten gesetzlichen Bestimmungen, wo immer erforderlich, in normative Aussagen umformuliert.

Über wertende Maßstäbe, die mit der Alternative Recht-Unrecht arbeiten, verfügen sehr viele in ihrer Alltagspraxis; vielleicht gehören sie in dieser oder jener Variante zur zivilisatorischen Grundausstattung. Das bedeutet nicht, dass der jeweilige Maßstab ständig aktiviert wird. Die Masse der alltäglichen Praxis kommt ohne Reflexion auf das Recht daher. Wenn der Maßstab im Einzelfall aktiviert wird, dann eher im Nachhinein als im Voraus, eher dann, wenn die alltägliche Praxis ins Stocken gerät, wenn sie misslingt, wenn Erfolge ausbleiben, die erwartet worden waren, wenn Schäden eintreten, Verletzungen an Leib und Leben, Hab und Gut oder wenn solche Schäden und Verletzungen einzutreten drohen. So wird Recht als Maßstab typisch aktiviert gegenüber drohenden oder tatsächlich eingetretenen Praxis-Pathologien. Den Bezug auf Pathologien hat Recht typisch auch da, wo der Maßstab im Voraus aktiviert wird, also etwa bei der Planung von Handlungen. Ein Beispiel ist der Vertrag, der dazu dient, mit Hilfe des Rechts künftiges Geschehen so zu organisieren, dass es nicht misslingt, und zugleich die Regeln festzulegen, mit deren Hilfe entschieden wird, falls das künftige Geschehen doch misslingt. Zugleich geht die Praxisrelevanz des Rechts über die Regulierung von Pathologien hinaus. An nahezu allen Lebensvorgängen kann es beteiligt sein, teils spürbar, teils eher im Verborgenen.

Wird Recht als Maßstab im sozialen Handeln aktiviert, dann prüft und klärt im Handlungszusammenhang der einzelne Akteur, ob er von Rechts wegen das tun darf, was er tun will, ob er tun durfte, was er getan hat, ob er von Rechts wegen erleiden musste, was er erlitten hat, ob er empfangen hat, was er erwarten durfte. Zugleich versucht er, sich darüber Klarheit zu verschaffen, welche Rechtsauffassung sein Gegenüber hat, eventuell auch, welche Rechtsauffassung wichtige Dritte haben, und mit welchen Konsequenzen er für den Fall zu rechnen hat, dass der beteiligte oder der beobachtende Andere das Geplante oder das Geschehene so oder so bewertet. Dabei muss von vornherein oft damit gerechnet werden, dass das, was im Einzelnen als recht- bzw. unrechtmäßig anzusehen ist, zwischen den in den Einzelfall Involvierten wie bei Beobachtern streitig ist. Dabei muss ferner von vornherein in Rechnung gesetzt werden, dass die Rechtsfrage inzwischen zu einer Fachfrage geworden ist, ja, dass sie geradezu verwissenschaftlicht worden ist. Zur Entscheidung der Rechtsfrage sind besondere Instanzen – in der Regel als Gericht bezeichnet – eingerichtet; auch diese Einrichtungen gehören wohl zur zivilisatorischen Grundausstattung. Auch unter Richtern bzw. zwischen einzelnen Gerichten sind die Fragen von Recht und Unrecht oft streitig. Verfahren und Hierarchie sorgen hier aber dafür, dass der Streit irgendwann ein Ende findet, mindestens für den Einzelfall, oft auch über den Fall hinaus. Das führt nicht notwendig dazu, dass alle sich der schließlich siegreichen Rechtsansicht anschließen. Nur wird, wer mit seiner Rechtsansicht unterlegen ist, nach Abschluss des gerichtlichen Verfahrens in der Regel vor der Aufgabe, sie doch noch durchzusetzen, resignieren. Anwälte freilich entwickeln inzwischen geradezu einen sportlichen Ehrgeiz, gegen herrschende Rechtsauffassungen so lange anzurennen, bis diese einstürzen. Das Bestehen einer Rechtsschutzversicherung beim Mandanten mag diese Tendenz erleichtern.

Im Folgenden wird also davon ausgegangen, dass die handlungstheoretisch orientierte Rechtssoziologie sich für das Recht interessiert, weil es von Fall zu

Fall als wertender Maßstab für soziales Handeln relevant werden kann, sei es im
Voraus, sei es im Nachhinein, sei es in „geglückten" Alltagshandlungen, sei es
in „Pathologien". Dass es relevant wird, kann sich darin äußern, dass Akteure
auf ihr Rechtsverständnis reflektieren und auf das Rechtsverständnis derer, die
in ihre Aktionen involviert sind oder sie beobachten. Häufig äußert es sich angesichts der Verfachlichung und der Verwissenschaftlichung des Rechtsgebrauchs
darin, dass an der Rechtsfrage interessierte Akteure diese zur Klärung Juristen
vorlegen, Rechtsanwälten zur Beratung, Richtern zur Entscheidung. Wahrscheinlich ist in Deutschland, dass die Fügsamkeitsbereitschaft gegenüber dem
Recht relativ hoch ist. Soziales Handeln wird mit besonderem Nachdruck unternommen, wenn es im Bewusstsein der Rechtmäßigkeit erfolgt. Es läuft eher im
Verborgenen ab oder wird unterlassen, wenn es als unrechtmäßig betrachtet
wird. Ebenso wahrscheinlich ist, dass ein Gefühl oder ein Wissen von der Nütz-
lichkeit des Rechts für private Interessen weit verbreitet ist und dass viele Interessenten danach streben, ihren Interessen durch Verrechtlichung Nachdruck zu
verleihen. Das haben beispielsweise gleichgeschlechtliche Paare kürzlich mit
Erfolg betrieben: Ergebnis war das Gesetz zur Beendigung der Diskriminierung
gleichgeschlechtlicher Gemeinschaften/Lebenspartnerschaften vom 16.02.2001
(BGBl. I S. 266). Das stand auch hinter den jahrelangen Bemühungen von Tier-
schützern um Aufnahme des Tierschutzes in das Grundgesetz: Ergebnis war die
Ergänzung von Art. 20a GG. Zu welchem Ergebnis auch immer die, unter Umständen über Anwälte und Gerichte betriebene, Klärung der Rechtslage führt:
die Rechtslage determiniert die Aktionen nicht etwa derart, dass Recht praktiziert und Unrecht unterlassen wird. Rechtsbruch, sei es als Gesetzesverstoß, sei
es als Vertragsverletzung, kann gleichwohl geschehen und durchaus bewusst.
Wahrscheinlich ist freilich, dass der Rechtsverstoß so angelegt wird, dass er
nicht entdeckt wird. Auch das ist eine Wirkung des Rechts.

1.3   Zum Verständnis des Rechts

Rechtsverständnis ist in erster Linie verfachlichtes, verwissenschaftlichtes und
verberuflichtes Rechtsverständnis. Daneben gibt es diese oder jene Rechtsvorstellung im Volk, die mit dem Fachverständnis nicht immer übereinstimmen
muss und von Fall zu Fall divergieren mag, auf die es aber immer weniger ankommt. Beim Publikum muss man von vornherein mit einem defizitären
Rechtsverständnis rechnen, weil ihm die Gesetzeskenntnis weithin fehlt. Die
meisten sind auch nicht in der Lage, die Masse der Vorschriften irgendwie mit
Verständnis zu lesen. Im Blick auf das derart defizitäre Rechtsverständnis muss
man ferner damit rechnen, dass es mehr oder weniger pluralisiert und fragmen-

tiert ist. So wird etwa das vom Bundesverfassungsgericht unter bestimmten
Umständen für verfassungsgemäß erachtete Schächten von Tieren am ehesten
von Angehörigen des mohammedanischen Glaubens und am wenigsten von
aktiven Mitgliedern von Tierschutzbewegungen als rechtmäßig betrachtet werden. Im Übrigen werden viele davon überhaupt nichts wissen oder sich jedenfalls für diese Frage nicht als Rechtsfrage interessieren. Die Rechtmäßigkeit des
Einsatzes der Bundeswehr im Kosovo ist in Teilen des Publikums nach wie vor
umstritten; vielen wiederum ist sie gleichgültig. Die Frage mag auch Juristen
teils gleichgültig sein; teils mag sie unter Juristen umstritten sein. Hier aber gibt
es, anders als im Publikum, ein Verfahren und eine Instanz zur abschließenden
Entscheidung über den Streit. Die zuständigen Richter müssen auch dann entscheiden, wenn ihnen die Frage gleichgültig ist; das gilt manchen geradezu als
wünschenswerte Voraussetzung ihrer Entscheidung. Sie müssen auch und selbst
dann entscheiden, wenn sie meinen, dass es an einer speziellen Grundlage für
die Entscheidung fehlt. Soweit sie aber kontrovers entscheiden, ist durch Hierarchisierung der Gerichte und durch entsprechende Instanzenzüge für einen
Abschluss der Kontroverse gesorgt.

Weithin bleibt dem Publikum, wenn es mit dem Rechtsverständnis der Juristen nicht einverstanden ist, als Reaktion nur das „Murren". Während es bei der
Medizin als einem ähnlich wie das Recht verwissenschaftlichten und verberuflichten Bereich immerhin noch ein öffentlich bemerkenswertes Gegenüber in
Form der Volksmedizin oder der Naturmedizin und in Form von Laienbewe-
gungen verschiedener Art gibt, fehlt es daran beim Recht. Als Max Weber Anfang des 20. Jahrhunderts den Laien die „unvermeidlich zunehmende *Unkenntnis*" des Rechts attestierte, tat er dies noch mit dem Hinweis: „allem Laienrich-
tertum zum Trotz" (Weber 1922c: 512; gesperrt wie im Original). Damit rekur-
rierte er darauf, dass es so etwas wie eine „Laienrichterbewegung" gab, die die
Monopolisierung des Rechts durch die Juristen nicht hinnehmen wollte. Davon
ist nichts geblieben. Nur in Einzelfällen eignen sich Laien eine differenzierte
und um fachliche Korrektheit bemühte Gesetzeskenntnis jedenfalls auf speziellen Gebieten an. Im Regelfall aber ist von Laien auszugehen, denen klar ist, dass
hier und heute das staatliche Recht mehr oder weniger in autorisierten Texten
aufgeht, und die wissen, wen sie fragen müssen, wenn sie sich vergewissern
wollen, ob ihre Rechtsvorstellung mit diesen Texten übereinstimmt.

Was soll also hier unter Recht verstanden werden? Was soll dadurch, dass es
soziologisch als Recht betrachtet wird, zum Gegenstand fachlichen Interesses
gemacht werden und so auch diesen Text thematisch einrahmen? Die Suche
nach einer Definition ist keine Wahrheitsfrage, sondern eine Frage der Zweckmäßigkeit. Der Rechtsbegriff soll einen einheitlichen Wortgebrauch sichern für
die Kommunikation mit dem Leser wie für die Beobachtung von Praxis wie für

die Nutzung der einschlägigen Literatur. Im Mittelpunkt steht jene besondere
Welt, die Popper als „dritte Welt" oder als „Welt 3" bezeichnet hat (Popper
1994: 75 ff.), die Welt, in der die Produkte der sprachlichen Kommunikation
aufbewahrt sind. In erster Linie geht es um die Fachsprache von Soziologen und
von Juristen. Es soll aber auch um die sprachlichen Produkte von Dichtern und
Schriftstellern gehen, die für die Erkenntnis der Welt, in der wir leben, mindestens so wichtig sind wie die sprachlichen Produkte der Fachleute und der
Fachwissenschaftler. Möglichst soll auch die Alltagssprache, soweit sie empirisch fassbar ist, von der Definition erfasst werden.

Wichtig für die Definition des Rechts wie für jede Definition, die Beobachtung und Kommunikation anleiten soll, sind vor allem Unterscheidungen, die
Spezifika benennen und so zur Abgrenzung gegen verwandte Erscheinungen
dienen. Praxis, welcher Art auch immer, ist „schmuddelig", und die einzelnen
Elemente, aus denen sie besteht, gehen ineinander über und überlagern sich, so
dass sie auf den ersten Blick als solche oft nicht erkennbar sind. Deshalb muss
der beobachtende Blick mit Hilfe begrifflicher Präzisierung geschärft werden.

Herkömmliche soziologische Rechts-Definitionen bezeichnen das Recht, indem sie es als einen Unterfall einer größeren Einheit verstehen, für die meistens
„Ordnung" steht oder „Regel" oder „Norm". Dieser größeren Einheit werden
neben dem Recht als weitere Unterfälle vor allem „Sitte", „Brauch" und „Konvention" zugeordnet sowie „moralische", „ethische" und „religiöse" Vorschriften. Davon wird Recht durch Benennung von Spezifika abgegrenzt. So verfahre
ich im Grundsatz auch und komme zu folgender begrifflichen Festlegung des
Rechts für die Zwecke dieser Abhandlung:

> „Unter Recht soll die Gesamtheit von Regeln verstanden werden, die dazu bestimmt sind, als
> Maßstab für eine am Recht-Unrecht-Schema ausgerichtete Bewertung von Beständen, Hand-
> lungen und Unterlassungen zu dienen, und die von staatlichen Gerichten als Recht angesehen
> werden oder angesehen werden können".

Für eine zuverlässige Unterscheidung des Rechts von anderen wertenden Maß-
stäben ist eine Zuspitzung erforderlich, die für möglichst viele praktische Zu-
sammenhänge relevant ist und zugleich relativ verlässlich beobachtet werden
kann. Das führt dazu, dass auf die Anschauung der staatlichen Gerichte abge-
stellt wird. Die Definition kommt insofern etwas kurios daher, als der definierte
Gegenstand im Definitionsvorschlag wieder auftaucht. Diese Kuriosität kann
man im systemtheoretischen Kontext so formulieren, dass „das Recht selbst
bestimmt, was die Grenzen des Rechts sind, (...) was zum Recht gehört und was
nicht" (Luhmann 1993: 15). Im handlungstheoretischen Kontext heißt das, dass
für den Handelnden, der zu seiner Orientierung nach Recht und Unrecht fragt,
ebenso wie für den rechtssoziologischen Beobachter, der auf den Handelnden

fixiert ist, das Recht letztlich immer auf sich selbst verweist. Um den damit verbundenen ewigen Regress zu vermeiden, wird mit dem Gericht eine Instanz benannt, von deren Entscheidung es abhängig gemacht wird, ob eine Regel als Recht angesehen wird oder nicht. Diese Instanz ist auf ihre Entscheidungen hin gut beobachtbar, und sie wird auf ihre Entscheidungen hin – jedenfalls „hier und heute" – insbesondere von Juristen permanent und systematisch, von Fall zu Fall auch von Rechtssoziologen und auch von Interessenten in Unternehmen und Verbänden und in den Medien beobachtet. So kann relativ verlässlich darüber Auskunft gegeben werden, ob eine Regel als Rechtsregel akzeptiert ist oder nicht. Für den Fall aber, dass eine Regel noch nicht Gegenstand gerichtlicher Entscheidung geworden ist, macht die Definition eine Einschätzung erforderlich, die sich am Rechtsverständnis der Gerichte zu orientieren hat. Darauf bezieht sich der Zusatz: „oder angesehen werden können". Damit sollen zugleich laienhafte, aber auch professionelle Vorstellungen vom Rechtscharakter einer Regel einbezogen werden, die sich nicht mit dem aktuell gerade herrschenden richterlichen Rechtsverständnis decken. Auch bei diesen Vorstellungen soll es sich nach der vorgestellten Rechtsformel um Rechtsvorstellungen handeln, soweit sie „gerichtsfähig" sind. Beispielsweise fällt eine betriebliche Kleiderordnung unter diesen Rechtsbegriff, wenn sie von einem Gericht einer Entscheidung zugrunde gelegt wird. Das gilt selbst dann, wenn es sich um eine ungeschriebene Ordnung handelt (BAG NZA 1990, S. 320 ff.; LArbG Frankfurt 35a 1448/00 vom 21.6.2001; BAG NJW 2003, 1685 ff. und LAG Frankfurt NJW 2001, 3650 ff.; BVerfG NJW 2003, 2815).

Die Rechts-Definition ist an eine Formel von Kantorowicz (1963: 47) angelehnt, die Herberger in einer begriffsgeschichtlichen Übersicht für seinen Versuch einer Systematisierung der verschiedenen im Geschichtsverlauf beobachtbaren Variationen des Begriffsgebrauchs übernommen hat (Herberger 1992). Damit ist die Formel angelehnt an einen Definitionsvorschlag aus dem rechtswissenschaftlichen Theoriezusammenhang. Den Zusammenhang herzustellen ist wichtig, weil Rechtssoziologie als Spezialdisziplin ihren Gegenstand mit rechtswissenschaftlichen Disziplinen teilt, vor allem mit Rechtsgeschichte und Rechtsphilosophie, Rechtsexegese und Rechtsdogmatik, und weil sie im Erkenntniszusammenhang auf den Austausch mit den anderen Spezialgebieten angewiesen ist. Was also beispielsweise in Rechtsgeschichte oder in Rechtsdogmatik als Recht behandelt wird, das soll möglichst auch für die rechtssoziologische Behandlung als Recht anzusehen sein.

Die Definition ist zugleich in weitgehender Übereinstimmung mit der Mehrzahl der im rechtssoziologischen Zusammenhang üblichen Definitionen gebildet worden. So stellt Max Weber für den Rechtsbegriff darauf ab, ob für die Durchsetzung der Regel ein „Zwangsapparat" zur Verfügung steht, ob also „eine spe-

zifische Art der Vergesellschaftung zum Zwecke des ‚Rechtszwanges' existiert"
(Weber 1922c: 372). Das hat jedenfalls zur Voraussetzung, dass dieser Apparat
auch die Befugnis hat, darüber zu entscheiden, ob eine Regel als Recht angesehen wird oder nicht. Wenn Weber freilich als das *eigentliche Spezifikum* auf den
„Erzwingungsstab" abstellt (ebd.: 17 f.), dann schließt er damit das nicht voll-
streckbare Recht, also etwa das Völkerrecht, weitgehend aus, was angesichts der
tatsächlichen Bedeutung solchen Rechts in aktuellen juristischen, politischen
und moralischen Debatten unzweckmäßig ist. Weber betont, bei dem „Apparat"
müsse es sich nicht notwendig um einen staatlichen handeln, weil er so zum
Beispiel auch die von der „Sippe" nach bestimmten Ordnungen exekutierten
Regeln in den Rechtsbegriff einbeziehen kann (ebd.: 18). Um solcher Intention
willen betont er ferner, die „Garanten" des Rechts müssten auch nicht, „wie in
den modernen politischen (...) Gemeinschaften durchweg", „den Charakter eines
‚Richters' oder anderen ‚Organs' haben" (ebd.: 373). Das ist eine für die vorlie-
gende Rechtssoziologie unzweckmäßige definitorische Ausweitung. Hier soll es
nur um das gehen, „was wir heute gewohnt sind" (Weber, ebd.: 18).
  Nur auf den „Apparat" stellt Theodor Geiger ab, ein zeitlich an Weber an-
schließender Rechtssoziologe. Für ihn ist Recht „ein von einer Zentralmacht
monopolisierter Ordnungsmechanismus" (Geiger 1964: 133). Mit dieser Definition zielt Geiger über das, was wir „heute und hier" gewohnt sind, hinaus auch
auf „Häuptlinge", „Hohepriester", „Vögte" und das „Ting". Er schließt aber
jedenfalls „Gerichte" ein und meint sie für den „modernen" Zusammenhang
ausschließlich. So kommt seine Definition zur Deckung mit der hier verwandten; soweit sie zeitlich und räumlich darüber hinauszielt, interessiert sie hier
nicht.
  Auch Röhl schließlich, um einen für die Rechtssoziologie der Gegenwart
wichtigen Lehrbuchautor einzubeziehen, stellt in seiner Rechtsdefinition auf die
Gerichte ab, die er als „speziellen Rechtsstab" mit „Kompetenz-Kompetenz"
bezeichnet. „Rechtsnormen" sind nach ihm „diejenigen Normen, die von einem
speziellen Rechtsstab angewendet werden, der innerhalb territorialer Grenzen
für sich die Kompetenz-Kompetenz in Anspruch nimmt und diese im Wesentlichen auch faktisch durchzusetzen in der Lage ist" (Röhl 1987: 222). Ähnliche
Formeln finden sich auch bei Rehbinder (2003: 50 ff.) und bei Raiser (1999a:
190 ff.).
  Alle bisher vorgestellten rechtssoziologischen Begriffsbestimmungen stimmen im Kern darin überein, dass sie auf den Staat und seine Organe, seine Apparate, seine Stäbe abstellen. Deshalb kann man sie auch als Variationen eines
„etatistischen" Rechtsbegriffs verstehen. Den Gegensatz dazu bilden Begriffe
vom Recht, die auf die Anerkennung im Publikum abstellen. Als Recht werden
danach diejenigen Regeln betrachtet, die im Publikum als Recht anerkannt wer-

den. Der bedeutendste Vertreter eines solchen soziologischen Rechtsverständnisses war Eugen Ehrlich, ein Zeitgenosse Max Webers. Er lenkte den Blick auf das „lebende Recht" und beharrte darauf, das gesellschaftliche Zusammenleben als Sitz des Lebens des Rechts zu sehen und das Recht dort auf seine Wirkungen hin zu beobachten. Mit der Wirkung des Rechts ist eine Fragestellung benannt, die bis heute im Zentrum rechtssoziologischen Interesses steht. Wie lässt sich aber bei der Beobachtung des Zusammenlebens erkennen, ob eine Regel speziell als eine Rechtsregel anerkannt ist oder ob es sich um eine Regel handelt, die der Sitte zugehört, der Konvention oder dem Brauch, und wie lässt sich der Unterschied beobachten? Ehrlich hielt das für eine Frage „der gesellschaftlichen Psychologie" (Ehrlich 1967: 132). Die verschiedenen Arten von Normen – Norm war sein Oberbegriff – lösten verschiedene „Gefühlstöne" aus und die seien gut beobachtbar, vor allem bei Norm-Verletzungen. So sollte der Rechtsbruch daran erkennbar sein, dass er „Empörung" auslöst, die Verletzung des Sittengebots daran, dass sie „Entrüstung" zur Folge hat, und die Verletzung anderer Normen sollte schließlich zu „Ärgernis" führen oder zu „Missbilligung", „Lächerlichkeit" oder zu „kritischer Ablehnung" (ebd.). Mit Hilfe dieser Kategorien aber ist Recht nicht verlässlich unterscheidbar von anderen Normen. Keine Lösung hatte Ehrlich auch für den Fall, dass die Vorstellungen vom Rechtscharakter einer Norm im Publikum divergieren. Anerkennungspluralismus gibt es im Publikum wie bei den Gerichten. Bei den Gerichten wird er schließlich durch Hierarchisierung überwunden; maßgeblich ist schließlich die Entscheidung der obersten Instanz. Beim Publikum gibt es weder diese noch sonst eine Lösung für den Anerkennungspluralismus. Tatsächlich hielt Ehrlich die Unterscheidung zwischen Recht und anderen Normen aber auch für unwichtig; vielleicht liegt es daran, dass sein Rechtsbegriff praktisch unbrauchbar ist. Ehrlichs Bedeutung für die Rechtssoziologie liegt jedenfalls nicht in seinem Beitrag zur rechtssoziologischen Begriffsbildung, sondern in der Orientierung des rechtssoziologischen Forschungsinteresses am „lebenden Recht" im Kontrast zu dem „Recht in den Büchern", mit dem die Rechtswissenschaft sich vornehmlich beschäftigt. Die Frage, wieweit die in den Gesetzbüchern und anderen autorisierten Texten versammelte große Rechtsmasse relevant wird im Zusammenleben, ist eine Zentralfrage der Rechtssoziologie, die sich insofern durchaus zu Recht auf Ehrlich als auf einen ihrer Gründer beziehen kann. Nur heißt das nicht, dass das Forschungsinteresse von vornherein oder gar exklusiv auf das Publikum konzentriert wird; es richtet sich ebenso, wenn nicht primär, auf den Staat und seine Stäbe. Deshalb herrscht in der Rechtssoziologie ein „etatistischer" Rechtsbegriff vor, auch bei Luhmann, auf den hier nicht weiter eingegangen werden soll (dazu Dreier 2002). Mit dem von mir gewählten soziologischen Rechtsbegriff aber wird im Unterschied zu den strengen Varianten des etatistischen Rechtsbegriffs auch das Rechtsverständnis im Publikum relevant für die rechtssoziologische Beobachtung, soweit nicht völlig ausgeschlossen ist, dass es mit dem Rechtsverständnis der Gerichte in Einklang gebracht werden kann.

1.4   Zum juristischen Umgang mit dem Recht

Die Struktur des Zusammenlebens hier und heute ist durch Ausdifferenzierung von Eigen- oder Sonderwelten bestimmt. Die Sonderwelten sind typisch auf spezifische Funktionen bezogen, die ein solches Gewicht für das Zusammenleben haben oder zu haben scheinen, dass sie einer besonderen Pflege zuteil werden. So entwickeln sich darauf bezogen besondere Berufe, Einrichtungen, Ideologien, Wissenschaften. Die Akteure in den Sonderwelten spezialisieren sich. Zugleich entwickeln sie ein besonderes Interesse daran, das Gewicht der Funktion, auf die sie sich spezialisiert haben, für das Zusammenleben besonders zu betonen und hervorzuheben, und die Sonderwelt weiter zu stabilisieren.

Eine dieser Sonderwelten ist die Welt des Rechts und der Juristen, und wenn sich Soziologie mit ihr beschäftigt, geht es unter anderem darum, die berufliche Praxis der Juristen in ihren Voraussetzungen, Abhängigkeiten und Folgen zu untersuchen und ihre Funktion zu klären samt dem Anschein von Wichtigkeit und Bedeutsamkeit für das Zusammenleben, den die Juristen für sich in Anspruch nehmen.

Die Haupt-Akteure in der Eigenwelt des Rechts sind die als solche in der Praxis tätigen Juristen sowie die Vertreter der Rechtswissenschaft. Als Juristen werden üblicherweise und so auch hier diejenigen Personen bezeichnet, die ein Universitätsstudium der Rechtswissenschaft und die daran anschließende praktische Ausbildung, das Referendariat, jeweils mit Erfolg abgeschlossen haben und in einem juristischen Beruf tätig sind. Die juristischen Berufe im engeren Sinne: Richter, Staatsanwalt, Rechtsanwalt, Notar, Verwaltungsjurist, Wirtschafts- und Verbandsjurist, sind auf Auslegung und Anwendung des Rechts spezialisiert. Sie nehmen für sich eine besondere, vor allem auf dem universitären Studium beruhende Qualifikation und eine entsprechende Qualität ihrer beruflichen Tätigkeit in Anspruch, und sie haben bestimmte Tätigkeiten mehr oder weniger erfolgreich für sich monopolisiert. Die juristischen Berufe im engeren Sinn sind Musterbeispiele für Professionen, gleich, wie man den Professionsbegriff definiert (Hesse 1972; zum aktuellen Streit um den Professionsbegriff Meyer 2000, Soretz 2003). Daneben gibt es juristische Berufe im weiteren Sinne; man kann sie auch als Semi-Juristen oder als juristische Semi-Professionen bezeichnen. Sie sind dadurch ausgezeichnet, dass die Ausbildung an Fachhochschulen erfolgt und dass die praktische Ausbildung von vornherein auf einzelne Berufe spezialisiert ist, während für den Juristen im engeren Sinn sowohl das Studium als auch die praktische Ausbildung am Leitbild eines alle Spezialisierungen übergreifenden *Einheits*-Juristen orientiert sind. Semi-Juristen sind beispielsweise die bei Gericht tätigen Rechtspfleger oder die Angehörigen der Laufbahn des gehobenen Dienstes in der öffentlichen Verwaltung. Hinzukommen mehr und mehr weitere an Fachhochschulen ausgebildete Spezialjuristen; dabei handelt es sich vor allem um Wirtschaftsjuristen. So deutlich die Trennlinie zwischen Voll- und Semi-Juristen mit Hilfe von Gesetzen und Verordnungen fixiert ist, so deutlich wird sie von verschiedenen Interessenten in Frage gestellt und bekämpft; der Trend geht eher auf Aufweichung als auf Verfestigung der Grenze.

Ein bemerkenswerter Ausdruck dafür, dass die Welt der Juristen eine eigene, von den verschiedenen Umwelten getrennte Welt darstellt, ist die Stabilität juristischer Karrieren über die politischen Brüche der letzten hundert Jahre hinweg. Selbst das Dritte Reich hat für die große Mehrzahl der juristischen Karrieren weder an seinem Beginn noch mit seinem Ende zu dramatischen Konsequenzen geführt. Die große Mehrzahl der Juristen ging bruchlos durch die politischen Brüche hindurch. Das gilt auch für die Vertreter der Rechtswissenschaft. Möglich war das, weil die rechtliche Bewertung der dabei praktizierten Anpassungsleistungen in den Händen von Juristen lag, die in ihrer großen Mehrheit die Anpassung als Ausdruck der Gesetzesbindung der Juristen zu kaschieren verstanden.

Das Recht ist Gegenstand der Rechtswissenschaft, einer vorwiegend an den Universitäten, zunehmend auch an Fachhochschulen betriebenen Fachwissenschaft. Die im rechtswissenschaftlichen Schrifttum in Deutschland herrschende Auffassung setzt das Recht mit Rechtstexten gleich und isoliert es zugleich ziemlich radikal gegenüber dem Leben. Dadurch verliert das Recht nicht jeden Praxisbezug. Die Rechtswissenschaftler sind selbst Teil der Praxis des Rechts, auf die sie in ihrer Veröffentlichungspraxis auch ständig Bezug nehmen. Rechtswissenschaftler stehen zugleich in Bezügen zu politischer, ökonomischer, sozialer Praxis. Oft sind die Bezüge vermittelt über Gutachter- oder Beraterrollen. Auch in Politikerrollen sind nicht selten Rechtswissenschaftler zu finden. Diese Praxisbezüge werden in aller Regel „diskret" gehandhabt; im rechtswissenschaftlichen Schrifttum werden sie in der Regel ausgeblendet. Selbstverständlich sind die Rechtswissenschaftler überdies politische Menschen, wirtschaftende Menschen, Menschen, die in den verschiedensten gesellschaftlichen Bezügen stehen. Nicht zuletzt sind sie als Gutachter hoch begehrt. Im rechtswissenschaftlichen Schrifttum werden solche Bezüge äußerst selten entfaltet. Freilich kann, wer in einem Beitrag zur Rechtswissenschaft sein Denken als ein rechtswissenschaftliches vorführt, dieses Denken nicht als ein *rein* rechtswissenschaftliches vorführen. Wieder und wieder mischen sich Ausflüge in politische, ökonomische, gesellschaftliche, technische, moralische Bestände in die juristischen Erwägungen ein. Aber das geschieht mehr oder weniger ad hoc, mehr oder weniger zufällig und willkürlich: eben so, wie sich die Ausflüge gerade ergeben. Dahinter steht dann Laienwissen oder Dilettantenwissen (Hesse 1998b) und beides im guten oder im schlechten Sinne: das zeigt sich jeweils erst im Einzelfall. Eine theorieorientierte und systematische, ja auch nur eine explizit programmatische Einbeziehung der für unser Leben und Zusammenleben entscheidenden Praxisbereiche findet nicht statt, und sie soll auch nicht stattfinden, seitdem die Rechtswissenschaft alle Wissenschaften von sich abgespalten hat, die auf die Praxis des Zusammenlebens bezogen sind. Das geschah um 1900.

Recht und Rechtswissenschaft sind eng aufeinander bezogen, enger als z. B. Recht und Staat es sind. So ist das Recht als veranlassender Faktor für die rechtswissenschaftliche Praxis unentbehrlich: denkt man es weg, entfällt auch Rechtswissenschaft als Praxis. Darüber handelt die berühmte Schrift von Julius von Kirchmann über die Wertlosigkeit der Jurisprudenz von 1848, freilich im Hinblick nur auf den partiellen Verlust eines Gesetzes, nicht im Hinblick auf den Totalverlust (Kirchmann 1956).

Veranlasst das Recht die Praxis der Rechtswissenschaft, so wirkt andererseits die rechtswissenschaftliche Praxis auf das sie veranlassende Recht zurück, indem sie es auf ihre Weise bearbeitet. Sie interpretiert und präzisiert und systematisiert das Recht und orientiert sich dabei u. a. an einem überlieferten Kanon von Auslegungsmethoden. Sie setzt das Recht in Beziehung zu Werten, zu Interessen und zu Zwecken. Sie unterstellt das sog. einfache Recht dem Verfassungsrecht. Sie unterstellt sowohl einfaches als auch Verfassungsrecht unter Umständen noch höheren Ordnungen, dem EU-Recht zumal, gelegentlich auch dem Naturrecht oder anderen Wertordnungen, die sie noch über dem positiven Recht verortet. Dabei folgt die Arbeit der Rechtswissenschaftler am Recht auch äußeren Erwartungen oder inneren Zwangsläufigkeiten. Über alledem wird die Praxis der Rechtswissenschaft gelegentlich selbst zu einer Rechtsquelle.

Als „reine" Wissenschaft betreibt die Rechtswissenschaft die Auslegung von Recht als offenen und unendlichen Prozess der Wahrheitssuche, für den freilich, wie man heute deutlicher als zu Webers Zeit sieht, „harte" Methoden nicht zur Verfügung stehen. Als „praktische" Wissenschaft sorgt sie zugleich für die Entscheidbarkeit von Rechtsfragen in der Praxis, indem bestimmte Auslegungen für die Praxis auf Zeit außer Frage gestellt werden. Das geschieht mit Hilfe der juristischen Dogmatik, die den Hauptanteil im Fächerkanon der Rechtswissenschaft ausmacht. Ihre Grundlage bilden soziale Prozesse. Ihre „Richtigkeitsgarantie" ist der Konsens oder jedenfalls die Mehrheitsauffassung der Experten.

Sie wird durchaus treffend als „herrschende Meinung", abgekürzt h. M., bezeichnet und argumentativ genutzt.

1.5   Zur Bedeutung des Rechts in den übergreifenden Zusammenhängen von Wirtschaft, Politik und Staat

Die *Wechselbeziehungen* zwischen *Recht und Wirtschaft* sind beträchtlich. Sie
sind allerdings nicht so eng, dass das eine ohne das andere nicht bestehen
könnte. Das gilt auch für die spezifische Wirtschaftsweise „hier und heute", den
weit fortgeschrittenen Kapitalismus. Er passt sich an das hier geltende Recht an
und sucht es gleichzeitig seinen Interessen dienstbar zu machen. Er gedeiht aber
auch in anderen Rechtskulturen, wie z. B. der angloamerikanischen Rechtskultur, die in mancherlei Hinsicht einen interessanten Kontrast zur kontinentalen
Rechtskultur bildet, ohne dass ein unterschiedliches Wachstum und ein unterschiedlicher Entwicklungsstand des Kapitalismus davon ableitbar wären (Weber
1922c: 508; Müller 2003). Selbst in rechtsfreien Räumen gedeiht der Kapitalismus. Damit wird vor allem die Vorstellung abgewiesen, Wirtschaft und Recht
stünden im Verhältnis von Unter- und Oberbau zueinander und für das Erklären
und Verstehen einer konkreten Rechtsordnung oder einzelner Rechtsnormen
oder der juristischen Praxis genüge es, die zugrunde liegende Wirtschaftsordnung zu kennen. Ebenso wenig gilt das umgekehrte Abhängigkeitsverhältnis.
Das Recht determiniert weder die Wirtschaftsordnung noch die wirtschaftende
Praxis im Einzelnen. Es wird aber auch nicht von der Wirtschaftsordnung determiniert. Zustand und Beschaffenheit des Rechts können im Einzelfall von
Kapital-Interessen bestimmt sein. Ebenso kann im Einzelfall das Recht bestimmenden Einfluss auf Kapital-Interessen haben. Andererseits spielen für Zustand
und Beschaffenheit des Rechts Kapital-Interessen in vielen Fällen keine Rolle,
und umgekehrt werden in vielen Fällen Kapital-Interessen vom Recht überhaupt
nicht berührt. Vermittelt wird der Einfluss hin und her durch die *Politik*. Wenn
die Politik das Recht handhabt, dann sollen mit Hilfe des Rechts Ziele verfolgt,
Konflikte gelöst, Erwartungen stabilisiert werden – *sollen*, wohlgemerkt. Einen
besonderen Nachdruck bekommt dieses Mittel dadurch, dass es *vom Staat verwaltet* wird und ggf. mit Hilfe seiner Apparate auch *gewaltsam durchgesetzt*
werden kann. Dass wirtschaftende Akteure sich von Fall zu Fall für die Nutzung
eines solchen Mittels um ihrer partikularen Interessen willen interessieren, versteht sich von selbst. So versteht es sich auch, dass sie auf verschiedenen Wegen
und auf verschiedene Weise auf die rechtlichen Bestände Einfluss zu nehmen
suchen. Von Fall zu Fall erzielen sie dabei auch Erfolge. Aber nur da, wo wirtschaftende Akteure Staat und Politik fest im Griff haben, wo sie uneinge-

schränkt darüber bestimmen, kann ihr Einfluss auf das Recht voll durchschlagen. Von einer solchen Situation ist die pluralistisch verfasste Bundesrepublik Deutschland noch deutlich entfernt. So nehmen Vertreter von Wirtschaftsverbänden Einfluss auf Rechtssetzung und -anwendung und sind dabei auch partiell erfolgreich. Partiell sind sie aber auch erfolglos, weil sie von anderen Interessenten blockiert werden, Gewerkschaftsvertretern etwa oder Vertretern von Verbraucher- oder Umweltschutzverbänden. Auch Eigeninteressen der Politik kommen ins Spiel. Andererseits wirkt das Recht auf die Akteure zurück und hält sie dazu an, ihre Aktionen an Regeln zu orientieren, die auf die Kontrolle und Begrenzung ihrer Interessen zielen statt auf ihre Förderung und Entfesselung. Teils ist es dabei auch erfolgreich.

Recht wird hier also primär als ein *Instrument der Politik* verstanden, als ein Mittel, mit dessen Hilfe Interessen und Ziele – aus welcher Sphäre von Wirtschaft und Gesellschaft auch immer – in verbindliche Handlungs- oder Unterlassungsanweisungen für die jeweiligen Adressaten verwandelt werden. Die Nähe dieses Ansatzes zu politikwissenschaftlichen Konzepten ist deutlich (Voigt 1986; 2000); auf die Differenzen kann ich hier nicht eingehen. Wenn der politisch-instrumentelle Charakter des Rechts im Vordergrund steht, wird es auch als „Medium" bezeichnet. Recht ist zwar ein wichtiges, aber nicht das einzige Mittel der Politik. Als Mittel dienen daneben vor allem Geld, Information und Gewalt. Aktuell geht die relative Bedeutung des Rechts in dieser Konkurrenz deutlich zurück.

Ist das Recht in seiner Entstehung wie übrigens auch in seiner Durchsetzung von Politik abhängig, so handelt es sich auch hier nicht um eine einseitige Beziehung. Auch hier handelt es sich um Wechselwirkung. Wie die Politik auf das Recht einwirkt, so wirkt das Recht auf die Politik zurück. Rechtliche Vorgaben strukturieren den Weg, auf dem politische Ziele sich im Recht niederschlagen, und rechtliche Vorgaben strukturieren auch das politische Handeln im engeren Sinne, also etwa die Bildung und die Finanzierung der Parteien. Auch im Blick auf diese Rechtsregeln interessiert sich die Rechtssoziologie für die Art und Weise ihres Zustandekommens ebenso wie für ihre tatsächlichen Konsequenzen. Für die später ausführlicher zu behandelnde Basis-Annahme der rechtssoziologischen Wirkungsforschung, dass nichts so ist, wie es sein soll (2.2.1.), liefert die Geschichte der Parteienfinanzierung hinreichenden Anschauungsunterricht auch ohne Zuhilfenahme rechtssoziologischer Forschung.

Recht und Politik sind eng gebunden an den *Staat*. Im „Hier und Heute" ist das der Staat der Bundesrepublik Deutschland. Angesichts der Bedeutung der Judikative für das Recht und angesichts einiger Eigenheiten der Rechtsprechung, von denen später noch ausführlicher die Rede sein wird, wird der Staat der Bundesrepublik Deutschland gelegentlich geradezu als „Richter-Staat" bezeichnet. Das überzieht die Bedeutung der Gerichte erheblich. *Der Staat* ist eine *politische* Veranstaltung, keine rechtliche oder richterliche. Nicht Richter repräsentieren den Staat, sondern Politiker, Berufspolitiker zumal und insbesondere diejenigen, die Spitzenpositionen des Staates und der Regierung einnehmen. Das Recht ist zwar eng gebunden an den Staat, aber der Staat geht nicht im Recht auf. Die Ineinssetzung von Recht und Staat war mit der Formel vom „Rechtsstaat" – sie wird später noch ausführlicher zu behandeln sein (4.3.) – vielleicht intendiert. Das stimmte dann aber allenfalls auf der programmatischen Ebene; es stimmte nicht auf der Ebene der Praxis von Recht und Staat. Aktuell taugt die Rechtsstaatsformel zur Kennzeichnung weder der staatlichen Programmatik noch der Praxis. Das Recht ist *ein Mittel* der staatlich verfassten Politik, nicht ihr Grund, nicht ihr Zweck und nicht ihr Inhalt. Auch als Mittel verblasst die Bedeutung des Rechts. Mehr und mehr gerät es, wie schon erwähnt, in Konkurrenz zu bequemer handhabbaren Mitteln wie dem Geld und der Kommunikation. So ist der Staat ein Rechtsstaat nur, wenn man damit sagen will, dass das Recht verstaatlicht ist, was die Formel aber nicht meint. Er ist kein Rechtsstaat, wenn man damit sagen will, dass der Staat im Recht aufgeht – das aber meint die Formel. Der Staat ist oben als politische Veranstaltung bezeichnet worden, die von der Regierung und von Berufspolitikern repräsentiert wird. Wenn man dafür eine Kurzformel finden will, so kann man den Staat der Bundesrepublik vielleicht als Kanzler- oder als Regierungs-, vielleicht auch als Parteien-Staat bezeichnen. Jedenfalls ist er kein „Richter-Staat".

1.6 Abschließende Bemerkungen

Rechtssoziologie ist auf das „lebende Recht" bezogen, auf die Wirklichkeit des Rechts, auf eine Praxis also, in der oder für die das Recht Sinn und Bedeutung hat. Wie kann im Voraus eine solche Praxis so konkretisiert werden, dass sie beobachtbar wird?

Praxis, auf die Rechtssoziologie sich bezieht, wird hier als soziale Praxis verstanden, als Praxis des Zusammenlebens. Sie äußert sich in Handlungen und Unterlassungen von Akteuren, die auf Handlungen oder Unterlassungen anderer Akteure und auf mancherlei sonstige Umstände sinnhaft bezogen sind. Soziales Handeln ist nicht voraussetzungslos. Es ist typisch vorgeformtes, mehr oder weniger festgelegtes Handeln. Für alles soziale Handeln, nicht nur für politisches, gilt der berühmte Marx-Satz, wonach wir unsere eigene Geschichte machen, aber „nicht unter selbstgewählten, sondern unter unmittelbar vorgefundenen, gegebenen und überlieferten Umständen" (Marx 1971b: 271). So richtet sich alles Beobachten, Verstehen und Beschreiben zuerst auf die Bestände, die soziales Handeln zugleich fundieren und begrenzen. Notwendig kommen die Eigenwelten mit ihren Grobstrukturen in den Blick, die die verfestigten und verselbständigten Handlungszusammenhänge modellieren. Sie sind handlungstheoretisch hochrelevant. Wenn ich soziales Handeln verstehen will, komme ich nicht ohne die Kenntnis der Besonderheiten aus, die die Eigenwelten jeweils ausmachen. Prominente Eigenwelten sind Wirtschaft, Politik, Kunst, Wissenschaft, Religion. Für jede Eigenwelt soll das Recht die Grenzen markieren, die die Eigenwelt zusammenhalten sollen, und es soll sie zugleich intern strukturieren.

In allen Eigenwelten und teils über die Eigenwelten hinweg oder durch sie hindurch ruht die individuelle Lebensführung auf ihrer materiellen Basis auf. Zu dieser Basis zählen die beweglichen und die unbeweglichen Güter; konkreter ausgedrückt: zur Basis zählen vor allem Geld und geldwerte Güter. Dazu zählen ebenfalls Bildungsabschlüsse und Zertifikate, die diese oder jene am Markt verwertbare Qualifikation dokumentieren. Die so verstandene materielle Lebensführungsbasis ist durch und durch verrechtlicht. Die Möglichkeiten des Umgangs mit Geld und Gütern werden im Recht und mit Hilfe des Rechts fundiert, mit dem Recht des Eigentums etwa oder mit dem Besitzrecht, die der Nutzung der Bildungsabschlüsse durch Berufs- und Bildungsrecht. Vielfach ist die rechtliche Verfasstheit der materiellen Lebensführungsbasis den Akteuren im Alltag nicht bewusst. Explizit wird sie eher ausnahmsweise, etwa, wenn Handlungsabläufe ins Stocken geraten und notleidend werden. So laufen die Spuren des Rechts oft unbemerkt mit. Häufig gibt es nicht einmal Spuren mehr.

In den Blick des handlungstheoretisch orientierten Beobachters kommen auch gewisse Feinstrukturen, die soziales Handeln in seinen Abläufen formieren. Ich nenne sie Handlungs- und Deutungsmuster. Es handelt sich dabei um verfestigte und generalisierte Verhaltens- und Sinnzumutungen, die die Vorformung des sozialen Handelns in den Eigenwelten weiter konkretisieren. Prominenteste Vertreter sind die beruflichen Handlungs- und Deutungsmuster. Auch die Handlungs- und Deutungsmuster sind typischerweise verrechtlichte – und häufig erbittert umkämpfte! – Muster. Auch für sie gilt, dass die mitlaufenden Spuren des Rechts erst bei genauerem Hinsehen sichtbar werden und dass solch genaueres Hinsehen in der Routine des Alltags nicht geübt wird und oft zum Verstehen und Erklären auch nicht erforderlich ist.

So wird soziales Handeln vielfach umrahmt und fundiert. So wird soziales Handeln für den einzelnen Akteur potentiell entlastet, weil er soziales Handeln nicht bei jeder Handlung neu erfinden muss. So wird es zugleich potentiell belastet für den Fall, dass der Akteur mit Inhalt, Form und Ziel seines Handelns über die Vorgaben hinausstrebt.

Dass Menschen ihr Verhalten typischerweise am Recht ausrichten, ist für das Publikum, wie mehrfach angesprochen, eher die Ausnahme. Am deutlichsten demonstrieren die Angehörigen der Rechtsstäbe die Orientierung ihres Handelns am Recht: diejenigen also, die das Recht verwalten, anwenden, kontrollieren, exekutieren. Für alle Fragen, die die Orientierung der Praxis am Recht betreffen, ist es deshalb zweckmäßig, von vornherein zu unterscheiden zwischen der Praxis dieser Juristen und der Praxis aller anderen Menschen. Freilich wäre die Vorstellung naiv, die Juristen orientierten ihr Handeln nur am Recht. Die beobachtbare Höchstform der Orientierung des Handelns am Recht gilt ohnehin *nur* für das *berufliche* Verhalten der Juristen. Sowie sie in anderen Lebensbereichen agieren, orientieren sich auch die Juristen an den dort herrschenden Beständen, und wie Jura-Studenten in ihren Lebensgewohnheiten und also etwa im Umgang mit fremden Büchern in Bibliotheken sich jedenfalls nicht positiv abheben von den allgemein unter Studenten beobachtbaren Üblichkeiten, so stehen Rechtsstabsangehörige beispielsweise dem Verkehrsrecht nicht etwa befolgungsbereiter gegenüber als der Rest der Bevölkerung, nehmen das Steuerrecht nicht irgendwie ernster als die übrigen Steuerbürger, und dass Einzelne von ihnen gelegentlich bei Verstößen gegen Strafrechtsvorschriften ertappt werden, hat längst nichts Skandalöses mehr. Aber auch das berufliche Handeln der Juristen in den Stäben geht nicht schlicht und einfach in Normbefolgung auf. Bewusst ist oben formuliert worden, die Stabsangehörigen *demonstrierten* in besonderer Weise die Orientierung ihres Handelns am Recht. Ob ich mich am Recht orientiere oder ob ich solche Orientierung vorführe, ist aber, wie oben bereits angesprochen (1.1.), zweierlei, und es wird im Folgenden sehr genau das Maß der wirklichen Orientierung zu prüfen sein. Jedenfalls werden Aktionen und Akteure in der Eigenwelt des Rechts aufgrund dieser Vorüberlegung zu bevorzugten Themen einer Rechtssoziologie, die auf das wirkliche Recht bezogen ist. Um im Hinblick auf die tatsächliche Orientierung des Verhaltens am Recht den Unterschied zwischen den Juristen in den staatlichen Stäben und dem übrigen Publikum deutlich zu machen, werden in der Literatur die einen häufig als die „primären", die anderen als die „sekundären" Adressaten des Rechts bezeichnet. Gelegentlich findet sich sogar die Auffassung, die Juristen in den Stäben seien die einzigen Adressaten des Rechts. Diese Auffassung ist für eine rechtssoziologische Betrachtung zu eng. Im Blick auf die Orientierung am Recht wird hier der Unterschied markiert zwischen dem beruflichen Handeln der Juristen in den Stäben und allem übrigen sozialen Handeln, worunter auch das private Handeln der Juristen fällt. Dabei sollen die Juristen in ihrem beruflichen Handeln als *primäre*, alle übrigen wie auch die Juristen im Privatleben als *sekundäre* Adressaten bezeichnet werden.

Auch die Praxis der Gesetzgebung orientiert sich am Recht. Alles Verhalten, das auf die Herstellung oder die Änderung oder die Abschaffung von Recht zielt, soll hier als *rechtspolitisches* Verhalten bezeichnet werden. Dieses Verhalten, das „heute und hier" häufig als „Reformvorhaben" daherkommt, eingespannt in den „Kampf" gegen dieses oder jenes Übel oder in das Streben nach diesem oder jenem hohen Wert, summiert sich zum Praxisbereich Politik und spezialisiert sich dort als Rechtspolitik. Manche betreiben Rechtspolitik hauptberuflich: das sind vor allem Berufspolitiker. Rechtspolitik betreiben aber auch Angehörige der Stäbe, also Mitglieder der Regierung sowie Verwaltungsangehörige und Richter. Rechtspolitik betreiben auch Lobbyisten. Rechtspolitik betreibt schließlich jeder, der sich ad hoc und im Einzelfall mit Wünschen und Aktivitäten in die Herstellung oder Änderung oder Abschaffung von Recht einmischt. Bei alledem ist das Recht nur ein Faktor unter mehreren, der das Verhalten bestimmt. Das rechtspolitische Verhalten soll sich an den Rechtsnormen orientieren, die die Herstellung oder Änderung von Recht zu regeln bestimmt sind: also an Verfahrensvorschriften für die Gesetzgebung. Am geltenden Normenbestand soll es sich auch orientieren, wenn es die angestrebte Rechtsnorm in den Rahmen des gegebenen Bestands einzupassen sucht. Dies sind aber nicht die Hauptorientierungen rechtspolitischen Verhaltens. Die Hauptorientierung betrifft die Wirkungen, die die Akteure sich vom neu geschaffenen oder vom veränderten Recht oder von der Tatsache seiner Abschaffung im Leben versprechen. Die Hauptorientierung betrifft also wirtschaftliche Fragen, kulturelle Fragen, technische Fragen, sonstige Fragen des Zusammenlebens.

In den nicht-staatlichen Praxisbereichen schließlich, in die das Recht einzuwirken bestimmt ist, orientiert sich das Verhalten am wenigsten am Recht. In den verschiedenen Bereichen und in den vielfältigen Formen und Mustern des Zusammenlebens verfolgen die Akteure neben jeweils spezifischen Interessen, die auf spezifische Ausschnitte des Zusammenlebens bezogen sind – Spielinteressen, sportliche Interessen, religiöse Interessen, Bildungsinteressen usw. usw. – diejenigen Interessen, die Leben und Zusammenleben überhaupt dominieren. Das sind Besitzinteressen – allgemeiner: materielle Interessen –, Macht- und Prestigeinteressen und Sexualinteressen. Das Leben dreht sich weithin um Geld, Macht, Prestige und Sex. Eher ausnahmsweise und eher zur Behebung oder Vermeidung von Pathologien reflektieren die Akteure dabei die Frage der Rechtmäßigkeit ihrer Aktionen.

Für die Art und Weise, wie sich die Adressaten am Recht orientieren, ist die Programmstruktur des Rechts erheblich. Rechtssoziologie unterscheidet „Konditionalprogramme" und „Finalprogramme". Um 1900 herrschten in der Gesetzgebung Konditionalprogramme vor. Sie binden den Adressaten relativ eng:

„Wenn A dem B einen Kaufantrag macht und wenn B den Antrag annimmt, dann ist ein Kaufvertrag zustande gekommen" (in Anlehnung an §§ 145, 151, 433 BGB).

„Wenn A den B tötet, ohne Mörder zu sein, dann wird er wegen Totschlags bestraft" (in Anlehnung an § 212 StGB).

Das sind relativ frei gebildete Beispiele für Konditionalprogramme. Inzwischen dringen in der Gesetzgebung Finalprogramme vor. Zwei frei gebildete Beispiele dafür:

„Die Verteilung der elterlichen Sorge ist am Kindeswohl auszurichten" (in Anlehnung an § 1671, Abs. 2 BGB).

"Staatliche Wirtschaftspolitik ist an Preisstabilität, einem hohen Beschäftigungsstand, außenwirtschaftlichem Gleichgewicht und stetigem angemessenen Wirtschaftswachstum auszurichten" (in Anlehnung an § 1 StWG).

Damit werden die Adressaten lediglich an eine oder mehrere Zielvorgaben gebunden, in der Mittelwahl aber nicht festgelegt. Entsprechend wachsen die „Spielräume". Sie wachsen inzwischen freilich auch im Umgang mit Konditionalprogrammen.

Weiterführende Literatur

Weber, Max 1922c: 2. Teil, Kap. VII; Luhmann, Niklas 1993: Kap. 1-3; Meder, Stephan 2002: Kap. 16-20; Grimm, Dieter (Hg.) 1991; Henecka, Hans Peter 2000.

2 Modell- und Hypothesenbildung

Alle Beiträge zur Wissenschaft bedürfen der Selbst- und Fremdkontrolle. Dazu dienen die in Kap. 1 betriebene Konkretisierung der Thematik und der Begriffe sowie die Begründung der Vorgehensweise. Dazu dienen ferner die im Folgenden vorzustellenden Modelle, mit deren Hilfe der zu behandelnde Gegenstand für den Zweck der wissenschaftlichen Bearbeitung rekonstruiert wird, sowie die Hypothesen, mit deren Hilfe das Thema in einen größeren Zusammenhang gestellt wird und Vermutungen angestellt werden über Abhängigkeiten, die rekonstruiert werden sollen, oder Entwicklungen, die prognostiziert werden sollen.

2.1 Modellbildung

Wenn im Folgenden das am Recht orientierte soziale Handeln zum Thema gemacht wird, dann wird zum Zwecke der Modellbildung Handlungstheorie mit makrosoziologischen Vorstellungen kombiniert. Die damit verbundenen Theoriefragen können hier nicht vertieft werden. Aus der Fülle der Literatur nenne ich lediglich Münch (1988), Schütz/Parsons (1977) und Luhmann (1988) sowie von Beyme (1997) und Hennis (2003). Zur Makrosoziologie gehört die Annahme, dass die Welt unseres Zusammenlebens – die hochabstrakt auch „Gesellschaft" genannt werden kann – in Eigenwelten ausdifferenziert ist, in denen je spezifische Aufgaben wahrgenommen werden, je spezifische Interessen dominant sind (vgl. schon 1.4.). Die Eigenwelten sind auch intern strukturiert und ausdifferenziert. So gibt es in der Eigenwelt des Rechts ein Recht der Wirtschaft, der Technik, der Wissenschaft usw. In den Eigenwelten agieren handelnde und leidende Personen, die typischerweise nicht voraussetzungslos handeln und gehandelt werden. Sie orientieren sich vielmehr an den jeweils relevanten Grob- und Feinstrukturen und machen, indem sie handeln, von bereitliegenden Handlungsmustern Gebrauch. Dazu gehören vor allem Muster beruflichen Handelns sowie andere, die Handlungs- und Leidenschancen spezifisch festlegen wie etwa Muster für Verbraucher oder für Patienten. Orientiert man sich an den kognitiven Kompetenzen, kann man die Welt der Verhaltensmuster einteilen in solche für Experten, für Laien und für Dilettanten (Hesse 1998b). Die Muster konkretisieren sich schließlich an den verfügbaren Ressourcen, Kompetenzen und Routinen und an den besonderen Umständen des Einzelfalls (Bien 1971; Rescher 1985).

Um schließlich das in den vorgegebenen Mustern ablaufende soziale Handeln beobachten zu können, wird die Handlungspraxis reduziert auf wesentliche, unverwechselbare und für den Bestand unverzichtbare Elemente. So entstehen Modelle sozialen Handelns, so ist auch das im Folgenden vorgestellte Modell sozialen Handelns zu verstehen. Seinen handlungssoziologischen Kern habe ich im Kontrast zu dem schönen Gedicht von der Rose von Angelus Silesius gebildet (Silesius, zitiert nach Reiners 1957: 837):

„Die Ros' ist ohn Warum,
sie blühet, weil sie blühet,
sie acht' nicht ihrer selbst,
fragt nicht, ob man sie siehet."

Das kontrastierend zu diesem Gedicht gebildete Modell sozialen Handelns ist über folgende Grundannahmen gebildet worden:

Soziales Handeln im Rahmen der Eigenwelten und der überkommenen Handlungsmuster ist bewusstes Handeln, also vor allem Interessen, Zwecke und Ressourcen, gelegentlich auch Ideen und Werte reflektierendes, an Begründbarkeit orientiertes Handeln. Unter Umständen wird auch das Recht in die Reflexion einbezogen.

Soziales Handeln setzt Handlungsalternativen voraus. Es vollzieht sich in der Regel als Auswahl von Handlungsmustern und als Konkretisierung von Handlungsspielräumen. Gelegentlich erfindet es neue Muster.

In die soziale Handlung als bewusste Wahl einer gegebenen Handlungsalternative oder gelegentlich als Erfindung einer neuen geht das Selbstbild des Akteurs ein. Er hat ein Bild von sich selbst und stellt Erwartungen an sich selbst. In diesem Rahmen können „Legalitätsglaube" oder „Legitimitätsglaube" (dazu näher unter 4.3.) das Recht zu einem handlungsrelevanten Faktor machen. Außerdem ist das *Fremdbild* des Akteurs bedeutsam. Er macht sich ein Bild von seiner relevanten Umwelt, und er hat Vorstellungen von den Erwartungen, die seine Umwelt an ihn richtet. Wenn er sich von einer anzeige- und verfolgungsbereiten Umwelt auf gesetzestreues Verhalten beobachtet glaubt, kann das Recht für einen Akteur eine besondere Handlungsrelevanz bekommen.

Auswahl und Ausführung eines Handlungsmusters erfolgen schließlich auf der Basis von Zweck-Mittel-Nebenfolgen-Kalkulationen, in die Ressourcen, Kompetenzen und Routinen ebenso eingehen wie die besonderen Umstände, die die Situation aktuell und konkret ausmachen.

Die oben erörterten Vorstellungen über die abgestufte Relevanz des Rechts für das Verhalten lassen sich an diesem Handlungsmodell leicht konkretisieren.

Es gibt auf der Ebene modellhafter Überlegungen gute Gründe anzunehmen, dass für das Selbst- und Fremdbild der Akteure in den Rechtsstäben und auch in den Praxen der Anwälte und Notare bei ihrer täglichen Arbeit der Bezug auf geltende Rechtsnormen eine relativ große Bedeutung hat, während er für die Akteure im Praxisbereich Politik eine weniger große Bedeutung hat und für die Akteure in den übrigen verselbständigten eigenweltlichen Praxisbereichen und im Alltag, den man vielleicht als eine Art Rest-Praxis bezeichnen kann, relativ minimal ist.

Die Fülle dessen, was die Praxis des Zusammenlebens ausmacht, wird mit Hilfe des Modells streng modelliert. Tatsächlich leben wir so nicht. Auch das Leben in den Rechtsstäben und in den Anwaltskanzleien verläuft nicht als Abbild dieses Modells. Wir leben unser Zusammenleben aber auch nicht nach dem Muster, das im Gedicht von der Rose aufscheint. Das Gedicht lässt sich als ein Muster vegetativen Lebens lesen und ist als solches auf menschliches Leben übertragbar. Auch menschliches Leben hat seinen vegetativen, seinen organischen Teil. Die Beratungen der Gerichte spannen sich vom Frühstück bis zur Mittagspause, von da bis zum Abendessen. Dass Verstimmungen, die aus einer missglückten Nacht herrühren, die Entscheidungsfindung am nächsten Tage beeinflussen, ist anzunehmen. In seinem Kern ist soziales Handeln weder rein organisch noch rein rational. Im Zweifel ist es allerdings eher rational als organisch. Das eine wie das andere Muster eignet sich am besten dazu, Extrempositionen auf einer Skala zu markieren, auf der die verschiedenen Erscheinungsweisen sozialen Handelns abgebildet sind. In der Praxis des Zusammenlebens hier und heute lässt sich eine Mischung von Lebensführungsstilen beobachten, die jeweils gekennzeichnet sind durch ein spezifisches Maß von Nähe und Distanz zu beiden Extrempositionen, durch ein hohes Maß von Bewusstheit in einem Fall und nahezu völlige Bewusstlosigkeit im anderen, durch Routinisierung und Standardisierung in einem Fall und durch rational- oder auch emotional-innovatives Handeln im anderen, durch Eigensinn und Eigenmächtigkeit in einem Fall und durch die Lust, als dienendes Glied einem größeren Ganzen sich anzuschließen, im andern. Die Fülle der Möglichkeiten ist durch die Beispiele bei weitem nicht erschöpft! Der Rechtssoziologe, der, ausgestattet mit diesem Modell, Praxis beobachten und verstehen will, muss die Grobstrukturen in Rechnung setzen und die Feinstrukturen, muss das rationale Kalkül des Akteurs ebenso nachvollziehen können, wie er in der Lage sein muss, die Gefühle nachzuempfinden, die eine Aktion bestimmen. Im Einzelfall mag es ihm hilfreich sein, den organischen Anteil zu bestimmen. Er muss last not least über die speziellen Kenntnisse verfügen, die ihn dazu befähigen, den Anteil auszumachen, zu dem das Recht an den Aktionen beteiligt ist.

Rechtssoziologie treiben heißt nach alledem, den Blick zugleich auf das Recht und auf das Zusammenleben richten. Es heißt also danach fragen, wie das Leben als Zusammenleben nach den Vorgaben des Rechts *verfasst sein soll*, und danach, wie es *tatsächlich verfasst ist*. So richtet sich der Blick auf die Orientierungen, die das Recht den Akteuren zu geben versucht, und auf die Orientierungen, die die Akteure sich tatsächlich selbst geben.

Noch einmal wird in dieser Aufgabenbestimmung eine Grundannahme deutlich, die aller Rechtssoziologie zugrunde liegt. Praxis ist nicht zu begreifen, wenn man sie als schlichtes Abbild der darauf bezogenen normativ fixierten Erwartungen verstehen wollte. Wo Normen Verhalten lenken und leiten sollen, wo sie Erwartungen auf Dauer stellen, da ist mit gegenläufigen Tendenzen zu rechnen. Es bedürfte sonst der Normen auch gar nicht. Je höher die Norm angesiedelt ist im normativen Kontext, je stärker der Geltungsanspruch ist, mit dem sie ausgestattet ist, umso wahrscheinlicher ist mit gegenläufigen Tendenzen zu rechnen und umso stärker sind wahrscheinlich die Praxistendenzen, die durch die Norm korrigiert werden sollen. Alles in allem gilt gegenüber den steuernden Intentionen, die im Recht zum Ausdruck kommen, von vornherein als Basis-Annahme die Hypothese, dass nichts so ist, wie es sein soll (ausführlicher 2.2.1.).

Andererseits kann der Beobachter, wenn er nur genau hinsieht, auf die Wirkung des Rechts auch da stoßen, wo es nicht explizit gemacht wird, wo es wie selbstverständlich mitläuft in dieser oder jener Praxis, diese oder jene Praxis fundiert oder umrahmt. Durch beharrliches Fragen kann es sichtbar werden als ein tragendes, aber hinter Gewohnheiten und Selbstverständlichkeiten verborgenes Fundament, das nicht mehr bewusst ist, weil es selbstverständlich geworden ist. In dem Goethe-Gedicht „Katechisation" wird dieses beharrliche Fragen als Frage- und Antwortspiel zwischen Lehrer und Kind vorgeführt.

Katechisation

„Lehrer
Bedenk, o Kind! Woher sind diese Gaben?
Du kannst nichts von Dir selber haben.
Kind
Ei! Alles hab ich vom Papa.
Lehrer
Und der, woher hat's der?
Kind
Vom Großpapa.
Lehrer
Nicht doch! Woher hat's denn der Großpapa bekommen?
Kind
Der hat's genommen" (Goethe 1982).

Das Gedicht stößt zunächst auf das Recht als Garantie der Lebensführungsbasis des Kindes und seiner Familie, auch wenn das Recht als solches gar nicht benannt wird. Schließlich verweist das Frage- und Antwort-Spiel über das Recht hinaus auf einen Akt der „Nahme", der den Anfang markiert. Dass der Besitz der Familie von einer Generation zur nächsten weitergereicht wird, ist eine Funktion des Rechts – im Zweifel des Erbrechts. Es sorgt dafür, dass die Güter einer Familie von Generation zu Generation weitergereicht werden können – abzüglich Erbschaftssteuern – und sichert so für jede Generation die *Recht*mäßigkeit des Güterbesitzes. Was aber war am Anfang? Auf die Frage, woher der letztgenannte Vorfahr den Besitz bekommen habe, heißt die Antwort: „Der hat's genommen".

Die Schlusszeile ist in mancherlei Weise interpretierbar. Die Nahme kann, wenn man die Geschichte weit genug in das Dunkel der Geschichte zurückverlegt, als Aneignung „herrenlosen Guts" verstanden werden. Dazu muss man allerdings weit über den Großpapa hinausgehen. Zu seiner Zeit war die Erde längst geteilt, „und alles hatte seinen Herrn" (Schiller: Die Teilung der Erde). Die Nahme könnte auch Annahme vertraglich geschuldeter Leistung sein. Das liegt allerdings ganz fern. Nahe gelegt wird stattdessen das Verständnis der Nahme als Wegnahme. Proudhon wird dafür die berühmte Formel prägen: „La propriété c'est le vol" – „Eigentum ist Diebstahl".

So entdeckt man, wenn man nur beharrlich genug nachfragt, dass der Besitz einer Familie und die damit verbundenen Kontrollbefugnisse und Genusschancen auf einer Praxis aufruhen, die vom Recht missbilligte Praxis sein kann. Beim römisch-rechtlichen Institut der „mancipatio", das den Besitzwechsel legalisierte, kam im rituellen Ergreifungsakt dieser Zusammenhang von Nahme und Besitzwechsel ebenso zum Ausdruck wie in der sprachlichen Fassung des Instituts. Das Besitzrecht war auf das Handanlegen des Erwerbers (manu capere) gegründet, und im Handanlegen lebte die Erinnerung fort an die Zeit, in der „die Gewalttat den eigentlichen Geltungsgrund für einen Besitzwechsel bildete" (Meder 2002: 20). Eine Vielzahl von Theorien, die das Nachdenken über die Anfänge des Eigentums ausgelöst hat, ist darauf gerichtet, den Anfängen den Charakter des Unrechts zu nehmen (Luhmann 1989: 11 ff.).

So ruht Praxis oft auf Recht auf, ohne dass das auf den ersten Blick zu sehen ist, und so findet man, wenn man nur beharrlich genug fragt, in vielen praktischen Abläufen den eigentlich fundierenden Faktor hinter dem Recht. Das mag Gewalt sein, das kann List sein. Das kann eine Kombination aus Gewalt und List sein, wie sie möglicherweise im Fall der von der Sowjetunion als Besatzungsmacht in der damaligen sowjetischen Besatzungszone enteigneten Güter vorliegt. Ihr Verbleib im Staatsbesitz nach der Wiedervereinigung wurde angeblich als Preis für die Wiedervereinigung verlangt.

Soziales Handeln ist eingebettet in etablierte Praxiszusammenhänge, die als gegenwärtige Praxis die Spuren vergangener Praxis mit sich tragen. In gegenwärtiger Praxis sind viele Spuren angelegt, die aus der Vergangenheit in die Gegenwart führen. Sie mischen und überlagern sich häufig, und häufig sind sie verwischt bis zur Unkenntlichkeit. Der Rechtssoziologe, der gegenwärtige Praxis beobachtet und auf Spuren des Rechts absucht, macht, wenn er sie entdeckt, häufig etwas explizit, was den meisten Beobachtern der Praxis verborgen ist und was möglicherweise denen, die als Akteure diese Praxis gestalten, ebenfalls verborgen ist, weil ihnen die Praxis so vertraut ist, dass sie sich nicht mehr darüber wundern und nicht mehr danach fragen. Falls der Rechtssoziologe aber, der auf Spuren des Rechts stößt, dabei nicht stehen bleiben will, falls er hinter das Recht zurückfragen will, dann kann er unter Umständen hinter dem Recht eine Praxis entdecken, die vom Recht missbilligt wird. Er kann hinter den Rechtsgeschichten Praxisgeschichten entdecken, die im Kern Geschichten nackter Gewalt sein mögen. Dann sieht er vielleicht, wie die Praxisgeschichten von Legenden abgeschirmt werden, in denen die Recht-Unrecht-Spannung „aufgehoben" wird durch Rückbezug auf „große Menschen", die „Gnade" dieser oder jener Stunde, den „Ernst der Lage", die „höheren Güter", denen ein „Opfer" gebracht werden musste, usw.

2.2   Hypothesenbildung

Die in der Rechtssoziologie gebräuchlichen Hypothesen lassen sich nach dem Maß ihrer Reichweite unterteilen in große Hypothesen, die sich auf das Zusammenleben schlechthin beziehen, in Hypothesen mittlerer Reichweite, die nach Raum, Zeit und Gegenstand begrenzte Ausschnitte daraus betreffen, und in die Arbeitshypothesen, die der einzelnen Untersuchung unterliegen. Ich beschränke mich hier auf eine Übersicht über die großen Hypothesen.

2.2.1   Die großen Hypothesen der Rechtssoziologie

Es ist das Merkmal großer Hypothesen, dass sie alles zu umfassen suchen, was schließlich im Sammelbegriff „Gesellschaft" zusammengedacht wird: den Gesamtzusammenhang schlechthin, die Eigenwelten und ihr Verhältnis untereinander und zum Gesamtzusammenhang, und schließlich die konkreten Interaktionen von Fall zu Fall. Notwendig erkaufen sie ihre Reichweite mit einem hohen Grad an Allgemeinheit und an Abstraktion. Sie sind dennoch etwas anderes als bloße Spekulation. Jedenfalls werden hier nur solche großen Hypothesen präsentiert, die von bloßer Spekulation noch hinreichend zu unterscheiden sind.

a) Die rechtssoziologischen Basis-Hypothesen

In die vorstehenden Überlegungen sind mehrfach Annahmen eingegangen, die als Basis-Hypothesen bezeichnet wurden. Sie betreffen Geltung und Genese des Rechts. Dabei geht es um *faktische* Phänomene. Also geht es um die *faktische* Geltung des Rechts, die auch als Frage der *Wirkung* oder der *Wirksamkeit* oder der *Effektivität* des Rechts diskutiert wird. Ebenso geht es um die *tatsächliche Entstehung* des Rechts. Sie wird auch als Frage nach dem „wahren" *Gesetzgeber* verhandelt.

Die Basis-Hypothese zur Geltung des Rechts lautet, wie erinnerlich: *Nichts ist so, wie es sein soll.* Praxis ist nicht zu verstehen, wenn man sie als schlichten Ausdruck der darauf bezogenen rechtlichen Vorgaben verstehen wollte. Andererseits ist sie auch nicht zu verstehen, wenn man die darauf bezogenen rechtlichen Vorgaben von vornherein ausblendet. Auszugehen ist von mehr oder weniger großer Differenz zwischen rechtlichem Anspruch und tatsächlicher Wirkung.

Die Basis-Hypothese zur Genese des Rechts lautet: *Rechtsentstehung verläuft anders, als sie verlaufen soll.* Recht entsteht in Abhängigkeit von Interessen und Ideen, unter Beteiligung von formell zuständigen Instanzen und von formell unzuständigen Kräften, verläuft teils in dem dafür vorgesehenen Rahmen und teils in informellen Bahnen, teils auf offener Bühne, teils hinter den Kulissen.

Beide Hypothesen kann man, indem man ihre Reichweite erweitert, auch so formulieren: Zwischen Recht und Praxis bestehen Wechselbeziehungen hin und her. Mit schlichter Übereinstimmung von Recht und Praxis ist nicht zu rechnen, weder derart, dass diese oder jene Praxis das Recht determiniert, noch derart, dass das Recht Praxis determiniert. Zu rechnen ist stattdessen mit mehr oder weniger großer Differenz in beiden Richtungen.

Die Differenzen zwischen Recht und Praxis sind im Zweifel gering, wenn sich das Recht im Einzelfall einer Gesetzgebung verdankt, der es lediglich darum zu tun war, eine fest etablierte überkommene Ordnung zu verrechtlichen. Nach diesem Muster ist neuzeitliche Gesetzgebung zunächst weithin verfahren, als das Bedürfnis nach positivem Recht aufkam. War das Bedürfnis stark genug, dann wurde die geltende Ordnung gesammelt und in Gesetzesform gebracht und bei der Gelegenheit präzisiert und systematisiert. Nur hier und da wurde die Gelegenheit zu kleinen Veränderungen genutzt. Noch im 19. Jahrhundert war dies die dominante rechtspolitische Linie in Deutschland. In radikaler Form stand sie hinter der Forderung, überhaupt auf Gesetzgebung zu verzichten, und sie prägte in milderer Form die Ansätze zur Gesetzgebung, die sich schließlich durchsetzten. Freilich trugen die Anfänge der Gesetzgebung auch in ihrer milderen Form den Keim zu radikalen Veränderungen in sich. Denn wenn erst einmal die Auffassung durchgesetzt ist, dass das Recht „positiv" werden, dass es vergesetzlicht werden muss, um wirksam zu sein, dann ist damit zugleich künftiger Rechtsänderung ein weiter Raum eröffnet. Dann bedarf es lediglich des berühmten „Federstrichs des Gesetzgebers", um Recht zu ändern. Für die Vorstellung von „heiligem Recht", also einem für alle Zeiten unabänderlichen Recht, mit dem Praxis sich entsprechend auf Dauer arrangieren kann, ist dann kein Raum mehr.

Längst ist inzwischen der Wille zur Veränderung zur dominanten rechtspolitischen Tendenz geworden. Längst ist die Masse der Gesetze mehr oder weniger permanenten – meist „Reform" genannten – Veränderungen unterworfen, die sich der Absicht verdanken, mit Hilfe des Rechts auf Praxis einzuwirken, mit Hilfe von Rechtsänderungen Veränderungen in der Praxis zu bewirken. Gleichzeitig sind die Differenzen zwischen Recht und Praxis größer geworden. Erklärungsversuche im Einzelnen werden später folgen. Hier genügt der Hinweis auf die Annahmen, die in das oben vorgestellte Modell sozialen Handelns eingegangen sind. Dominant für soziales Handeln sind die Grob- und Feinstrukturen der Eigenwelten, in denen es sich abspielt. Dominant ist die materielle Basis im Einzelfall, sind die verfügbaren Ressourcen, sind die Interessen, deren Verwirklichung soziales Handeln dienen soll. Dominant sind Selbst- und Fremdbilder, die der Akteur reflektiert. Bei alledem ist der Bezug auf das Recht bestenfalls *ein* Faktor unter vielen. Oft ist er dabei von untergeordneter Bedeutung – auch dann, wenn das Recht mit dem Anspruch auftritt, soziales Handeln zu ändern.

b) Große Hypothesen zur Struktur des Rechts

Der Pluralismus der Ordnungen:
Nicht nur das Recht soll unserem Zusammenleben eine Struktur verleihen; auch andere Ordnungen haben dieses Ziel. Eine große Hypothese betrifft diesen Pluralismus der Ordnungen. Nahezu allen rechtssoziologischen Beiträgen liegt als Strukturhypothese, ausgesprochen oder stillschweigend, die Annahme vom Pluralismus der Ordnungen zugrunde, die oben bereits anlässlich der Formulierung des Rechtsbegriffs vorgetragen worden ist (1.4.). Recht ist danach ein Unterfall der Ordnungen, Regeln oder Normen einer Gesellschaft. Nicht alle

Regeln stellen Recht dar. Recht ist, anders gesagt, weniger als die Summe der Ordnungen. Andererseits können auch Regeln im Einzelfall rechtssoziologisch als Recht betrachtet werden, die bei formaler Betrachtung nicht als Recht anzusehen sind. Für die Unterscheidung zwischen Recht und anderen Regeln kommt es, wie oben ebenfalls bereits ausgeführt (1.4.), letzten Endes darauf an, was die Gerichte als Recht ansehen oder ansehen können. Insofern ist im rechtssoziologischen Zusammenhang Recht mehr als die Summe der Regeln, die bei formaler Betrachtung als Rechtsregeln anzusehen sind (Carbonnier 1967).

Die Aktualität des Rechts:
Eine andere große Hypothese betrifft den Entwicklungsstand des Rechts im Verhältnis zum Entwicklungsstand wichtiger Eigenwelten. Allgemein herrschend ist die Annahme vom Zurückbleiben des Rechts, von einer Art „cultural lag". Wie jede Grobstruktur liegt das Recht als *eine überkommene* Struktur über dem Zusammenleben, relativ starr, relativ invariant gegenüber aktuellen Veränderungen des Zusammenlebens. Berühmten Ausdruck hat diese Sicht auf das Recht in dem Gespräch zwischen Mephistopheles und dem Schüler in Goethes Faust gefunden:

„Es erben sich Gesetz' und Rechte
wie eine ew'ge Krankheit fort;
sie schleppen von Geschlecht' sich zum Geschlechte,
und rücken sacht von Ort zu Ort.
Vernunft wird Unsinn, Wohltat Plage;
Weh dir, dass du ein Enkel bist!
Vom Rechte, das mit uns geboren ist,
von dem ist leider! nie die Frage" (Faust, 1970 ff.).

Knapper gefasst wird daraus der Satz, das Recht markiere „die Herrschaft der Toten über die Lebenden" (Röhl 1987: 530 f.). Damit wird die Hypothese allerdings allzu sehr dramatisiert. Rechtssoziologisch geht es bekanntlich um das „lebende Recht". Das wird, wie ebenfalls bereits erörtert, bevorzugt in der Praxis der Gerichte beobachtet. Seitdem aber ein „schöpferischer" Umgang mit dem Recht im richterlichen Selbstverständnis fest verankert und in ihrer Praxis geradezu zur Routine geworden ist – davon wird später ausführlicher die Rede sein (5. + 7.) – wird das „Recht in den Büchern" im Gerichtsgebrauch von Fall zu Fall dynamisiert und aktualisiert. So bleibt es zwar immer noch hinter den Entwicklungen zurück, die es regulieren soll, aber es wird von Fall zu Fall dafür gesorgt, dass der Abstand nicht zu groß wird. Man findet also am „Recht in den Büchern" eher eine Bestätigung für die These vom „cultural lag" des Rechts als am „lebenden Recht".

Die Effektivität des Rechts:
In engem Zusammenhang mit der Hypothese vom Zurückbleiben des Rechts hinter den Entwicklungen, die es regulieren soll, steht die Hypothese von der mangelnden Eignung des Rechts, auf das Zusammenleben Einfluss zu nehmen. Diese Hypothese wird zusätzlich spezifiziert durch die Annahme, das Zusammenleben folge, soweit es durch Normen geprägt wird, eher außerrechtlichen Normen als dem Recht. Recht müsse also, wenn es auf das Zusammenleben Einfluss nehmen wolle, zunächst einmal auf diese außerrechtlichen Normen verändernd einwirken. Es sei aber sehr unwahrscheinlich, dass mit Hilfe von Rechtsänderungen Sitten, Bräuche und andere außerrechtliche Normen verändert werden könnten. Die Hypothese wird in der Literatur mit der Kurzformel „stateways cannot change folkways" verbunden und so auf den amerikanischen Soziologen William Graham Sumner (1840-1910) zurückgeführt. Röhl relativiert ihre aktuelle Bedeutung an dem inzwischen eingetretenen „atemberaubende(n) technische(n) und wirtschaftliche(n) Wandel" und dem damit verbundenen Wandel des Rechts (Röhl 1987: 533 f.). Tatsächlich lässt sich die Hypothese aber leicht aktualisieren als theoretischer Hintergrund für viele Vorhaben zur Verhaltensumsteuerung, die auf das Recht als Steuerungsmittel verzichten. Beispiele liefern die Umweltpolitik, die Verbraucherpolitik oder die Gesundheitspolitik in Fülle. Je radikaler das Umsteuerungsprogramm angelegt ist und je mehr es auf Einstellungswandel zielt und nicht nur auf Verhaltensänderung, umso geringer ist die Bedeutung, die dem Recht als Mittel zur Programmverwirklichung zugedacht wird. Im Vordergrund stehen dann Kommunikation und Geld (Hesse 1994: 58 ff.; 90 ff. am Beispiel der Anti-AIDS-Kampagne der Bundesregierung).

c) Große Hypothesen zur Funktion des Rechts

Bei der hypothetischen Bestimmung der Funktion des Rechts geht es um die Klärung der *Funktionserwartungen*, die tatsächlich mit dem Recht verbunden werden. Die *tatsächliche Funktionsweise* ist eine empirische Frage des Einzelfalls. Damit wird später die Rede sein (z. B. unter 7.).

Was also wird generell und abstrakt vom Recht erwartet? Die Literatur, soweit sie mit großen Hypothesen befasst ist, antwortet darauf unterschiedlich differenziert. Im Kern übereinstimmend werden als erwartete Funktionen des Rechts bezeichnet die „soziale Kontrolle" – noch umfassender die „soziale Integration" –, die „Regulierung von Konflikten", die „Stabilisierung der Eigenwelten", die „Stabilisierung von Erwartungen" und die „Verhaltenssteuerung". Von Luhmann wird vor allem die „Zeitbindung" betont.

Zeitbindung als Basis-Funktion:

Für Niklas Luhmann kommt es beim Recht, wenn man es systemtheoretisch betrachtet, nur auf *eine* Funktion an; sie liegt in der „Zeitbindung" (Luhmann 1993: 124 ff.). Mit Hilfe des Rechts sollen Erwartungen auf Zeit (man müsste wohl ergänzen: und für einen begrenzten Raum; denn das Recht ist in seinem Wirkungsanspruch auf Zeit und Raum bezogen) festgeschrieben und für den Fall, dass die Erwartungen nicht erfüllt werden, enttäuschungsfest gemacht werden. Beim Recht geht es nach Luhmann um eine „gesteigerte Zeitbindung". Seine Funktion sei es, Verhaltenserwartungen „kontrafaktisch" zu stabilisieren (1993: 124 ff.). Luhmann gesteht zu, dass man daneben weitere Funktionen des Rechts diskutieren kann – er spricht geradezu von „zahllose(n)" Funktionen (1993: 133). Sie sind für ihn aber nur als Subfunktionen der Funktion der Zeitbindung vorstellbar, die deshalb als einzige Funktion des Rechts gedacht werden muss, weil nur so das Recht als „ausdifferenziertes Subsystem" gedacht werden kann (1993: 133). Dieser von der Systemtheorie ausgehende Denkzwang spielt hier keine Rolle. Deshalb habe ich eingangs die in der Literatur im Kontext von Groß-Hypothesen verhandelten Funktionen des Rechts zusammengestellt, ohne mich mit der Frage aufzuhalten, ob sie als Subfunktionen der Zeitbindungs-funktion verstanden werden können oder nicht. Deutlich ist aber, dass mit der Zeitbindung ein für das Recht zentraler Moment benannt wird, der bei den sonst noch herausgestellten Funktionen zumindest mitläuft. Es ist deshalb gut vertret-bar, die Hypothese von der Zeitbindung als Basis-Hypothese an den Anfang der Funktions-Hypothesen zu stellen. Dann ist dies allerdings auch der Ort, zugleich an die verschiedenen Abhängigkeiten des Rechts, vor allem an die von Politik und Staat zu erinnern, von denen oben bereits die Rede war (1.5.). Das Recht verfügt nicht autonom über die Zeit. Recht ist ein Instrument der Politik, und als solches ist es vermittelt über staatliche Instanzen, über die Regierung, das Par-lament und die Gerichte. Das Dritte Reich hat die Politik-Abhängigkeit der Bindungskraft des Rechts in extremer Weise demonstriert. Im Dritten Reich entschieden allein politischer Wille und parteipolitische Programmatik darüber, ob und wieweit Gesetzes- oder Vertragsrecht, das als bindendes Recht über-kommen war, Bestand behielt oder ob es aufgehoben bzw. so uminterpretiert wurde, dass die Bindungskraft an politischen Vorgaben relativiert oder gebro-chen wurde (Rüthers 1968). Die Beispiele für die politische Bedingtheit der Bindungskraft des Rechts sind nicht auf das Dritte Reich beschränkt. In der Weimarer Republik fiel die Bindungskraft langfristig angelegter Verträge dem „Krisenmanagement" der Gerichte zum Opfer, als es zu dramatischen wirt-schaftlichen Veränderungen im Zuge der Inflation kam (Rückert 1997). In der Bundesrepublik schließlich wird die Bindungskraft des Rechts zunehmend rela-tiviert durch den mehr oder weniger permanenten „Reform"-Prozess, dem die geltenden Gesetze nicht nur durch den Gesetzgeber unterworfen werden, sondern auch durch Gerichte und durch einzelne Richter. Sie ermächtigen sich zu „schöpferischer Rechtsprechung", und sie finden vor allem an der Verfassung einen Anhalt dafür, die Bindungskraft von Gesetzen und Verträgen wertend zu relativieren. Auch die Rechtswissenschaft ist längst in diesen Prozess der Lokkerung der Bindungskraft des Rechts einbezogen. Alles in allem spielt die Erwartung der Zeitbindung bei den für das Schicksal des Rechts maßgeblichen Instanzen eine immer geringere Rolle. Einzelheiten werden später erörtert (5.).

Soziale Kontrolle oder soziale Integration:
Der „sozialen Kontrolle" oder dem „sozialen Zusammenhalt" zu dienen ist eine der Hauptfunktionen, die dem Recht in der Literatur zugeschrieben werden (Röhl 1987: 536; Raiser 1999a: 198 f.; Rehbinder 2003: 127 ff.). Das ist handlungstheoretisch leicht plausibel zu machen. Das Recht wird verstanden als ein Mittel, Erwartungen nicht nur verbindlich zu machen, sondern zugleich Akteure sowie Aktionen daraufhin zu kontrollieren, wieweit sie den Erwartungen entsprechen. Für den Fall einer Differenz von Erwartung und Aktion ist dann im Zusammenhang dieser Funktionsbestimmung zumeist konkret von drohenden oder tatsächlich verhängten „Sanktionen" die Rede und nicht abstrakt und vage davon, dass „an den Erwartungen festgehalten wird". Dass das Recht, wie Luhmann unterscheidend ausführt, eine *normative* Erwartung darstellt, an der festgehalten wird, auch wenn sie enttäuscht wird, und keine *kognitive*, bei der Enttäuschungen zu Korrekturen an der Erwartung führen (Luhmann 1993: 77 ff.), wird vor allem am Umgang mit den Sanktionen beobachtbar. Sanktionen stehen zum Teil auch hinter anderen Normen. Die Besonderheit der Sanktionen, die hinter dem Recht stehen, liegt darin, dass es sich beim Recht um verstaatlichte Normen handelt, hinter denen die Staatsapparate und das im Staat versammelte Gewaltpotential stehen. An der Frage, wie sehr die Staatsapparate hinter einzelnen Normen stehen und wie eindrucksvoll das staatliche Gewaltmonopol im Einzelfall sich ausnimmt, entscheidet sich im Einzelfall der Charakter des Rechts als *normative* Ordnung. Von Zeit zu Zeit wird es Gegenstand von „Lernprozessen", die damit beginnen, dass Normverstöße nicht mehr sanktioniert werden, und damit enden, dass der normative Anspruch revidiert wird (dazu 5., 6. und 7.).

„Soziale Kontrolle" setzt an beobachtbarem Verhalten an und zielt auf Korrektur bei „abweichendem Verhalten". „Soziale Integration" geht darüber hinaus, zielt auf die Vereinheitlichung von Einstellungen, Haltungen und Lebensführungsstilen und so auf „kollektiven Zusammenhalt". Viel stärker als „Kontrolle" wird „Integration" in übergreifenden Zusammenhängen verankert. So wird sie etwa als eine Frage gelingender Sozialisationsprozesse verstanden, oder sie wird gesellschaftlichen Grobstrukturen als Leistung zugeschrieben wie etwa dem Markt oder der Arbeitsteilung. Dabei sind die Erwartungen an den Beitrag des Rechts gering.

Konfliktregulierung:
Unter Konfliktregulierung als Funktion des Rechts wird einerseits die Vermeidung von Konflikten verstanden. Dann ist dies nur eine andere Lesart für die dem Recht zugeschriebene Funktion der sozialen Kontrolle. Andererseits geht es um manifest gewordene Konflikte. Bei ihrer Regulierung konkurriert das Recht mit anderen Normen. Es ist aber dadurch ausgezeichnet, dass es in der vielfach pluralisierten und fragmentierten Gesellschaft der Gegenwart am ehesten als eine Ordnung zur Verfügung steht, der *universale* Geltung zugebilligt wird. Außerdem steht der Staatsapparat dahinter, der notfalls für die gewaltsame Durchsetzung der mit Hilfe des Rechts gefundenen Konfliktlösung mobilisiert werden kann. Im Zusammenhang damit wird erneut die Durchsetzungsfähigkeit des Staatsapparats zum Thema. In jüngster Zeit sind Bestrebungen beobachtbar, das Recht als Konfliktregulierungsmittel und den damit verbundenen Einsatz von Polizei und Justiz zurückzunehmen, stattdessen Konfliktlösung durch Verständigung zu propagieren und Sozialarbeitern, Sozialpädagogen und Kommunikationsexperten den Vorzug vor Polizisten, Richtern und Staatsanwälten zu geben. In diesem Zusammenhang haben sich auch der Begriff und das Konzept der „Mediation" etabliert (dazu auch 5.6. u. 8.).

Stabilisierung der Eigenwelten:
Lange wurden die Grundrechte ausschließlich als gegen den Staat gerichtete Abwehrrechte der Bürger verstanden. So konnten sie zugleich interpretiert werden als Mechanismen, die die von Grundrechten gesicherten Eigenwelten gegen den Zugriff der Politik abschirmen. Luhmann hat dies in einem frühen Beitrag am Beispiel der Wirtschaft ausgeführt (Luhmann 1965). Nicht nur einzelnen Akteuren können die in Art. 12 und 14 GG verankerten Freiheiten (Berufs- und Eigentumsfreiheit) dazu dienen, sich gegen staatliche Zugriffe zur Wehr zu setzen. Art. 12 und 14 GG kann man auch so verstehen, dass dadurch zugleich wirtschaftliche Interaktionen, der Markt, der Gesamtzusammenhang der Wirtschaft gegen staatliche Zugriffe abgeschirmt werden sollen. Die im Grundgesetz verankerten Freiheiten des Berufs und des Eigentums sollen nach diesem Verständnis, abgekürzt formuliert, Politik auf Distanz zur Wirtschaft halten. Das lässt sich auf andere Eigenwelten übertragen, soweit diese auf spezielle Grundrechte bezogen werden können, also etwa auf Religion (Art. 4 GG), Kunst (Art. 5 Abs.3 GG) und Wissenschaft (Art. 5 Abs. 3 GG).

Die Auffassung von der gegen die Politik gerichteten Stabilisierung der Eigenwelten als Funktion des Rechts war solange plausibel darstellbar, solange die Grundrechte prononciert als Abwehrrechte gegen staatlichen Zugriff verstanden wurden. Inzwischen hat die in der Eigenwelt des Rechts herrschende Auffassung von den Grundrechten erhebliche Veränderungen erfahren. Sie werden jetzt vor allem als Verkörperung von „Werten" verstanden, was die Interpretationsspielräume erheblich erweitert hat und dazu genutzt wird, die Distanz zwischen der Politik und den Eigenwelten erheblich zu verringern. In engem Zusammenhang damit ist die praktische Relevanz der Grundrechte weiter gesteigert worden dadurch, dass man ihnen auch eine Funktion für die Regulierung sozialen Handelns zugewiesen hat. Diese Auffassung kann dazu führen, dass ein Streit unter Privaten darüber, ob eine Verkäuferin während ihrer Arbeit ein Kopftuch tragen darf, vor Gericht zu einer Frage der Reichweite der Religionsfreiheit der Arbeitnehmerin einerseits und der Eigentums- und Berufsfreiheit des Arbeitgebers andererseits werden kann, die dann vom Gericht durch „Abwägung" gelöst wird (BAG NJW 2003, 1685 ff.; BVerfG NJW 2003, 2815; zu beiden Entscheidungen auch schon unter 1.3.). In der Konsequenz führt das dazu, dass die Eigenwelten gegeneinander durchlässiger werden, weil die staatlichen Gerichte die Abschirmung der Eigenwelten von Fall zu Fall leichter durchbrechen können. Damit wird die Funktion der Grundrechte, Eigenwelten gegen die Politik zu stabilisieren, geschwächt. Die „Abwägung", mit deren Hilfe die Gerichte die Grenzen der Grundrechte von Fall zu Fall bestimmen, ist als Äußerung eines Staatsorgans eine politische Handlung. Während aber gerichtliche Entscheidungen über methodische und professionelle Standards bis zu einem gewissen Grad kontrolliert werden können und so bis zu einem gewissen Grade entpolitisiert werden, ist „Abwägung" von solchen Kontrollen bisher mehr oder weniger frei geblieben. So schlägt Politik und so schlagen politisch forcierte partikulare Interessen in die Eigenwelten durch und das nicht etwa *trotz*, sondern angesichts der neuen Interpretation *wegen* der Grundrechte.

Stabilisierung von Erwartungen und Verhaltenssteuerung:
„Stabilisierung von Erwartungen" und „Verhaltenssteuerung" stehen als Funktionen des Rechts miteinander in Einklang, solange das Recht eine in Zeit und Raum stabile Ordnung darstellt. Je mehr das Recht dynamisiert wird, desto mehr geraten die beiden Funktionen in Spannung zueinander. Wenn Recht zur Stabilisierung von Erwartungen mobilisiert wird, sei es durch den Gesetzgeber, sei es durch den Abschluss eines Vertrages, dann soll damit eine zukünftige Entwicklung möglichst präzise festgelegt werden. Wenn ich heute einen Mietvertrag für die Dauer von zehn Jahren abschließe, dann will ich heute die Bedingungen meines Wohnens für die nächsten zehn Jahre festlegen. Wenn der

Gesetzgeber heute die Rechtsberatung für die Angehörigen des Rechts-
anwaltsberufs monopolisiert, dann will ich, wenn ich im Vertrauen auf die damit
eröffneten Erwerbschancen heute ein Studium der Rechtswissenschaft beginne
und den damit zunächst verbundenen Erwerbsverzicht in Kauf nehme, sicher
sein, dass der Gesetzgeber das Beratungsmonopol nicht von heute auf morgen
abschafft. So hat Recht, das der Erwartungssicherung dienen soll, die Tendenz,
die Zeit still zu stellen oder jedenfalls die mit künftigen Entwicklung immer und
notwendig verbundenen Überraschungen gering zu halten. Dient das Recht
dagegen der Steuerung, so sollen gegebene Zustände verflüssigt und in eine
offene Zukunft transportiert werden. Der inzwischen auf Dauer gestellte
politische Wille zur „Reform" hat eine Dauer-Dynamisierung allen Rechts zur
Folge. Je radikaler dabei die Regelungstendenzen des steuernden Gesetzes von
gegenwärtigen Zuständen abweichen, umso eher wird aus der Spannung
zwischen den in der Überschrift über diesen Abschnitt zusammengenommenen
Funktionen das Verhältnis einer Alternative. So hat sie Luhmann auch in einem
frühen Beitrag diskutiert (Luhmann 1981b). Heute tendiert Politik dazu, die
Steuerungsfunktion des Rechts zu forcieren und den Beitrag des Rechts zur
Stabilisierung von Erwartungen entsprechend zurückzunehmen. Die Tendenz
findet inzwischen in Rechtsprechung und Rechtswissenschaft eher Unter-
stützung als Widerstand.

d) Große Hypothesen zur Entwicklung des Rechts

Dass das Recht sich in der Zeit verändert, hat sich, so meint Carbonnier, schon
immer den Menschen als Beobachtung aufgedrängt (1967: 136). Das soll hier
dahingestellt bleiben, soweit der Satz fernere Zeiten und andere Räume einbe-
zieht. „Hier und heute" dagegen ist er unbestreitbar. Bereits seit dem 19. Jahrhundert nimmt das Tempo der Veränderung laufend zu. Dass das Tempo der
Entwicklung des Rechts in dieser Zeit korreliert mit der gesellschaftlichen Entwicklung, ist an der Konsequenz, mit der neues Recht den Prozess der Industrialisierung begleitet und mit der es bis heute technischen Innovationen nachfolgt und sie dabei zugleich zu gestalten sucht, ebenfalls beobachtbar. So kann
man als Basis-Hypothese zur Entwicklung des Rechts in der hier in Zeit und
Raum begrenzten Perspektive den Satz formulieren: Das Recht ist in der Zeit
variabel, seine Entwicklung korreliert mit der gesellschaftlichen Evolution,
indem es ihr nachfolgt und sie zugleich zu gestalten sucht, und das Tempo der
Entwicklung nimmt im Hier und Heute ständig zu. Werden die Entwicklungshypothesen konkreter, so wird aus dem fachlichen Konsens alsbald Dissens
(Rottleuthner 1987: 32 ff.). Welche Tendenzen prägen besonders die Entwick-

lung des Rechts im Einzelnen? Lässt sich beobachten, dass die Tendenzen, die das überkommene Recht geprägt haben, sich in Zukunft fortsetzen werden, oder gibt es Anzeichen für einen mehr oder weniger deutlichen Tendenzbruch? Solche konkreteren Fragen der künftigen Entwicklung liegen für die alltägliche Beobachtung nicht offen zu Tage. Sie sind auch streitig in der Literatur, während in der Bestimmung der Tendenzen, die die Entwicklung des Rechts bis zur Gegenwart geprägt haben, deren Spuren also im Recht der Gegenwart noch deutlich auszumachen sind, weitgehende Übereinstimmung herrscht.

Vom Statusrecht zum Kontraktrecht:
Die Formel „Vom Status zum Kontrakt" stammt von dem englischen Rechtshistoriker Henry Sumner Maine (1822-1888). Sie hat sich in der deutschen Soziologie vor allem um die Wende vom 19. zum 20. Jahrhundert als fruchtbar erwiesen für die Analyse der damals beobachtbaren Veränderungen in Wirtschaft und Gesellschaft und wird auch aktuell zur Analyse genutzt. Ralf Dahrendorf hat sie erst kürzlich als „die klarste Formulierung dessen" bezeichnet, „was Modernität bedeutet" (Dahrendorf 2001). Modernität bedeutet in diesem Kontext, dass die Menschen im Zusammenhang politischer Revolutionen aus Bindungen frei werden, die, aus Feudalismus und Ständestaat überkommen, politisch vermittelt und im Recht fundiert sind. Am deutlichsten stehen für diese die Modernität begründende Freisetzung die Ideale der französischen Revolution und hier wiederum am deutlichsten die Verheißungen von Freiheit und Gleichheit. Bekanntlich sind diese Verheißungen in Deutschland nie revolutionär durchgesetzt worden. Stattdessen sind sie vor 1848 von oben nach unten „gewährt" und nach 1848 massiv unterdrückt worden. Ihre Anhänger wurden nach 1848 verfolgt und eingesperrt, wanderten aus oder passten sich an. Insofern hat Deutschland den Weg in die Modernität verspätet und verlangsamt angetreten – die bekannte Plessner-These von der „verspäteten Nation" klingt hier an (Plessner 1959) –; vielleicht ist es bis heute nicht wirklich zum Ziel gekommen.

Modernität bedeutet ferner, dass als Lebensführungsideal die Vorstellung sich durchsetzt, der Mensch habe sich und sein Leben selbst zu entwerfen, habe sich eine eigene Identität zu geben und diese in seinem Lebensführungsstil und in seinen sozialen Beziehungen zu demonstrieren. Status steht in diesem Zusammenhang für die vormoderne Welt, in der eine differente materielle Lebensführungsbasis, differente Lebensführungsstile und differente Muster sozialer Beziehungen für den Einzelnen mit der Geburt mehr oder weniger unveränderlich festgelegt waren. Dafür sorgte unter anderem das Recht, das deshalb als Statusrecht bezeichnet wird. An die Stelle von Status tritt in der Moderne der Vertrag. Er wird verstanden als ein Mittel, soziale Beziehungen frei zu wählen, ebenso frei einzugehen wie auch wieder aufzulösen. So werden die Aufhebung des Statusrechts und die Etablierung der Vertragsfreiheit zum Ausdruck von Freiheit der Lebensführung überhaupt und von Modernität.

An der Vorstellung, Lebensführungsfreiheit ließe sich politisch und allein mit Hilfe von Verfassungs- und von Rechtsänderungen verwirklichen, hat schon der junge Marx Kritik geübt. Die politische Emanzipation sei nicht die wahre Emanzipation des Menschen; sie sei stattdessen „die Vollendung des Materialismus der bürgerlichen Gesellschaft". Und: „Die politische Emanzipation war zugleich die Emanzipation der bürgerlichen Gesellschaft von der Politik" (Marx 1971a: 477). Die proklamierte Gleichheit führt mit Hilfe der bürgerlichen Revolution zu gleichem Stimmrecht. An der Ungleichheit der überkommenen Besitzverteilung ändert sie nichts. Auf dem Besitz aber ruht letzten Endes die Lebensführung auf. Der Besitz begründet und begrenzt zugleich die jetzt als Recht verstandene Chance, anders zu sein oder jedenfalls anders zu leben. So berührt auch – nach dem berühmten Wort von Anatole France – das gegen jedermann gerichtete gesetzliche Verbot, „unter den Brücken zu schlafen, in den Straßen zu betteln und Brot zu stehlen" (France 2003: 147), nicht jedermann, sondern nur die Armen, und die Freiheit, Verträge zu schließen, kommt den Besitzenden zugute, während für diejenigen, die wenig oder nichts anzubieten haben, die Freiheit abstrakt bleibt. Sie reduziert sich darauf, die Bedingungen zu akzeptieren, die von ökonomisch Stärkeren mehr oder weniger diktiert werden.

Die Kritik hat die Entwicklung vom Status zum Kontrakt permanent begleitet, vor allem als Kritik an ihren Konsequenzen für die Besitzlosen. Der Wille zu Korrekturen an den Konsequenzen formiert sich politisch im 19. Jahrhundert. Er führt, soweit er von der Arbeiterbewegung getragen wird, alsbald auf die Alternative Revolution oder Reform zu. In Deutschland wie in den westlichen Nachbarländern werden der politische und der staatliche Wille zu Korrekturen nicht zuletzt zur Abwendung der Revolution in einer Fülle von reformpolitischen Aktionen konkret. Sie sollen der Absicherung gegenüber bestimmten mit der Vertragsfreiheit verbundenen Risiken dienen. So wird, um das Wort von Marx wieder aufzunehmen, versucht, die „Emanzipation der bürgerlichen Gesellschaft von der Politik" zurückzunehmen und die (bürgerliche) Gesellschaft politisch wieder einzufangen. Anfangs konzentrierte sich das politische Bemühen auf den Arbeitsmarkt. Als ein Beispiel steht dafür das seit dem Ende des 19. Jahrhunderts in Kraft tretende Sozialversicherungsrecht zum Schutz der Arbeitnehmer gegen die Existenz bedrohende Risiken des Arbeitsmarktes. Das regulatorische Zentrum des Sozialversicherungsrechts stellt die Zwangsversicherung dar. Die Sozialversicherung als Pflichtversicherung ersetzt den Gedanken der Vertragsfreiheit für die Arbeiterschaft in für die Lebensführung wichtigen Fragen durch den Zwang, der als Abgabezwang zugleich auf die Arbeitgeber ausgedehnt wird. Auch die permanent ausgeweiteten Arbeitsschutzbestimmungen und die Einschränkungen der Vertragsfreiheit der Unternehmer (Kündigungsschutz) sind Ausdruck des politischen Willens, die Vertragsfreiheit am Arbeitsmarkt partiell wieder zurückzunehmen.

Seitdem ist der politische Zugriff auf die (bürgerliche) Gesellschaft und vor allem auf ihre verschiedenen Märkte stetig intensiviert worden, getragen nicht nur von den politisch erstarkten Arbeiterparteien und -bewegungen, sondern auch von bürgerlichen Parteien und Bewegungen, vom Mittelstand bis zu den Bauern. So hat der Gedanke, die Marktfreiheit zu korrigieren, den Prozess der Modernisierung mehr oder weniger kontinuierlich bis in die Gegenwart begleitet, und alle Parteien betreiben inzwischen eine Politik, die einmal als spezifisch sozialdemokratische Politik betrachtet wurde. Diese die Marktfreiheit korrigierende Politik ist über eine Fülle von gesetzlichen Maßnahmen und nicht zuletzt mit Hilfe gerichtlicher Entscheidungen konkretisiert worden. Dabei ist der am Markt wirtschaftende Mensch in jüngster Zeit mehr und mehr auch als Verbraucher Schutzobjekt der Politik geworden. Zugleich ist der Schutzgedanke weit über die Marktfreiheit hinaus erstreckt und auf die allgemeine Lebensführungsfreiheit bezogen worden. „Freie Fahrt für freie Bürger", um es mit Hilfe eines bekannten Slogans und nur an diesem einen Beispiel zu beleuchten, ist längst eine durch und durch regulierte und beschränkte Freiheit geworden und dies nicht nur zum Schutz der jeweils anderen Verkehrsteilnehmer, sondern auch zum „Schutz des Menschen vor sich selbst" (Hillgruber 1992; Hesse 1994: 153 ff.).

So hat der anfangs vor allem vom Bürgertum getragene Wandel vom Status zum Kontrakt im Laufe der Zeit ein Doppelantlitz bekommen. Er ist in Rechts- und Verfassungsänderungen manifest geworden, die bis heute aktuell sind. Mehr und mehr ist auch die begleitende Vorstellung von der Aufgabe des Einzelnen, sein Leben in Freiheit selbst zu entwerfen, ein beherrschendes Lebensführungsideal geworden. Zugleich aber hat sich die Vorstellung immer mehr etabliert, dass die Politik mit Hilfe von Recht und Staat die Aufgabe hat, die Praktizierung dieses Ideals der Lebensführung risikofrei zu stellen. Die Freiheits-Parole soll also den Staat und die über ihn vermittelte Politik daran hindern, in den individuellen Lebensweg, die individuelle Biografie, einzugreifen. Schutz- und Sicherheitsparolen sollen ihn zugleich dazu verpflichten, die einzelnen Stationen des Lebenswegs mit Privilegien auszustatten und gegen Schadenspotentiale abzusichern. Da diese Verpflichtung auch gegenüber privat veranlassten Schadenspotentialen gilt, soll der Staat sowohl an Eingriffen in die private Lebensführung gehindert als auch zu Eingriffen verpflichtet sein. Im konkreten Fall soll „Abwägung" helfen, das Dilemma aufzulösen. Davon wird häufiger noch die Rede sein.

Angesichts dieser Entwicklung reicht die Formel „Vom Status zum Kontrakt" nicht mehr aus, um die aktuelle Situation voll abzubilden. Sie ist auch für künftige Entwicklungen nicht prognosefähig. Sie erfasst nicht die Fülle von Sicherungen der individuellen Lebensführung, die im gegenwärtigen Recht angelegt sind, und die den politischen Willen zu einer Art Rundumsicherung der individuellen Lebensführung dokumentieren. Rehbinder hat vorgeschlagen, die Formel dahin zu aktualisieren, dass die Entwicklung vom „Status" über den „Kontrakt" zur „Rolle" geführt habe, wobei für die aktuelle Situation die Rolle in der Unterform der „erworbenen" Rolle stehen soll (Rehbinder 1967). Damit nimmt Rehbinder Bezug auf die in der Rollentheorie eingeführte Unterscheidung von „zugeschriebenen" und „erworbenen" Rollen. Zugeschriebene Rollen sind an Merkmalen festgemacht, die man nicht frei wählen kann, wie Geschlecht, Alter, Nationalität, Hautfarbe. Erworbene Rollen dagegen sind solche, die zur Wahl freistehen. Gedacht ist dabei vor allem an Ausbildung und Beruf. Mir scheint der Rollenbegriff nicht gut geeignet zur Bezeichnung dessen, was die Entwicklung über den Vertrag hinaus kennzeichnet, weil der Begriff der Rolle zu sehr auf die Seite der Erwartungen verengt ist. Es geht aber bei der Korrektur der Vertragsfreiheit durch das neue Recht nicht nur um die Begrenzung der Vertragsfreiheit durch Pflichten. Die Begrenzung der Freiheit des einen (des „Starken") erfolgt ebenso über die Stärkung der Position des anderen (des „Schwachen"). So, über die Stärkung der individuellen Position oder über die Stärkung von Kollektiven, die „die Schwachen" vertreten, soll die Ungleichheit am Markt vermindert, sollen Freiheitschancen überhaupt erst materiell fundiert werden. Weil bei alledem die Positionen immer mehr verrechtlicht und verfestigt und weil die Aktions- und Interaktionsspielräume immer mehr eingeengt werden sollen, gibt es gute Gründe, die weitere Entwicklung als Rückkehr zum Status zu beschreiben. Nur handelt es sich dabei nicht um eine Rückkehr der alten Ständegesellschaft. Vielmehr ist der neue Status Ausdruck des politischen Bemühens, möglichst viele Positionen mit Privilegien auszustatten und die Akteure so vor negativen Konsequenzen sozialen Handelns zu schützen. Ich würde die Formel deshalb so weiterentwickeln: „Vom Statusrecht alter Art über das Kontraktrecht zum Statusrecht neuer Art."

Der Wandel in der Reziprozität des Rechts und in den subjektiven Rechten:
Die Vorstellung von der „Reziprozität" des Rechts ist als Ausdruck einer Auffassung vom Zusammenleben überkommen, das auf Gegenseitigkeit gegründet ist. Reziprozität betrifft die Gegenseitigkeit von Austauschbeziehungen als Grund und als Verknüpfung der einzelnen Leistungen: die einzelne Leistung hat in der Gegenleistung ihren eigentlichen Grund. Der Gegenbegriff zur Rezipro-

zität ist die „Komplementarität": Ich erwarte eine Leistung von dir, und du akzeptierst die Erwartung und leistest daraufhin.

Hat die Leistung ihren Grund in der Gegenseitigkeit als solcher, dann ist das Prinzip der Reziprozität *formal* bestimmt. Hat die Leistung ihren Grund in einer „angemessenen", „richtigen", „gerechten" Gegenseitigkeit, dann ist das Prinzip *inhaltlich* oder *material* bestimmt.

Die Rechtsentwicklung in Deutschland seit 1871 steht zu Beginn deutlich im Zeichen formal verstandener Reziprozität. Über die Austauschbeziehungen soll das Prinzip der Vertragsfreiheit herrschen, und Vertragsfreiheit wird, wenn sie in reiner Form gedacht wird, formal verstanden. So ist sie die Freiheit des Einzelnen, mit sich, seinen Gütern, seinen Qualifikationen bis hin zur „rohen Arbeitskraft" vertraglich nach Belieben zu verfahren. Um dem zu entsprechen, ist das Vertragsrecht darauf beschränkt, *technisch* zu sein – „instrumentell", sagt man stattdessen auch gern. Es regelt also lediglich die Formalien des Vertragsschlusses, seiner Erfüllung und seiner Auflösung. Inhaltliche Vorgaben sind dem Vertragsrecht um 1900 nahezu völlig fremd.

Ein Gesetz aus dem Geiste dieses formal verstandenen Prinzips der Reziprozität ist das am 1. Januar 1900 in Kraft getretene Bürgerliche Gesetzbuch (BGB), das bis heute in Kraft ist, allerdings im Zusammenhang vielfacher Änderungen, die die Spuren des Anfangs mehr und mehr verwischt haben. Denn seit seiner Entstehung wird das Bürgerliche Gesetzbuch begleitet von der Kritik an seinem formalen Charakter, wird die Eingrenzung und Einhegung der Vertragsfreiheit politisch gefordert und von Fall zu Fall in Gesetzesänderungen oder mit Hilfe von Sondergesetzen und Sonderrecht verwirklicht. Auch die Gerichte sind daran von Anfang an und mit zunehmender Intensität beteiligt. In der Kritik am Bürgerlichen Gesetzbuch haben „Gerechtigkeitspostulate" immer wieder eine große Rolle gespielt. Sie haben sich in Rechtsänderungen niedergeschlagen, soweit sie Träger gefunden haben, die stark genug waren, Einfluss auf die Politik zu nehmen. Insbesondere Arbeitnehmerinteressen haben zu Korrekturen am Bürgerlichen Gesetzbuch geführt, die schließlich so radikal waren, dass sie das System des Bürgerlichen Gesetzbuchs zu sprengen drohten. So ist das Arbeitsrecht als eigenes Rechtsgebiet entwickelt worden. Zwar sind die vertragsrechtlichen Regelungen des Bürgerlichen Gesetzbuchs (§§ 611 bis 630) immer noch Grundlage für den Individualarbeitsvertrag, aber das darin verkörperte formal verstandene Reziprozitätsprinzip ist durch eine Fülle von schutzrechtlichen Regelungen zu Gunsten der Arbeitnehmer sowohl im Individual- als auch im Kollektivarbeitsrecht völlig überlagert. „Das Arbeitsrecht lässt sich begreifen als ein einziges großes Kontrollsystem gegenüber der Vertragsfreiheit" (Hanau/Adomeit 1994: 15 – im Original gesperrt).

Waren es lange Zeit vor allem Arbeitnehmer-Schutzinteressen, die zu Korrekturen am formal verstandenen Reziprozitätsprinzip führten, so ist es im Verlauf zunehmend auch für den Güterverkehr zu gesetzlichen Einschränkungen der Vertragsfreiheit gekommen. Von Anfang an führte das Bürgerliche Gesetzbuch in den §§ 138 und 242 zwei Bestimmungen mit, mit deren Hilfe die Vertragsfreiheit inhaltlich begrenzt und kontrolliert werden sollte. Doch war ihre praktische Bedeutung anfangs gering. Das änderte sich, als im Gefolge des ersten Weltkriegs staatliche Eingriffe in den Markt einsetzten, zunächst zur Bewirtschaftung der Kriegsführung, dann zur Bewirtschaftung der materiellen Not, die millionenfach zum Schicksal wurde. Bekanntlich fand dieser Ablauf seine gesteigerte Wiederholung im Zusammenhang des zweiten Weltkriegs. Durch materielle Notlagen bedingte oder jedenfalls mit Notlagen gerechtfertigte Einschränkungen der Vertragsfreiheit sind darüber zur Dauererscheinung geworden. Ein Beispiel dafür ist das Mietrecht, das als „soziales Mietrecht" weitgehende Korrekturen am Prinzip der Vertragsfreiheit enthält. Inzwischen hat die Politik im Verbraucherschutz ein weiteres Betätigungsfeld gefunden, und zahlreiche Vorschriften engen die Herstellung und den Vertrieb von Gütern zum Schutz des Verbrauchers ein. So hat sich die Vorstellung von der Reziprozität im Lauf der Zeit deutlich ins Materielle verschoben. Beispielhaft für die jüngste Entwicklung ist der am Ende der 14. Legislaturperiode des Deutschen Bundestages von der Bundesjustizministerin vorgestellte Entwurf eines zivilrechtlichen Anti-Diskriminierungsgesetzes, mit dessen Hilfe den Anbietern von Gütern und Dienstleistungen weitgehende Rücksichtnahmen auf Angehörige von Minderheiten am Markt zur Pflicht gemacht werden sollten (Entwurf vom 10.12.2001, abrufbar auf der Internetseite des BMJ vom 30.11.2002). Beispielhaft für die verschärfte staatliche Kontrolle von Verträgen ist ferner die Rechtsprechung des Bundesverfassungsgerichts zur inhaltlichen Kontrolle von Bürgschafts- und von Eheverträgen (BVerfG NJW 1994, S. 36 ff. und BVerfG NJW 2001, S. 957 ff.).

Eine ähnliche Bewegung ist an der Figur des „subjektiven Rechts" beobachtbar. Mit dem subjektiven Recht verbindet sich eine Abkehr vom Prinzip der Gegenseitigkeit. Wenn dem Einzelnen subjektive Rechte verliehen werden, dann verfügt er über Ansprüche und Befugnisse, die ausschließlich auf dem objektiven Recht beruhen und die unabhängig sind von irgendwelchen Verpflichtungen. Leitfigur des subjektiven Rechts ist der auf sich gestellte Einzelne, der sich gegen andere durchsetzt, indem er seine Rechte geltend macht, und der nicht durch Pflichten, sondern dadurch begrenzt wird, dass er auf andere auf sich gestellte Einzelne stößt, die ihre Rechte gegen ihn geltend machen. Nicht der Austausch bestimmt dann als tragende Verkehrsform das Zusammenleben, sondern der Kampf. Das subjektive Recht garantiert die Ansprüche, indem es dem Einzelnen den staatlichen Zwangsapparat zu ihrer Durchsetzung zur Verfügung stellt. Das funktioniert in reiner Form nur, wenn die Frage der inhaltlichen Begründetheit der garantierten Ansprüche für die Durchsetzung keine Rolle spielt, auch nicht die Frage, ob sie auf „Starke" treffen oder auf „Schwache", ob sie Notlagen auslösen oder bestehende noch verschärfen. Allenfalls mit Hilfe des Vollstreckungsschutzes kann ihre Wirkung von Fall zu Fall gemildert werden. Luhmann hat diesen Charakter des subjektiven Rechts sehr schön in der Formel zugespitzt: „Das subjektive Recht ist das ungerechte Recht, das Recht, das in sich selbst keinen Ausgleich hat" (Luhmann 1970a: 325).

Wiederum kennzeichnet die Rechtsfigur des subjektiven Rechts in annähernd reiner Form die *vor*letzte Jahrhundertwende. Die weitere Entwicklung ist auch hier bestimmt durch eine Gesetzgebung und durch Entscheidungen der Gerichte, die darauf zielen, die im subjektiven Recht angelegte Freisetzung des Einzelnen zurückzunehmen und mit Hilfe von Pflichten und Rücksichtnahmen den Einzelnen immer wieder neu in das Zusammenleben einzubinden. So ist die freie Verfügung des Grundstückseigentümers zunehmend beschränkt worden durch die Erfindung von Rechtsfiguren, die den Pflichtencharakter des Eigentums betonen. Ein Beispiel dafür ist das „nachbarschaftliche Gemeinschaftsverhältnis", eine vor allem im Dritten Reich beliebte Rechtsfigur, die die Verfügungsfreiheit des Eigentümers zugunsten eines „angemessenen Zusammenlebens" einzuschränken gedacht ist. Ein anderes Beispiel ist die „Verkehrssicherungspflicht". Diese Rechtsfigur dient vor allem dazu, Ersatzansprüche für Schäden zu begründen, die im Zusammenhang mit der Nutzung des Eigentums durch Dritte aufgetreten sind, also etwa mit dem Aufenthalt auf einem fremden Grundstück. Die Erfindung der Rechtsfigur durch die Gerichte geht auf die Zeit des 1. Weltkriegs zurück. Die Figur ist seitdem kontinuierlich ausgebaut und verfeinert worden (vgl. auch 7.1.).

Die in Rechtswissenschaft und Rechtsprechung herrschende rechtspolitische Tendenz der letzten hundert Jahre ist darauf gerichtet, die in den subjektiven Rechten verankerten Freiheiten an Gerechtigkeitsvorstellungen zu relativieren, die an diffusen Vorstellungen von Ausgleich, Hilfe und Schutz orientiert sind. Ihre Konkretisierung erfolgt in der Regel von Fall zu Fall im Hinblick auf besondere Umstände des Einzelfalls. Schon die Tatsache, dass ein Eigentümer haftpflichtversichert ist, kann ausreichen, einen Ersatzanspruch gegen ihn als gerecht erscheinen zu lassen. Alles in allem lässt sich der Wandel in die Formel fassen: Von betont formal verstandener Reziprozität zu verstärkt material verstandener und vom subjektiven Recht als rechtlicher Stütze individueller Willkür zum subjektiven Recht als Ausdruck eines an Pflichten gebundenen und an Werten kontrollierten individuellen Handlungswillens.

Der Prozess der Rationalisierung des Rechts:
Die „Rationalisierung des Rechts" ist das große Thema der Rechtssoziologie
von Max Weber (dazu schon oben unter 1.1.). Weber stellt den Wandel des
Rechts dadurch in engen Zusammenhang mit der gesamtgesellschaftlichen Entwicklung, dass er beide Prozesse als – spezifisch westliche – Rationalisierungs-
prozesse begreift, als Prozesse der Intellektualisierung und der Entzauberung,
die „prinzipiell" „alle Dinge" betreffen. Ausdruck dafür ist das „Wissen" oder
der „Glaube(.)", dass man „alle Dinge – im Prinzip – durch *Berechnen beherrschen* könne" (Weber 1922b: 536; gesperrt wie im Original). Auch die Eigenwelten unterliegen dem Prozess. Er strahlt auch auf die individuelle Lebensführung und auf das Zusammenleben aus. Wilhelm Hennis sieht mit guten Gründen
bei Weber darin geradezu „die Mitte des Werks" (Hennis 1996: 99 ff.). Jedenfalls dringt nach Webers Überzeugung der Geist der Rechenhaftigkeit überall
und also auch in die Welt der Rechtspolitik und des Rechts ein. Nur die eroti-
sche Sphäre bildete für ihn noch eine eigensinnige Enklave (Weber 1922a;
1922b und 1923).

Webers Herleitung des Rationalisierungsprozesses im Recht aus älteren
Zeitabschnitten (Weber 1922c: 503 f.) interessiert uns hier nicht. Zu Beginn des
Zeitabschnitts, auf den die Darstellung beschränkt ist, kulminiert der Rationali-
sierungsprozess im Recht für Weber in der Herrschaft der *formalen Rationalität*.
Die Unterscheidung von *formaler* und *materialer* Rationalität ist für seine Analyse zentral. Das gilt auch für die Entwicklung in der Wirtschaft und in anderen
Lebensgebieten wie etwa der Kunst. Der Gegensatz zwischen formaler und
materialer Rationalität wird soziologisch als „Widerstreit", ja, als „Kampf" der
Protagonisten beobachtbar (Weber 1923: 15 f.). Er ist letztlich unaustragbar und
kann nie in Sieg und Niederlage endgültig enden. Vielmehr verläuft er so, dass
sich die Waage für eine Weile auf die eine oder die andere Seite neigt.

Formale Rationalität des Rechts lässt sich zweifach beobachten: am Recht
selbst und am Modus seiner Anwendung. Erreicht die Rechtsentwicklung die
Stufe formaler Rationalität, dann treten Formfragen in den Vorder- und inhaltliche Fragen in den Hintergrund, dann dominiert bei der Gesetzgebung und bei
der Rechtsanwendung das Bemühen um Logik, Systematik und Präzision. Beispielhaft war dafür im Zeitpunkt seiner Entstehung das Bürgerliche Gesetzbuch.
Bis heute weist es deutliche Spuren dieser Anfänge trotz aller Reformen auf,
etwa in seinem Allgemeinen Teil. Das formal organisierte Recht ist auf eine
Rechtsanwendung im Geiste formaler Rationalität zugeschnitten und angewiesen, also auf Rechtsanwendungsbürokratien, deren Personal wissenschaftlich
und professionell zum *technischen* Höchstmaß im Umgang mit dem Recht und
in seiner Anwendung auf die Praxis des Zusammenlebens qualifiziert ist. Zugespitzt wird technische Rationalität in der Rechtsanwendung verkörpert durch das

Bild des maschinenhaft agierenden „Richters als eines Automaten, in welchen oben die Akten nebst den Kosten hineingeworfen werden, damit er unten das Urteil nebst den mechanisch aus Paragraphen abgelesenen Gründen ausspeie" (Weber 1922c: 664; näher dazu 5.). Technische Rationalität als adäquater Ausdruck der formalen Rationalität wird ebenso verkörpert durch eine Bürokratie, die ihre „spezifische Eigenschaft" darin verwirklicht, dass sie sich „entmenschlicht", und der „die Ausschaltung von Liebe, Hass und allen rein persönlichen, überhaupt allen irrationalen, dem Kalkül sich entziehenden Empfindungselementen aus der Erledigung der Amtsgeschäfte" „als Tugend nachgerühmt wird" (Weber 1922c: 662; näher dazu 6.). Formale Rationalität ist mithin bei der Gesetzgebung wie bei der Rechtsanwendung in Justiz und Verwaltung dadurch gekennzeichnet, dass „das Recht als solches" im Vordergrund steht. Das Recht in seinem Eigenleben ist relativ streng abgetrennt vom Eigenleben in anderen Eigenwelten, vor allem von der Politik und der Wirtschaft, aber auch, daran ist angesichts jüngster Entwicklungen zu erinnern, von Religion, Ethik und Moral. In der Eigenwelt des Rechts agiert „der Jurist als solcher", eine aus der juristischen Fachliteratur der vorletzten Jahrhundertwende berühmte Figur, für die die Trennung von Gesetzgebung und Rechtsanwendung wesentlich ist. Im Unterschied zur Gesetzgebung, die „in zahlreichen Fällen auf ethischen, politischen, volkswirtschaftlichen Erwägungen oder auf einer Kombination dieser Erwägungen" beruht, werden dem Juristen in der Rechtsanwendung solche Erwägungen abgeschnitten. Sie sind „nicht Sache des Juristen als solchen" (Windscheid 1904: 111).

Webers Begriff der formalen Rationalität ist, wie alle als idealtypisch gedachten Begriffe bei ihm, eine Zuspitzung. Der Begriff ist nicht dazu geschaffen, Wirklichkeiten abzubilden, sondern dazu, den beobachtenden Blick zu schärfen für die Besonderheiten, um die es gerade geht (Hesse 1983; 1998a). Damit wird der Blick zugleich geschärft für die Abweichungen, für die Besonderheiten, die dem Begriff nicht zugeordnet werden können, und für die, falls es sich lohnt, andere Begriffe gebildet werden müssen. Solche, dem Begriff der *formalen* Rationalität als Komplementär- oder Kontrastbegriffe zugeordneten Begriffsbildungen betreffen die bereits erwähnte *materiale* sowie die *empirische* Rationalität, für die Erfahrung den rechenhaften Umgang abstützt. Ferner wird *Irrationalität* als Gegenbegriff zur Rationalität begrifflich genutzt. Weber sieht für seine Gegenwart die Vorherrschaft der formalen Rationalität in einer Fülle von Erscheinungen im Stand der Rechtsentwicklung wie in der Praxis der Rechtsanwendung manifestiert. Er sieht auch auf die, die davon in erster Linie profitieren, und macht sie im Bürgertum aus, das zu jener Zeit noch als eine besondere Gruppierung, soziologisch am besten mit dem Klassenbegriff beschreibbar, existierte. „'Ohne Ansehen der Person'" sei „die Parole des

'Marktes` und aller nackt ökonomischen Interessenverfolgung überhaupt". Diese Parole aber werde am besten verwirklicht mit Hilfe der „berechenbaren Regeln": „Die Eigenart der modernen Kultur, speziell ihres technisch-ökonomischen Unterbaues aber, verlangt gerade diese `Berechenbarkeit` des Erfolges" (Weber 1922c: 661 f.). Am Markt und auch darüber hinaus profitieren diejenigen am meisten von den berechenbaren Regeln, die als Anbieter begehrter und knapper Güter und Dienstleistungen im Vorteil sind gegenüber denen, die diese Güter und Dienste nachfragen und nachfragen müssen und denen nichts als ihre Arbeitskraft zur Verwertung am Markt und zur Finanzierung der Nachfrage zur Verfügung steht. So profitiert das durch Besitz und Bildung qualifizierte Bürgertum, und so engagiert es sich rechtspolitisch im wohlerwogenen Eigeninteresse für die Herrschaft des formalen Rechts. Denn die Zukunft ist mit Hilfe des formalen Rechts am ehesten festlegbar, weil unter seiner Herrschaft die Rechtsanwendung am ehesten verlässlich kalkulierbar ist. Der „Rechtsformalismus":

> „gewährt (...) dem einzelnen Rechtsinteressenten das relative Maximum an Spielraum (...) insbesondere für die rationale Berechnung der rechtlichen Folgen und Chancen seines Zweckhandelns. Er behandelt den Rechtsgang als eine spezifische Form befriedeten Interessenkampfs, den er an feste, `unverbrüchliche` Spielregeln bindet" (Weber 1922c: 469).

Weber sieht in seiner Zeit auch Entwicklungen, die sich dem Bild der formalen Rationalität nicht fügen, für die die anderen oben bereits erwähnten Kontrast- und Komplementärbegriffe herangezogen werden müssen. Vor allem beobachtet er Ansätze zu einem materialen Rechtsverständnis, die teils noch mit dem Begriff der materialen Rationalität erfasst werden können, teils aber auch einen Rückfall ins Irrationale bedeuten. Materialrational ist das Recht für Weber vor allem, wenn es dazu bestimmt ist, *Zwecke* zu verwirklichen, und wenn es dazu geeignete *Mittel* aufweist. Ein Gesetz, das zur Erhöhung der staatlichen Einnahmen eine neue Steuer einführt oder bereits geltende Steuersätze erhöht, ist ein Beispiel dafür. Ins Irrationale wendet sich die Entwicklung in dem Maße, in dem Gesetze Bezug nehmen auf Gefühle und auf Wertpostulate, die sich dem Kalkül entziehen, und ebenso in dem Maße, in dem die Rechtsanwendung am Einzelfall und nur für den Einzelfall dazu tendiert, „schöpferisch" zu werden. Das kann, soweit es auf begrenzte Zwecke bezogen wird, im Prinzip noch dem Begriff der materialen Rationalität zugeordnet werden. Geht es aber um die Verwirklichung „pathetischer sittlicher Postulate" wie „Gerechtigkeit" oder „Menschenwürde" im Wege der Gesetzgebung oder der Rechtsanwendung (Weber 1922c: 506 f.), dann werden ethische Normen entscheidend, die sich dem rationalen Kalkül des Juristen ebenso entziehen wie dem Kalkül derjenigen, die ihre Interessen mit Hilfe des Rechts verwirklichen wollen.

Die Interessenten für die Abwendung vom formalrationalen Rechtsverständnis und für die Betonung materialer, sei es materialrationaler, sei es irrationaler Momente macht Weber für seine Zeit in der Arbeiterschaft aus, die so ihre Interessen besser verwirklicht sieht. Er findet sie auch unter den Juristen, deren „Standeswürdegefühl" gegen die in formalrationaler Rechtsanwendung angelegte Maschinenhaftigkeit ihrer Praxis rebelliert.

Die weitere Entwicklung hat die von Weber für seine Zeit beobachteten Korrekturen am Prinzip der formalen Rationalität ständig verstärkt, und der von ihm als „unaustragbar" angenommene Gegensatz zwischen dem formalen und dem materialen Prinzip hat im Verlauf des letzten Jahrhunderts bis in die Gegenwart kontinuierlich zur Verstärkung des materialen und zur Schwächung des formalen Prinzips geführt. Programmatisch ist die Entwicklung insgesamt weiterhin der Vorstellung eines fortlaufenden Rationalisierungsprozesses unterzuordnen. In der Praxis der Gesetzgebung und der Rechtsprechung freilich erweisen sich häufig die Kalkulationen als Fehl-Kalkulationen, und je mehr der Jurist von heute sich unterscheidet vom alten „Juristen als solchem", umso größer werden die Einfallstore für mancherlei Subjektives, was die Rationalität in Frage stellt. Praktisch bedeutet das im Lichte der Weberschen Rationalisierungs-Hypothese, dass das Gesetz den Charakter berechenbarer Regeln immer mehr einbüßt, dass es immer weniger dazu taugt, Aktionen und Interaktionen verlässlich zu kalkulieren. Verlässlichkeit sei, so meinte Weber, in dieser Lage am ehesten davon zu erwarten, dass sich die zur Wertung (selbst-) ermächtigten Juristen an der „Durchschnittsauffassung der Interessenten" orientieren würden, also an einem „generellen und sachlich-geschäftlichen Merkmal(.) wesentlich faktischer Art" (Weber 1922c: 505). Diese Vorstellung hat sich in der weiteren Entwicklung nicht bewährt. Richterliche Vorstellungen über das, was „Parteien wollen dürfen", beruhen in der Regel nicht auf kontrollierter und verlässlicher Empirie, sondern auf konstruktiver richterlicher Phantasie. In Grenzen kann schließlich aber auch so das richterliche Fallrecht zur Basis für Verlässlichkeit und Berechenbarkeit werden (mehr dazu unter 8.).

e) Hypothesen zur künftigen Entwicklung des Rechts

Die Frage nach der künftigen Entwicklung des Rechts, insbesondere die Frage, wieweit die von den bisher dargestellten Hypothesen erfassten Entwicklungen hypothetisch in die Zukunft verlängert werden können, ist in der Fachliteratur umstritten.

Raiser sieht die künftige Entwicklung als Fortsetzung der die letzten hundert Jahre bestimmenden Tendenzen. Die Gegenwart markiert für ihn keinen Entwicklungsbruch (Raiser 1999a: 299 ff.). Drei Tendenzen hebt er besonders hervor, die hier bereits zur Sprache gekommen sind: die fortschreitende Verrechtlichung allen Zusammenlebens sowie die Wendung zur Positivität des Rechts und zur – vor allem materialen – Rationalität. Diese Tendenzen werden nach Raiser auch die weitere Entwicklung prägen. Ähnlich sieht es Rehbinder (Rehbinder 2003: 85 ff. u. 101 ff.), während Rottleuthner sich großen Entwicklungshypothesen gegenüber ausgesprochen skeptisch verhält; für ihn sind sie allzu spekulativ (Rottleuthner 1987: 32 ff.). Für Röhl dagegen markiert die Gegenwart einen Bruch, und die Zukunft ist nur vorstellbar als Durchsetzung neuer Tendenzen, die erst in Ansätzen beobachtbar sind (Röhl 1987: 558 ff.). Durchgesetzt hat sich das in allen bisher behandelten Entwicklungshypothesen angenommene Übergewicht des Materialen über das Formale, das zusammen genommen als „Materialisierung des Rechts" beschreibbar ist. Fortsetzen wird es sich aber nicht in den bisher bekannten Formen, sondern mehr und mehr in den abgewandelten Formen der „Mediatisierung" und der „Proceduralisierung". Das heißt, dass das Recht nicht mehr mit dem Anspruch auf unmittelbare Wirkung versehen wird, sondern dass es in vermittelter Form auf Wirkung zielt – das ist mit Mediatisierung gemeint. Vermittelt wird die Wirkung des Rechts vor allem über Verfahrensweisen, die es vorschreibt. Deshalb ist auch von Proceduralisierung die Rede. Beispielhaft werden dafür das Tarifvertragsrecht und die Regeln der Mitbestimmung genannt. Vermittelt wird die Wirkung des Rechts auch über nicht-staatliche technische Normen oder über ethische Standards, auf die es verweist. Insgesamt sieht Röhl den Vorgang begleitet durch die Rücknahme des Befehlscharakters des Rechts und durch den Verzicht auf Staatsintervention zugunsten von Selbstverwaltung und Kooperation. Insofern ist auch der Staat der Zukunft für ihn allein mit den hergebrachten Modellen nicht mehr beschreibbar. Röhl beschreibt ihn stattdessen als „kooperativen Staat", der deshalb, weil als Kooperationspartner in der Regel Verbandsvertreter auftreten, zugleich ein „korporativer Staat" ist. Gekennzeichnet ist die weitere Entwicklung ferner durch das Vordringen „reflexiven Rechts", des „Richterrechts" und von „Alternativen zum Recht".

Mit der Hypothese vom Vordringen des reflexiven Rechts nimmt Röhl auf eine viel verhandelte Hypothese von Gunther Teubner Bezug (Teubner 1984; Teubner/Willke 1984). Sie ruht auf systemtheoretischen Vorstellungen auf und dringt deshalb zu den hier im Vordergrund stehenden Fragen der Relevanz des Rechts für soziales Handeln nicht vor. Betont im Mittelpunkt steht die Vorstellung der „Ausdifferenzierung von Subsystemen". Die Möglichkeit, mit Hilfe des Rechts auf die Interna von Subsystemen steuernd einzuwirken, wird skeptisch betrachtet. Anders gewendet heißt das, dass der allseits proklamierten Reformpolitik, die wirtschaftliche und wissenschaftlich-technische Entwicklungen mit

Hilfe des Rechts zumindest korrigieren, wenn nicht geradezu qualitativ umge-
stalten soll, wenig Chancen gegeben werden. Wenn in diesem Zusammenhang
das Recht als „reflexiv" bezeichnet wird, dann heißt das, dass das Recht primär
mit sich selbst beschäftigt ist und dass es Impulse von außen nur aufnimmt,
wenn es sie mit seiner eigenen Ordnung vereinbaren kann. Insofern stellt die
relative Autonomie des Rechts eine erste Brechung für „Reformpolitik" dar.
Reflexiv sind aber auch die andern Subsysteme. Auch sie nehmen Impulse von
außen und also auch die vom Recht ausgehenden Impulse nur insoweit auf, als
diese sich mit ihren spezifischen Ordnungen vereinbaren lassen. Konkretisiert
an einem Beispiel heißt das: Anforderungen, die vom Recht ausgehen, nimmt
die Wirtschaft nur mit der Maßgabe auf, dass sie möglichst „kostenneutral" sein
müssen. „Reflexive" Politik verarbeitet diesen Befund dahin, dass sie das Recht
zur „Kontextsteuerung" nutzt. Sie beschränkt sich darauf, mit Hilfe des Rechts
auf die „Selbststeuerung" in den Subsystemen Einfluss zu nehmen. So sollen
diese dazu veranlasst werden, auf Änderung der Subsysteme gerichtete rechtlich
verfasste politische Impulse wenigstens „mitzubedenken". Konkreter Ausdruck
für solche „Kontextsteuerung" ist etwa die gesetzlich begründete Verpflichtung
von Unternehmen, Umweltbeauftragte oder Frauenbeauftragte zu ernennen und
diese an den Entscheidungsprozessen im Unternehmen zu beteiligen.

f) Zwischenbetrachtung

Über die künftige Entwicklung des Rechts herrscht also Streit. Ich akzentuiere
ihn jetzt grob und gehe in verfeinernder Absicht im Folgenden noch mehrfach
darauf ein (vor allem unter 4.6. u. 8.).

Nimmt man als überschaubaren Rahmen die Zeit seit der vorletzten Jahrhundertwende, so ist das Recht am deutlichsten geprägt worden von seiner politischen Indienstnahme, seiner instrumentellen Nutzung für wirtschafts-, gesell-
schafts-, sozial- und umweltpolitische sowie für die Vielzahl sonstiger Zwecke,
die die Politik mit ihrem total gewordenen Regelungsanspruch verfolgt. Dabei
nimmt die Wirtschaftspolitik einen besonderen Rang ein, weil ihr Erfolg die
Akzeptanz der Politik in der Bevölkerung ebenso bestimmt wie er zugleich das
Maß der Ressourcen beeinflusst, das dem Staat zur Finanzierung seiner Aktivitäten zur Verfügung steht. Mit einem gewissen Pathos könnte man sagen, dass
Politik und Wirtschaft dem Recht zum Schicksal geworden sind. Dabei soll die
heiß umstrittene Frage nach dem internen Verhältnis von Politik und Wirtschaft
getrost offen bleiben. Politik und Wirtschaft haben das Schicksal des Rechts in
den vergangenen hundert Jahren bestimmt. Sie machen es in der Gegenwart aus.
Sie werden es voraussichtlich auch in Zukunft bestimmen. Wie sich die „schick-

salhafte" instrumentelle Nutzung des Rechts vollziehen wird, ist an der Entwicklung der letzten hundert Jahre jedenfalls in der Tendenz ablesbar. Die für die letzten hundert Jahre wichtigste Tendenz in der Rechtsentwicklung stellt die an Rationalität orientierte zweckhafte Materialisierung des Rechts dar. Sie ist der konsequente Ausdruck des alle Rechtsquellen bestimmenden politischen Willens, korrigierend in die Entwicklung der (bürgerlichen) Gesellschaft und ihrer verschiedenen Märkte einzugreifen. Die Hypothese von der „zweckrational orientierten Materialisierung" ist für mich deshalb die übergreifende Hypothese auch zur künftigen Rechtsentwicklung. Sie schließt die konkreteren Hypothesen: „Vom Status zum Kontrakt" bzw. „Vom Statusrecht alter Art über das Kontraktrecht zum Statusrecht neuer Art" sowie „Von der formalen zur materialen Reziprozität", „Vom ungerechten zum gerechtigkeitsorientierten subjektiven Recht" und „Von formaler zu materialer Rationalität" in sich ein. Die Tendenz der rational orientierten Materialisierung wird sich im Recht voraussichtlich fortsetzen. Sie kann dabei auch neue Unterformen ausbilden. In der Gesetzgebung wird die Materialisierungstendenz vermehrt zu Finalprogrammen führen. In Rechtsprechung und Verwaltung wird sie sich in verstärkter Einzelfall-Orientierung bemerkbar machen.

Die Tendenz zur Materialisierung wird – auch das lässt sich prognostizieren –, solange es nicht zu radikalen Brüchen und Zusammenbrüchen in Wirtschaft und Politik und zu radikaler Veränderung der Sozialisation der Juristen kommt, die formalen Orientierungen im Recht nicht völlig bedeutungslos machen. Sie wird auch nicht völlig ins Irrationale umschlagen. Es gibt in der Gegenwart keinen Anhalt für die Vermutung, der von Weber diagnostizierte und prognostizierte „Krieg" zwischen formaler und materialer Orientierung des Rechts und im Recht sei kein „ewiger", sondern ein zeitlich begrenzter, und er werde im Sieg des einen und im endgültigen Verschwinden des anderen Prinzips enden. Für beide Prinzipien werden sich auch in Zukunft von Fall zu Fall starke Träger finden. Das heißt im Blick auf die Kontroverse, mit der der Abschnitt eingeleitet wurde, dass ich Raiser und Rehbinder zuneige. Für die von Röhl favorisierte Annahme des Entwicklungsbruchs sehe ich keinen Anhalt. Auch theoretische Annahmen sprechen gegen die These vom Entwicklungsbruch. Im Kontext der allgemeinen Entwicklungshypothese, die von Wechselwirkungen ausgeht und den Primat im Verhältnis zum Recht der Wirtschaft und der Politik zuspricht, müsste der Bruch in der Rechtsentwicklung von Entwicklungsbrüchen in Wirtschaft und Politik ausgelöst sein. Dafür sehe ich keinen Anhalt. Wohl gibt es in Wirtschaft und Politik Entwicklungen, die eine *die Nation übergreifende Perspektive* erforderlich machen und damit den Rahmen sprengen, in dem die Entwicklungshypothesen bisher formuliert werden und der mit dem „Hier und Heute" auch diesem Text gezogen ist. Die ins Globale strebenden Verwertungstendenzen des Kapitals sind ein Beispiel dafür, die Bedrohungstendenzen der organisierten Kriminalität und des Terrorismus ein anderes. Im Prinzip sind auch Umweltveränderungen hier einzuordnen (Stichwort „Klimawandel"). All dies ruft nach einer im Weltrahmen operierenden Politik – sie ist ansatzweise beobachtbar – und, soweit Weltpolitik sich des Rechts bedient, nach einem Weltrecht. Auch dafür sind Ansätze aktuell vorhanden, von einer begrenzten Internationalisierung des Rechts, vor allem im Bereich der Europäischen Union und der Europäischen Gemeinschaften, bis hin zu weltumspannenden Geltungsansprüchen, wie sie etwa in einem in Entstehung begriffenen Welthandelsrecht verkörpert sind und in Welthandelsorganisationen verwaltet werden (Röhl 2000: 70). Sie machen sich auch im Strafrecht bemerkbar (Weiß 2002; Werle/Jeßberger 2002). Nicht zuletzt gehen sie von der Idee der Menschenrechte aus (zur Entstehung Strzelewicz (1968), zum aktuellen Bestand vgl. die Datenbanken der UN – www.un.org. – und der EU – www.europa.eu.int. – sowie Bundeszentrale (1999)). Mag sein, dass sich solche Ansätze zur Internationalisierung des Rechts so weit ausdehnen, dass sie der Entwicklung des Rechts eine neue Richtung geben, die mit den auf die Nation zentrierten Theorien nicht mehr angemessen zu fassen ist. Das wird man den heute erkennbaren Ansätzen erst im Nachhinein ansehen können, erst dann, wenn eine Entwicklung sich durchgesetzt hat, für die sie jetzt vielleicht erste Anzeichen sind (dazu noch einmal unter 8.).

Zweckhafte Materialisierung des Rechts ist der eine zentrale Trend, der aus Vergangenheit und Gegenwart in die Zukunft weist, die Schwächung des Rechts in der Konkurrenz mit Geld und Kommunikation ist der andere. Sie ist beobachtbar an der verstärkten Nutzung der Medien Geld und Kommunikation durch die Regierung, also am Einsatz von Geld als Mittel positiver oder negativer Sanktionen, sowie am Anschwellen einer immer raffinierter daherkommenden Nachrichtenpolitik. Sie ist ebenfalls beobachtbar am beruflichen Handeln der Stabsangehörigen. Deren Tätigkeit geht immer weniger in Rechtsanwendung auf. Verstärkt gehen sie dazu über, „im Schatten des Rechts" zu agieren, zu verhandeln, zu vermitteln, zu schlichten, zu vergleichen, zu begütigen und zu befrieden. Diese Entwicklung wird sich in Zukunft nur noch verstärken. Schon ist die Juristenausbildung darauf eingestellt worden: sie soll neue „Schlüsselqualifikationen" vermitteln, die samt und sonders die mündliche Kommunikationsfähigkeit betreffen (1.1., 5.6.).

So ist schließlich im beruflichen Handeln der Juristen eine Kombination aus Materialisierung und Abschwächung des Rechts zu erwarten. Damit einhergehen wird eine deutliche Verstärkung der Einzelfallorientierung. Sie wird sich häufig in der Tendenz äußern, der an das Recht gebundenen und vom Recht kontrollierten Entscheidung überhaupt auszuweichen und stattdessen das Heil in

Kommunikation zu suchen. Soweit aber weiterhin das Recht angewendet wird, wird der Jurist verstärkt vor dem Dilemma stehen, dass die Spielräume, die das Recht eröffnet, weiter und weiter werden, während die zu ihrer Nutzung benötigten Ressourcen (Zeit und Kompetenz) immer mehr verknappt werden. Der bereits im Studium vorgezeichnete Ausweg aus dem Dilemma ist die Bindung an vorgedachte Lösungen, an Schemata und an Autoritäten. Das kann die ohnehin vorherrschende Tendenz nur noch verstärken, dass die Juristen „in die Waagschale der ‚Ordnung'" fallen (Weber 1922c: 522), wie sie sich jeweils in wirtschaftlicher und politischer Programmatik gerade präsentiert (mehr zu diesem Zitat unter 3.4. u. 4.5.). Im Hinblick auf die Weberschen Konzepte (vgl. 1.1.) heißt das, dass das Rationalisierungskonzept wie der Begriff des rationalen Rechts für Analyse und Darstellung der Entwicklung relevant bleiben mit der typischen Akzentverlagerung ins Materiale. Die Maschinenmetapher dagegen wird problematisch.

Weiterführende Literatur

Carbonnier, Jean 1967; Röhl, Klaus F. 1987: Kap. 12; Rehbinder, Manfred 2003: §§ 5-7.

3 Recht und Politik

Politik interessiert hier nur in Bezug auf den Staat, nicht in Bezug auf Privatpersonen oder private Kollektive, Vereine oder Verbände, die ja auch Politik treiben, Heiratspolitik etwa oder Vereinspolitik. Politik interessiert hier als ein Komplex von Handlungen, die die Verteilung und die Ausübung der an den Staat gebundenen Macht, der „Staatsgewalt" im Sinne von Art. 20 Abs. 2 GG, betreffen. Politik soll, so will es die geltende Rechtsordnung, eng auf das Recht bezogen sein. Sie ist im „Hier und Heute" gehalten, sich vor allem im Recht und mit Hilfe des Rechts zu verwirklichen. Diese Erwartung charakterisiert die politische Praxis nur zum Teil. Längst hat Politik sich als ein Praxisbereich eigener Art etabliert, ist verberuflicht und verbetrieblicht und so, von anderen Praxisbereichen separiert, auf Dauer gestellt und eigenen Regeln unterworfen. Damit beschäftigt sich vor allem die Politikwissenschaft. Im Forschungszusammenhang der Rechtssoziologie und in den Lehrbüchern wird der Zusammenhang von Recht und Politik nur am Rande behandelt. Politik stellt aber ein interessantes Untersuchungsfeld dar für die rechtssoziologische Frage nach der praktischen Relevanz des Rechts. Sie soll deshalb hier behandelt werden. Die Darstellung wird beispielhaft auf Fragen der Herstellung des Rechts konzentriert.

3.1 Die Herstellung des Rechts

Die Herstellung des Rechts ist eine Aufgabe der Politik. Die Herstellung des Rechts als politische Aufgabe zu verstehen, heißt, sie als Kampf um die Macht zu verstehen, Gesetze zu erlassen. Dieser Kampf ist durch und durch rechtlich reguliert. Kampf ist eine besondere Spielart der Vergesellschaftung der Menschen (Weber 1922c: 20). Ist er normativ reguliert, so soll der Kampf jedenfalls in der *Form* der Auseinandersetzung mehr oder weniger befriedet werden. Politisches Handeln, das als „Kampf ums Recht" (Jhering 1872) geführt wird, soll also vom Recht in der Form der Auseinandersetzung gebändigt werden. Politik soll also zugleich Subjekt und Objekt der Rechtssetzung sein.

3.1.1 Der Primat der Politik bei der Herstellung des Rechts

Die rechtliche Bindung der als Kampf verstandenen Politik äußert sich, da sie die *Form* betrifft, vor allem in der Regulierung von Verfahrensfragen. Verfahrensfragen betreffen etwa Wahlen und Abstimmungen oder die Abläufe der parlamentarischen Auseinandersetzungen oder zum Beispiel die immer wieder als Machtfrage verstandene Frage der Zuständigkeit des Bundesrates für die Bundesgesetze. Der Streit kann sich wie beim Zuwanderungsgesetz auf den Modus der Stimmabgabe eines Landes im Bundesrat zuspitzen (Dörr/Wilms 2002). Aber auch durch *inhaltliche* Vorgaben, die die Ziele der Politik festlegen und teilweise auch den Einsatz ihrer Mittel, soll die politische Auseinandersetzung gebunden werden. Der herausgehobenen Bedeutung der Bestimmungen entsprechend haben viele ihren Ort an hervorragender Stelle in der Verfassung (Art. 1 bis 19 GG). Sie sollen nur unter den erschwerten Bedingungen, die für Verfassungsänderungen gelten (Art. 79 GG), zu verändern sein. Durch Art. 79 Abs. 3 GG sollen einige Bestimmungen dem Änderungswillen der Politik sogar gänzlich entzogen sein („Ewigkeitsgarantie"). Auch die sog. Wesensgehaltsgarantie des Art. 19 Abs. 2 GG soll den Gestaltungswillen der Politik begrenzen. Die massive verfassungsrechtliche Fundierung der Regeln deutet daraufhin, dass ihre Einhaltung unwahrscheinlich ist und dass die politische Praxis anderen Regeln zu folgen tendiert. Da das Bundesverfassungsgericht dazu berufen ist, die Einhaltung der verfassungsrechtlichen Vorgaben zu kontrollieren, kommt es im Streitfall, das heißt, wenn der Kampf um die Macht vor das Verfassungsgericht getragen wird, darauf an, welchen Regeln das Gericht folgt. In vielen Fällen weiß man das mit Gewissheit erst im Nachhinein. Denn auch das vom Bundesverfassungsgericht praktizierte und so auf Zeit besonders autorisierte Verfassungsrecht gibt es nicht als festen Bestand. Wie alles Recht ist es im Fluss, und auch hier nimmt die Fließgeschwindigkeit ebenso zu wie die Politikabhängigkeit.

Politisches Handeln, das sich als Gesetzgebung äußert, gilt also nicht nur als *in der Form befriedungsbedürftig*, sondern auch *inhaltlich* als *begründungs-* und *kontrollbedürftig*. Dass Befriedung, Begründung und Kontrolle mit Hilfe des Rechts, vor allem des Verfassungsrechts, organisiert werden, ist in allen drei Zusammenhängen mit Problemen belastet. Politik steht ständig in der Versuchung, sich den vom Recht ausgehenden Ansprüchen auf Befriedung, Begründung und Kontrolle nicht nur durch Umgehungspraktiken, sondern auch durch Rechtsänderungen zu entziehen. Teilweise genügt es auch schon, Aufträge zur Gesetzgebung, die das Verfassungsrecht zur Konkretisierung der Kontrollfunktion enthält, nicht auszuführen. Im Kontrollzusammenhang ist der Verweis von Recht auf Recht besonders prekär; denn er bedeutet praktisch, dass der zu Kontrollierende als Kontrolleur tätig werden soll. Prekär ist der Verweis aber auch im Begründungszusammenhang, wenn also der Geltungs- und Befolgungsanspruch des Rechts begründet wird mit der Einhaltung des seine Herstellung formal und inhaltlich regulierenden Rechts. In beiden Zusammenhängen ist die Versuchung groß, die von der Rechtsbindung ausgehenden Restriktionen politischen Handelns durch Rechtsänderungen aufzuweichen. Soweit die Restriktionen den Rang von Verfassungsrecht haben, können Rechtfertigung, Kontrolle und Befriedung politischen Handelns zwar nicht ohne weiteres durch Rechtsänderungen manipuliert werden, da Verfassungsrecht als Recht auf höherer Ebene dem Zugriff des sog. einfachen Gesetzgebers tendenziell entzogen ist. Änderbar durch politisches Handeln ist es gleichwohl. Auch dem Verfassungsrecht kommt der Charakter „heiligen Rechts" nicht zu. Vielmehr ist es wie alles „positive" Recht *änderbares* Recht. An der Fülle der Grundgesetzänderungen ist dies Schicksal des Verfassungsrechts hinreichend deutlich ablesbar. Selbst dann aber, wenn Verfassungsnormen im Verfassungstext als unveränderlich bezeichnet werden, bleiben sie nicht unverändert im Zeitablauf. Auch das Verfassungsrecht spaltet sich auf in das „Recht in den Büchern" und das „lebende Recht", und als lebendes Recht ist auch das „unveränderliche" Verfassungsrecht fließendes Recht. Indem es von Gerichten angewandt, indem es in rechtswissenschaftlichen Beiträgen kommentiert wird, wird es verändert. Dass einzelne Rechtswissenschaftler das anders sehen wollen (Böckenförde 2003), ändert daran nichts. So bedeutet auch die über die Verfassung organisierte Stärkung des die Herstellung des Rechts formal und inhaltlich regulierenden Rechts nicht den Primat des Rechts oder zumindest des Verfassungsrechts über die Politik. Eher sollte man die herausgehobene Stellung des die Politik regulierenden Rechts als Zeichen dafür nehmen, dass die Eigensinnigkeit der Politik besonders stark ist.

Eindrucksvollen Anschauungsunterricht über die tatsächlichen Gewichte im Verhältnis von Verfassungsrecht und Politik liefert der politische Alltag in Hülle und Fülle. Berühmt geworden ist der Ausspruch eines ehemaligen Bundesinnenministers, er könne nicht ständig mit dem Grundgesetz unter dem Arm herumlaufen. Eindrucksvoll ist im Zeichen steigender Staatsverschuldung – sie resultiert in erheblichem Maße daraus, dass der Kampf um die Macht auch mit Hilfe von Subventionen (Finanzhilfen oder Steuervergünstigungen) für diese oder jene Klientel geführt wird (dazu 7.3.) – der politische Umgang mit Art. 115 Abs. 1 S. 2 GG. Danach dürfen in der Regel Einnahmen aus Krediten die Summe der Investitionsausgaben nicht überschreiten. Wenn die Kreditaufnahme den so gesetzten Rahmen überschreitet, ist der Haushalt verfassungswidrig. Diese Konsequenz kann man in Grenzen noch interpretatorisch in der Schwebe halten, weil Art. 115 Abs. 1 S. 2 GG im zweiten Halbsatz ausnahmsweise die höhere

Staatsverschuldung zulässt „zur Abwehr einer Störung des gesamtwirtschaftlichen Gleichgewichts". Das eröffnet einen weiten interpretatorischen Spielraum. Er ist vor allem sehr weit, solange der Gesetzgeber dem verfassungsrechtlichen Auftrag zum Erlass eines den Spielraum konkretisierenden und präzisierenden Gesetzes (Art. 115 Abs. 1 S. 3 GG) nicht nachkommt. Wohlweislich ist er ihm bisher nicht nachgekommen. In jedem Fall kann zur Kontrolle des Spielraums das Bundesverfassungsgericht in einem Normenkontrollverfahren angerufen werden. Es kann die Verfassungswidrigkeit des auf übermäßiger Kreditaufnahme beruhenden Bundeshaushalts feststellen. Ebenso können die Verfassungsgerichte der Länder die Verfassungswidrigkeit von Landeshaushalten feststellen – in Nordrhein-Westfalen ist dies im September 2003 erstmals geschehen. Eine Sanktion sieht die Verfassung für diesen Fall anders als der Maastricht-Vertrag mit seinen Regeln zur Begrenzung der Staatsverschuldung nicht vor. Wie man am Umgang mit den Regeln des Maastricht-Vertrages seit dem Jahre 2002 sehen kann, lässt sich der politische Wille aber auch durch Regeln, die mit Sanktionen bewehrt sind, vom Wege steigender Staatsschulden nicht ohne weiteres abbringen. Statt zur Begrenzung der Kreditaufnahme tendiert er zu „kreativen Interpretationen" und zur „Lockerung der Regeln" bis hin zu ihrer Suspendierung. So ist die Kraft des Rechts, die Staatsverschuldung zu begrenzen, alles in allem schwach, und so ist über diesen Fall hinaus ganz allgemein die Kraft des Rechts, sei es des einfachen, sei es des Verfassungsrechts, politisches Handeln zu begrenzen, schwach. Eher taugt das Recht jedenfalls zur Rechtfertigung als zur Kontrolle von Politik. Systemtheoretisch kann man damit so umgehen, dass man Recht und Politik zwar als eigenständige Subsysteme behandelt, zugleich aber auf „die unbestreitbare Dichte des Zusammenhangs von Politik und Recht" hinweist (Luhmann 1993: 434). Das ist wenig befriedigend. Aussichtsreicher ist es, mit dem Konzept der Wechselwirkung zwischen den Eigenwelten zu arbeiten. Dann führen die bisher angestellten Beobachtungen zu der Hypothese, dass in der Wechselwirkung zwischen Politik und Recht der Primat deutlich bei der Politik liegt. Politische Fragen sind in erster Linie Machtfragen, keine Rechtsfragen. Der Kampf um die Macht – und die Ausübung der Macht im Wege der Gesetzgebung, nicht zuletzt im Wege der Haushaltsgesetzgebung (!), ist eine Variante des dauernden Kampfes um die Macht – folgt eigenen Regeln. Zugleich soll er dem Recht unterworfen sein. Die damit postulierte Formierung des politischen Handelns durch das Recht hat zu kunstvollen Arrangements geführt. Dabei ist der Primat der Politik durchgehend gesichert, weil sie nicht nur Objekt, sondern auch Subjekt der Gesetzgebung ist.

3.1.2 Das Volk und das Wahlvolk

Die an den Staat gebundene und von ihm verkörperte Macht geht, so sagt es Art. 20 Abs. 2 GG, in der Bundesrepublik Deutschland „vom Volke aus" und wird „in Wahlen und Abstimmungen" auf Zeit verliehen. Damit wird ein konkreter Modus von Legitimation und Kontrolle in der Verfassung verankert. Damit sollen politische Fragen von Zeit zu Zeit zugleich zu Fragen der Akzeptanz der Politik gemacht werden. „Das Volk" ist ein vieldeutiger Begriff. Mit Hilfe des Rechts wird die Zugehörigkeit zum Volk präzisiert. So trennt sich auf der normativen Ebene das „Wahlvolk" vom „Volk". Die Trennlinie ist nicht von Natur oder von Gott oder von der Tradition oder durch irgendwelche ominösen „Gesellschafts"- oder „Generationen"-Verträge gestiftet. Sie ist ein rechtliches Konstrukt, kann dort liegen, wo sie derzeit liegt, kann aber auch woanders liegen. So kann man von Zeit zu Zeit aussichtsreich darüber debattieren, Kinder in das Wahlvolk aufzunehmen.

Als Äußerung des Volkswillens sieht Art. 20 Abs. 2 GG die Ausübung der Staatsgewalt in Wahlen und Abstimmungen vor. So ist die rechtlich relevante Äußerung des Volkswillens von vornherein nur in rechtlich streng gebundener und vermittelter Form vorgesehen. Auf diese Weise wird die rechtlich erhebliche Äußerung des Volkswillens deutlich abgesetzt von spontanen Äußerungen des Volkswillens, wie sie in Unruhen, Protesten, Revolten, Ausnahmezuständen und Revolutionen zum Ausdruck kommen. Das Recht, das die Äußerung des Volkswillens nach dem Muster „rechtmäßig – unrechtmäßig" organisiert, ist bestimmt vom Misstrauen der Politik gegenüber dem „potentielle(n) Aufflammen des Willens zum politischen Handeln", das Max Weber als „eine derjenigen Realitäten" bezeichnete, „welche hinter dem im übrigen inhaltlich vieldeutigen Begriff von (...) 'Volk´ letztlich steckt" (Weber 1922c: 223). So kanalisiert das Recht die Äußerung des Volkswillens auf Wahlen im vier- oder fünfjährigen Rhythmus und auf gelegentliche Abstimmungen und macht daraus einen Test auf die Akzeptanz der Eigenwelt der Politik, wie sie sich in politischen Programmen, politischer Praxis, Gesetzgebungsakten und -vorhaben und im Auftreten politischer Führer jeweils äußert.

Akzeptanz ist wie jede Meinung, jede Einstellung, in Grenzen manipulierbar. Darum vor allem geht es in den Wahlkämpfen, die Wahlen vorausgehen und für deren Kosten das Recht aparterweise Erstattungsansprüche vorsieht. Erfolgreich ist die Manipulation in dem Maße, in dem es gelingt, auf die Interessen, Bedürfnisse und Begierden derer, die als Wähler die politische Macht verleihen, so einzugehen und diese zugleich so umzuformen, dass daraus schließlich die Zustimmung der Mehrheit der Wähler resultiert für programmatische Absichtserklärungen der Parteien und ihrer Führer. Das ist ein kunstvoller

Vorgang. Er hat die Verberuflichung des politischen Handelns zumindest der sogenannten Führungselite wie ihrer Wahlkampfberater ebenso zur notwendigen Voraussetzung wie die betriebliche Verfasstheit der Parteien. Durch die Verwertung „charismatischer" Elemente kann er unter Umständen zusätzlich bereichert werden, wenn ein Führer an der Spitze einer Partei das Wahlvolk so anzusprechen versteht, dass es ihm „blindlings" zu vertrauen bereit ist. Alles in allem ist die Herstellung von Akzeptanz in Wahlen und Abstimmungen eine Frage einer verberuflichten und verbetrieblichten politischen Praxis, die vom Recht bestenfalls „umhegt" wird.

Wenn das Recht auf der Verfassungsebene Politik als Machtausübung auf „das Volk" zurückführt, soll damit vor allem für die „Legitimation von Politik" gesorgt werden. Zugleich soll das einfache Recht, also etwa das Wahl- und Wahlkampfrecht, dafür sorgen, dass der Wille des Volkes, der sich in Wahlen ausdrückt – Volksabstimmungen spielen in der deutschen Politik praktisch keine Rolle –, für die Hauptakteure der Politik berechenbar bleibt. Zugleich soll die Befriedungsfunktion des Kampfrechts dafür sorgen, dass auch die Aktionen der miteinander konkurrierenden Wahlkämpfer wechselseitig berechenbar bleiben. Es ist anzunehmen, dass Politik bei der Herstellung des einschlägigen Rechts am ehesten auf die Funktionen der Befriedung und der Legitimation bedacht ist, weil davon die Politik am ehesten profitiert, und dass wenig geschieht, die Kontrollfunktion des Rechts zu stärken. Ein politischer Wille, der das Recht zu Kontrollzwecken gegen die Politik einsetzt, müsste als Wille zur *Selbst*kontrolle manifest werden. Ein solcher Wille ist unwahrscheinlich. Wahrscheinlicher ist, dass der politische Wille sich äußert in Aktionen, die die Chance verstärken, Macht zu erringen und auszuüben und dabei möglichst unkontrolliert zu verfahren. In dieser Tendenz kann er durch Recht und auch durch Verfassungsrecht allenfalls „gebändigt" werden.

3.2   Der Beitrag der Parteien zur Gesetzgebung

Nach den Vorgaben der Verfassung sollen die Parteien darauf beschränkt sein, „bei der politischen Willensbildung des Volkes" „mitzuwirken" (Art. 21 Abs. 1 GG). Tatsächlich streben sie mehr oder weniger erfolgreich dahin, auf die Willensbildung des Volkes vor Wahlen und Abstimmungen größtmöglichen Einfluss zu nehmen und gleichzeitig die Willensbildung des Volkes für die Zeit nach der Wahl funktionslos zu machen, folgenlos und leer. Das ist zum Teil in den Bestimmungen des Verfassungs- und des einfachen Rechts angelegt, die gerade behandelt wurden. Teils geht es auch darüber hinaus. So hat sich seit einiger Zeit die Praxis von Koalitionsverhandlungen nach der Wahl und von

Koalitionsverträgen etabliert, die diejenigen Parteien abschließen, die das Wahlergebnis erfolgreich dazu nutzen, die Regierung zu bilden. In den Verträgen werden die Richtlinien der künftigen Politik festgelegt. Sie werden sodann nicht etwa dem Volk zur Abstimmung vorgelegt. Sie werden auch nicht den gewählten Volksvertretern zur Abstimmung vorgelegt, denen, die von der Verfassung dazu ausersehen sind, die vom Volk ausgehende Staatsgewalt im Wege der Gesetzgebung zum Ausdruck zu bringen. Sie sind vielmehr Sache der Parteileitungen, die sie schließlich Parteitagen in kunstvollen Arrangements zur Abstimmung präsentieren. So verwandelt sich die Mitwirkung der Parteien an der politischen Willensbildung in die Formierung des politischen Willens durch die Parteien bereits in den Wahlkämpfen, erst recht aber danach. Diese Praxis mit den verfassungsrechtlichen Ableitungen der Staatgewalt aus dem Volkswillen in Einklang zu halten, ist schwierig. Die Erwartung richtet sich folgerichtig darauf, dass wenigstens die den Volkswillen vermittelnden und „repräsentierenden" Parteien ihre eigene Willensbildung so organisieren, dass der Wille an ihrer Basis gebildet wird, also so „volksnah" wie möglich, und dass diejenigen, die für die Partei auftreten, als Repräsentanten des Willens jedenfalls der Parteibasis verstanden werden können. Diese Vorstellung liegt deutlich dem Verfassungsrecht zu Grunde.

Nach den Vorgaben der Verfassung „muss" die „innere Ordnung" der Parteien „demokratischen Grundsätzen entsprechen" (Art. 21 Abs. 1 S. 3 GG). Die Staatsrechtslehre interpretiert dies so – anders kann man es auch nicht interpretieren –, dass die Willensbildung „von unten nach oben" erfolgen muss, dass sie also nicht „von oben nach unten" erfolgen darf (Ipsen 2003: 49). Diese normative Erwartung wird, wenn man sie an die tatsächlichen Vorgänge der Willensbildung in den Parteien heranträgt, massiv enttäuscht. Robert Michels hat in einer frühen Untersuchung (Erstveröffentlichung 1925), die inzwischen als „Klassiker" der Parteiensoziologie gilt, die innerparteiliche Willensbildung empirisch untersucht (Michels 1957). Seine Untersuchung stieß auf die „oligarchischen Tendenzen des Gruppenlebens". Er begründete sie mit Zwängen, die er im „ehernen Gesetz der Oligarchie" zusammenfasste. Die Entwicklung der „Grünen" aus einer Bewegung bzw. einer Mehrzahl von Bewegungen zu einer Partei hat die Aktualität des „ehernen Gesetzes der Oligarchie" eindrucksvoll illustriert.

Parteien sind auf Machterwerb gerichtete, organisierte Vergesellschaftungen ihrer Mitglieder zur Durchsetzung partikularer Ziele und zur Verfolgung persönlicher Vorteile der Mitglieder. So stehen sie zugleich auf Dauer im Kampf untereinander. Ihre Durchsetzungsfähigkeit hängt an ihrer Schlagkraft; ihre Schlagkraft ist bestimmt vom „`Prinzip der kleinen Zahl'" (Weber 1921: 167). Nur kleine Gruppen sind gegenüber wechselnden Anforderungen wirklich manövrierfähig; je kleiner sie sind, desto eher. Parteien sind auf Dauer gestellte Vergesellschaftungen. Anders als mehr oder weniger momenthaft agierende Bewegungen und Initiativen sind sie auf eine Organisation angewiesen, die zur Sicherung der Durchsetzungsfähigkeit nach außen wie auch nach innen dem Zusammenschluss eine bürokratische Struktur gibt. So tritt unter anderem der Parteifunktionär auf den Plan. Zugleich wird die Willensbildung streng hierarchisiert. So konzentriert sich die Macht bei einer kleinen Gruppe von „führenden Parteimitgliedern". Selbst die kleine Gruppe ist im Zweifel hierarchisiert: so tritt der politische Führer schließlich auf den Plan. Die Macht der Spitze, sei es des Führers, sei es der kleinen Gruppe der führenden Mitglieder, wird durch Bürokratisierung und Hierarchisierung gesichert. Das wird nicht etwa durch entgegenstehendes Verfassungsrecht relativiert. Dazu ist das Verfassungsrecht zu schwach. Relativiert wird die Willensbildung von oben nach unten am ehesten noch durch eine informale Organisation, die sich neben der offiziellen Organisationsstruktur etabliert und mit deren Hilfe innerparteiliche Konkurrenten an die Spitze zu kommen trachten. Alles in allem steht die innerparteiliche Willensbildung in eklatantem Widerspruch zu den Vorgaben des Verfassungsrechts.

Die Parteien haben viele Vorgaben der Verfassung für die Gesetzgebung ihrem Kampf um die Macht erfolgreich untergeordnet. Der Bundesrat ist ein weiteres Beispiel dafür. Das Grundgesetz hat dem Bundesrat eine relativ starke Stellung im Gesetzgebungsverfahren des Bundes eingeräumt (Art. 70 ff. GG). Durch den Bundesrat sollen *die Länder* an der Gesetzgebung mitwirken (Art. 50 GG), sollen *Länderinteressen* in die Bundesgesetzgebung eingehen. Tatsächlich haben die Parteien den Bundesrat weithin zu einem Instrument der auf Bundespolitik gerichteten Parteipolitik gemacht. Die Parteien, die die Bundesregierung tragen, sehen in ihm ein Mittel zur Absicherung der Politik der Bundesregierung. Die Oppositionsparteien sehen darin ein Mittel zur Blockade (Hennis 1998). Gelegentlich wird dann der Vermittlungsausschuss (Art. 77, Abs. 2-4 GG), der bei Meinungsverschiedenheiten zwischen Bundestag und Bundesrat vermitteln soll, zum Zentrum der Kompromisssuche der Parteien. Infolge der parteipolitischen Vereinnahmung des Bundesrats für die Bundespolitik haben Landtagswahlen inzwischen vor allem bundespolitische Bedeutung. Sie werden von den Bundesparteizentralen unter bundespolitischen Gesichtspunkten gemanagt und durchaus auch vom Wählervolk als Gelegenheit zur Stellungnahme zu bundespolitischen Themen und Tendenzen genutzt. Wenn bei alledem die Beteiligung an Landtagswahlen zurückgeht, lässt sich das als Zeichen der politischen Reife des Wählervolks betrachten, das das verfassungswidrige Spiel durchschaut und sich weigert, länger noch mitzuspielen. Im politischen Lager wird stattdessen von „demokratischer Normalität" geredet oder von „Wahlmüdigkeit" bzw. „Wahlverdrossenheit". Gelegentlich wird auch die Einführung einer Wahlpflicht diskutiert.

Besonders drastisch treten Verfassung und politische Wirklichkeit angesichts des tatsächlichen Einflusses der Parteien auch im Hinblick auf Rolle und Status der Abgeordneten auseinander. Der typische Abgeordnete orientiert sein Abstimmungsverhalten bei der Gesetzgebung nicht an den Vorgaben der Verfassung, sondern an Regeln, die sein Stimmverhalten in den Zusammenhang von parteipolitischer Machtdemonstration, Machterhaltung und Machtvermehrung sowie eigener Machtbeteiligung stellen. Bei Abgeordneten, die zugleich Verbandsmitglieder sind, kann der eigene Anteil zusätzlich dazu dienen, Verbandsinteressen ins Spiel zu bringen. Sind Abgeordnete zugleich Verbandsfunktionäre, so ist umso mehr davon auszugehen, dass sie ihre Machtbeteiligung dazu nutzen, Verbandsinteressen zu befördern. Bei ihnen insbesondere, aber auch bei den übrigen Abgeordneten, ist nicht damit zu rechnen, dass sie sich an Art. 38 Abs. 1 S. 2 GG orientieren, dass sie sich also „dem ganzen Volk" verpflichtet fühlen. Sie folgen ihrer Parteiführung und den eigenen Ambitionen sowie gegebenenfalls den darüber vermittelten Verbandsinteressen. Sein Stimmverhalten richtet der Abgeordnete nicht an seinem „Gewissen" aus, wie es die Verfassung vorsieht, sondern vor allem an den Weisungen seiner Partei. Es ist geradezu rührend, das Pathos zu beobachten, mit dem Partei- bzw. Fraktionsführungen gelegentlich den der Verfassung unbekannten Fraktionszwang aufheben und die Stimmabgabe den Abgeordneten anheim geben. Man kann davon ausgehen, dass in solchen Fällen symbolische Fragen zur Entscheidung anstehen, nicht die so genannten Sachfragen der Politik.

Es gibt nach alledem gute Gründe, die Parteien als die eigentlichen Machtzentren der Gesetzgebung anzusprechen. Weithin wird aber in der Literatur auf die Vorstellung vom „eigentlichen Machtzentrum" der Gesetzgebung verzichtet (von Beyme 1997). Die Parteien haben zwar einen Einfluss, der weit über das Maß hinausgeht, den die Verfassung in Art. 21 GG vorsieht. Andererseits sind sie selbst starken Einflüssen ausgesetzt. Die Rede war schon von den Interessen, Bedürfnissen und Begierden der Wähler. Dabei geht es nicht um spezifische Wählerinteressen, -bedürfnisse und -begierden, wenn es solche denn überhaupt gibt. Der Wähler ist ein durch Verfassung und Gesetze geprägtes Handlungsmuster, das sich der Einzelne kurzfristig zu Zeiten von Wahlen und Abstimmungen zu Eigen macht und in das er ebenso kurzfristig diejenigen Interessen, Bedürfnisse und Begierden einbringt, die ihm im Leben gerade wichtig geworden sind, soweit sie denn politischer Gestaltung zugänglich sind. Diese Interessen verfolgen manche nach vollzogener Wahl weiter, entweder auf eigene Faust und für sich allein oder in mehr oder weniger ad hoc und spontan gebildeten Vereinigungen. Häufig treten in diesem Zusammenhang Bürgerinitiativen und Bürgerbewegungen auf. Man kann seine Interessen über die relativ seltenen Gelegenheiten von Wahlen und Abstimmungen hinaus auch weiterverfolgen durch die Mitgliedschaft in Interessenverbänden, wozu hier sowohl Vertretungen materieller als auch ideeller Interessen gezählt werden. Man kann also mitwirken in Wirtschaftsverbänden, Gewerkschaften, Berufs- und sonstigen Statusverbänden, in den Kirchen und in sog. „ideellen Förderverbänden", die sich der Förderung der Natur oder der Umwelt widmen oder auch der Vertretung von Menschen, die sich selbst nicht vertreten können. Vom direkten Umgang mit dem Wahlvolk nach vollzogener Wahl entlastet, stehen die Parteien im Prozess der Gesetzgebung dauerhaft unter dem Einfluss von Verbänden und Bewegungen bzw. von deren Funktionären und Lobbyisten. So sind die Parteien am besten zu beschreiben als rechtlich herausgehobener Bestandteil eines Verbundsystems von Politik-Interessenten, deren gemeinsamer Nenner das Interesse an der Nutzung der vom Staat verkörperten Macht darstellt (von Beyme 1997).

3.3   Das Parlament als „Organ der Gesetzgebung"

Nach den Vorstellungen der Verfassung soll das Parlament das Zentrum der Gesetzgebung sein – als „Organ des Volkes". Gesetze werden nach Art. 77 GG „vom Bundestag beschlossen". Eventuell muss ihnen der Bundesrat noch zustimmen (Art. 78 GG). Damit sollen die Bundesländer ins Spiel kommen, repräsentiert durch Vertreter der Landesregierungen, nicht der Landesparlamente. Tatsächlich kommen dadurch, wie schon erwähnt, in politisch umstrittenen Fragen erneut die Parteien bzw. sonstige Interessenten des Verbundsystems ins Spiel.

Die Diskrepanz zwischen den verfassungsrechtlichen Vorgaben und der politischen Praxis der Gesetzgebung markieren Politikwissenschaft und politische Soziologie mit dem Gegensatz zwischen dem „formellen" und dem „materiellen" oder zwischen dem „formellen" und dem „wahren" Gesetzgeber. Zur Ermittlung des „wahren" Gesetzgebers sind empirische Studien angestellt worden, deren Problem vor allem darin liegt, den „wahren" Gesetzgeber auch dann aufzuspüren, wenn er „im Schatten" agiert. Auf Einzelheiten kann hier nicht eingegangen werden. Der Ertrag der Studien lässt sich jedenfalls dahin zusammenfassen, dass politisches Handeln bei der Herstellung des Rechts nur bedingt den verfassungsrechtlichen Vorgaben folgt. Es geht eigene Wege und folgt dabei eigenen Regeln.

Den formell stärksten und materiell geringsten Anteil am Zustandekommen eines Gesetzes hat das Parlament. Das war der Ertrag der ersten größeren empirischen Untersuchung zur Gesetzesentstehung in Deutschland nach 1945

(Stammer u. a. 1965). In jüngeren Studien sieht es nicht anders aus (Zusammenfassung bei von Beyme 1997). Die Frage nach dem „wahren" Gesetzgeber wird inzwischen gern mit Hilfe des „Netzwerk-Konzepts" beantwortet. Als „Haupt-Akteure" im Netzwerk der Gesetzgebung werden verschiedene Institutionen benannt. Das sind neben dem Parlament mit seinen Fraktionen die Parteien, Interessengruppen, die Verwaltung, die Länder sowie, etwas zurückgesetzt, die Wissenschaft und die Medien. Statt auf die Institutionen kann man auch auf die in und für diese(n) tätigen Akteure abstellen. Dann ist etwa von den die Institutionen repräsentierenden „Macht-Eliten" die Rede (von Beyme 1997: 11 f.). Beim Blick auf die Akteure werden auch die Mehrfachmitgliedschaften einzelner Akteure deutlich, von denen gerade die Rede war. Wenn der relativ größte Einfluss auf die Gesetzgebung den Parteien und ihren Fraktionen zuerkannt wird, dann sind es konkret die Parteien, die jeweils die parlamentarische Mehrheit bilden und so zugleich die Regierung stellen und stützen. Als „Regierungsparteien" verklammern sie Regierung und Parlament und höhlen damit das Prinzip der Gewaltenteilung aus. Gewaltenteilung ist als ein wichtiges Staats-Strukturprinzip in Art. 20 Abs. 2 GG verankert (dazu bereits 1.1.). Es sieht eine strenge Trennung der Funktionen der Gesetzgebung, der Rechtsprechung und von Regierung und Verwaltung vor, die jeweils eigenständigen „Organen" zugewiesen werden, die sich auch untereinander kontrollieren sollen. Das Parlament stützt aber die Regierung, statt sie zu kontrollieren. Dafür sorgen die Regierungsparteien mit Hilfe ihrer Fraktionen. Zugleich sorgen sie dafür, dass die Kontrolle der Verwaltung durch das Parlament leer läuft. Regelmäßig veröffentlichen die zur Kontrolle der Verwaltung eingesetzten parlamentarischen Untersuchungsausschüsse inzwischen Mehrheits- und Minderheitsberichte als Abschlussberichte, die sich in ihren Tendenzen wechselseitig relativieren. Auch auf die Rechtsprechung suchen die Parteien Einfluss zu nehmen, indem sie auf Richterkarrieren Einfluss nehmen. So sprechen Rechtswissenschaftler im Hinblick auf die Staatsstruktur inzwischen lieber von „Gewaltenverschränkung" statt von Gewaltenteilung (Schneider 1989).

Über Doppelmitgliedschaften in Parteien und Verbänden und über materiell und/oder ideologisch bedingte Nähe zwischen Parteien und Verbänden können, wie gerade erwähnt, zugleich *Verbandsinteressen* von den Parteien transportiert werden. Nimmt man als Beobachtung noch hinzu die „Verflechtungen der Parteien in alle Ebenen des gesellschaftlichen Lebens hinein" und die Abhängigkeit vieler Karrieren im staatlichen und öffentlichen Raum von der Parteizugehörigkeit (Hennis 1998: 19), dann drängt es sich auf, den Staat der Bundesrepublik Deutschland geradezu als „Parteienstaat" zu bezeichnen (Hennis 1998; Ipsen 2003: 50 f.). Dafür wird als weiterer Beleg oft auch die Verwandlung der durch

Art. 38 Abs. 1 S. 2 GG vorgesehenen Unabhängigkeit der Abgeordneten in das an die Parteilinie gebundene Mandat angeführt.

Mit der Kennzeichnung des Staates als „Parteienstaat" wird das Netzwerk-Konzept verlassen, das seine Fruchtbarkeit im Forschungszusammenhang gerade der Tatsache verdankt, dass die Vorstellung eines Macht*zentrums* aufgegeben wurde. Ob aber mit dem Netzwerk-Konzept oder mit der Vorstellung vom Machtzentrum gearbeitet wird: dem Parlament jedenfalls lässt sich, soweit es um Ziele und Inhalte von Gesetzen geht, ein Vorrang im Gesetzgebungsprozess nicht zuerkennen. Stattdessen werden ihm in materieller Hinsicht „symbolische Funktionen" zugesprochen: es mache die „Einheit in der Vielfalt der Gesellschaft" symbolisch sichtbar (von Beyme 1997: 359). Max Weber hat für das Parlament vor allem die Funktion der „Führerauslese" gesehen (Weber 1921: 126 ff.). Jedenfalls „macht" das Parlament die Regierung. Seine Mehrheitsfraktion sanktioniert die Bildung der Regierung und hält sie im Amt. Für Luhmann schließlich, der die parlamentarische Praxis unter Verfahrensgesichtspunkten thematisiert hat, liegt die Funktion dieser Praxis darin, bei den Adressaten des parlamentarisch verabschiedeten Gesetzes Befolgungsbereitschaft herzustellen. Dies ist eine prekäre Aufgabe, weil die Befolgungsbereitschaft darauf eingestellt werden muss, dass die Geltungsdauer des Gesetzes unter Umständen kurz ist und dass demnächst Befolgungsbereitschaft gegenüber einem anderen Gesetz benötigt wird. Für Luhmann erfüllt die parlamentarische Praxis ihre Aufgabe, indem sie in Beratungen und Abstimmungen eine mehr oder weniger breite Varianz von Regelungsmöglichkeiten deutlich macht – in Luhmanns Sprache: die „Kontingenz" der Regeln. Damit werde zugleich die *bedingte Beliebigkeit* der Verabschiedung deutlich. So vermittele die parlamentarische Praxis schließlich beim Publikum „Apathie" und „Ignoranz" als Basis jener bedingten und befristeten Befolgungsbereitschaft, auf die es nach Luhmann in Zeiten ständiger Gesetzesänderungen ankommt (Luhmann 1969).

3.4   Programm und Praxis der Herstellung von Recht im Einzelnen

Das Grundgesetz sieht die Herstellung von Recht als eine Aufgabe, die, weil sie eine politische Aufgabe darstellt, dem Parlament als Repräsentant des Volkswillens vorbehalten sein soll. Nur diesem Organ ist die Aufgabe zugedacht, den politischen Willen zu formieren und in den Willen des Staates zu transformieren. Der Wille des Staates, der als Staatsgewalt gegenüber dem Volk sich äußert, soll durch die Rückführung auf den Willen des Volkes kontrolliert und legitimiert werden. Das äußert sich im Einzelnen im Parlamentsvorbehalt, im Gewaltenteilungsprinzip, im Gesetzesvorbehalt und in der Gesetzesbindung ebenso wie in den Schranken, die der Gesetzesdelegation durch Art. 80 Abs. 1 GG gezogen sind (Lepsius 1999). Das bedeutet zugleich, dass den anderen Staatsorganen diese Aufgabe der Transformierung des politischen Willens vom Volks- zum Staatswillen *vorenthalten* sein soll. Die anderen Staatsorgane, also Regierung, Verwaltung und Rechtsprechung, sind stattdessen auf den *staatlichen Willen* bezogen, wie er im Gesetzgebungsprozess schließlich aus dem politischen Kampf und Streit hervorgegangen ist. Sie sollen den *staatlichen Willen* repräsentieren und verwirklichen, und zwar so, wie er durch das Parlament in Form gebracht worden ist.

Dieses mit Verfassungsrang ausgestattete Konzept der Herstellung von Recht verliert in der Praxis der Herstellung von Recht immer mehr an Bedeutung. Die Herstellung der Gesetze entgleitet dem Parlament in materieller Hinsicht immer mehr. Das Konzept verliert auch dadurch an Bedeutung, dass die Herstellung von Recht auf unter-gesetzlicher Ebene zunimmt und dass die Gerichte sich immer großzügiger zur Schaffung von Recht selbst ermächtigen. Immer häufiger wird auch private Rechtssetzung in den Kontext staatlichen Rechts einbezogen. Längst entwickelt sich schließlich eine Praxis des staatlichen Willens und der staatlichen Gewalt, die sich vom Gesetz löst und auf sich selbst stellt; das auffälligste Beispiel ist die Informationspolitik. So gibt es inzwischen neben der Staatsgewalt von Gesetzes wegen, also der zwar nicht *vom*, *aber* doch *im* Parlament formierten Staatsgewalt, mit wachsendem Anteil eine Staatsgewalt von Rechts wegen, also eine von der Exekutive im Wege von Verordnungen formierte Staatsgewalt, ferner eine Staatsgewalt von Gerichts wegen, also die von Gerichten im Wege der Rechtsschöpfung formierte Staatsgewalt, und schließlich eine Staatsgewalt, deren Äußerung sich weder über das Gesetz noch über das Verordnungsrecht noch über Richterrecht vermittelt, sondern über andere Medien, vor allem über Information und Geld. Dieses Misch-Konzept verkörpert die Praxis des demokratischen Rechtsstaats und der parlamentarischen Demokratie, und dies immer weniger als Ausnahme und immer mehr als Dauerzustand. Die Abweichungen der Praxis von den Prinzipien des demokratischen Rechtsstaats und der parlamentarischen Demokratie werden, soweit sie überhaupt noch ernsthaft diskutiert werden, vor allem mit „Krisenerscheinungen" in Wirtschaft und Gesellschaft begründet, denen staatliches Handeln als „Krisen-Management zur gesamten Hand" gegenübertreten müsse. Im politisch-rhetorischen Dauergebrauch ist das Krisen-Konzept allerdings inzwischen zur Leerformel vernutzt worden. Seine eigentliche Funktion ist nicht die Beschreibung tatsächlicher Verhältnisse, sondern die Legitimierung der Lockerung verfassungsrechtlicher Restriktionen und Kontrollen der Politik und des Machtgebrauchs.

Die Herstellung des Rechts durch die Exekutive

Recht auf unter-parlamentarischer Ebene stellen vor allem die durch die Exekutive erlassenen Rechtsverordnungen dar. Allgemein bekannte Beispiele sind etwa die Straßenverkehrsordnung (StVO) oder die Straßenverkehrszulassungsordnung (StVZO). Ihre parlamentarische Basis ist § 6 Straßenverkehrsgesetz (StVG). Weil Rechtsverordnungen verstanden werden als eine Rechtssetzung, die auf einer Delegation durch das Parlament beruht, werden sie dem materiellen Gesetzesbegriff unterstellt. Sie haben Gesetzeskraft, obwohl sie formell vom Gesetz unterschieden sind. Sind sie aber im materiellen Sinne Gesetze, dann ist ihre Herstellung eine politische Handlung. Rechtsverordnungen beruhen darauf, dass der politische Wille nur zum Teil durch das parlamentarische Gesetz zum staatlichen Willen transformiert wird. Zum anderen Teil soll der politische Wille dann in der Form der Rechtsverordnung in den staatlichen Willen transformiert werden. Nach dem Konzept der parlamentarischen Demokratie kann eine solche Transformation nur in engen Grenzen statthaft sein. Sie darf nicht dazu führen, dass die Exekutive bei dieser Gelegenheit auf eigene Faust selbst Politik macht. Deshalb soll sie eng gebunden sein an den staatlichen Willen, wie er im Gesetz verkörpert ist. Diese Bindung der Exekutive soll durch Art. 80 Abs. 1 GG gesichert werden. Art. 80 Abs. 1 GG bestimmt, dass bei der parlamentarischen Ermächtigung der Verwaltung zur Rechtssetzung „Inhalt, Zweck und Ausmaß der erteilten Ermächtigung im Gesetze bestimmt werden" sollen (Art. 80 Abs. 1 S. 2 GG). Die Ermächtigungspraxis des Gesetzgebers entspricht dieser Vorgabe nur selten. Sie ist deutlich durch die Tendenz bestimmt, Inhalt, Zweck und Ausmaß der Ermächtigung möglichst unbestimmt zu lassen. Dem ist das Bundesverfassungsgericht in Verfahren, die auf die verfassungsrechtliche Kontrolle einzelner Rechtsverordnungen zielten, weit entgegengekommen. Wenn es in einem Staatsrechtslehrbuch dazu heißt, das Bundesverfassungsgericht habe „die Anforderungen an die Bestimmtheit nicht überspannt" (Ipsen 2003: 218), so ist das ein Euphemismus. Je unbestimmter aber die Bestimmungen sind, durch die das Parlament die Exekutive zur Rechtssetzung ermächtigt, desto größer wird der politische Spielraum der Exekutive. Das wiederholt sich auf der Ebene des Gesetzesvollzugs. Je *unbestimmter* die *Rechtsbegriffe* des Verwaltungsrechts sind und je großzügiger die Gesetze ihre Ausführung dem *Ermessen* der Verwaltung anheim geben, umso mehr Gewicht bekommt das *politische Kalkül* der Exekutive (Faber 1995: 3 ff.).

In der Praxis ist es inzwischen zu einem deutlichen Übergewicht des Rechtsverordnungsrechts gegenüber dem Gesetzesrecht gekommen (Faber 1995: 351; Ipsen 2003: 217). Die Entwicklung „weg vom Gesetz und hin zur Rechtsverordnung" wird auf unterschiedliche Weise regelungs*technisch* erklärt.

Mit Hilfe von Verordnungen könnten, so heißt es, Detailregelungen getroffen werden, „für die das komplizierte parlamentarische Gesetzgebungsverfahren nicht recht sinnvoll wäre" (Faber 1995: 351). Rechtsverordnungen ließen sich auch wesentlich leichter und schneller ändern als Gesetze, so dass die Anpassung des Rechts an diese oder jene Veränderung über Rechtsverordnungen wesentlich rascher erfolgen könne als mit Hilfe von Gesetzen (Faber, ebd.). Zur Illustration wird vor allem auf das „Technikrecht" verwiesen, mit dessen Hilfe ein Gebiet reguliert werden soll, das besonders schnellem Wandel unterliege. Für seine Kontrolle sei ein Spezialwissen erforderlich, über das der Gesetzgeber nicht verfüge und das zudem selbst von schneller Veränderung geprägt sei. Teils müsse das erforderliche Spezialwissen im Prozess der Technikanwendung überhaupt erst generiert werden. Deshalb könne jedenfalls nicht das Parlament der Ort sein, an dem der politische Wille in praktisch relevanter Weise in den Staatswillen überführt werden könne. So habe sich, so heißt es in der juristischen Literatur weiter, im Hinblick auf die Regulierung von Naturwissenschaft und Technik „ein Kondominium von Parlament und Exekutive" entwickelt, das „verfassungstheoretisch hinzunehmen" sei einschließlich der Weitergabe der Rechtssetzungsbefugnis auf noch „darunter liegende Normsetzungsebenen" (Ossenbühl 2000: 34 f.). Damit werden die Vorgaben des Verfassungsrechts für die Herstellung des Rechts zugunsten von dem, was als „Erfordernisse der Praxis" oder als „Zwänge der Praxis" gilt, zurückgestellt und aufgeweicht mit der Folge eines weiteren erheblichen Bedeutungsverlusts des Parlaments.

Die Beteiligung Privater an der Herstellung von Recht

Nach § 35 h, Abs. 3 StVZO besteht für Kraftfahrzeuge mit einer Höchstgeschwindigkeit von mehr als 6 km/h die Pflicht, Erste-Hilfe-Material mitzuführen, „das nach Art, Menge und Beschaffenheit mindestens dem Normblatt DIN 13164 Ausgabe Januar 1998 entspricht". Auf diese Weise wird privat gesetztes Recht in das staatliche Recht inkorporiert, und wer Erste-Hilfe-Material mitführt, das der DIN-Norm nicht entspricht, muss für diese Verletzung privat gesetzten Rechts mit Bestrafung rechnen. DIN-Normen werden erlassen vom Deutschen Institut für Normung, einem eingetragenen Verein (e. V.), der als eine Art Selbsthilfeeinrichtung der Wirtschaft Normen aufstellt, die vor allem der Rationalisierung der Produktion und des Vertriebs von Gütern dienen sollen. Mitglieder können Unternehmen und Privatpersonen werden. Im Präsidium, dem wichtigsten Organ, machen Vertreter der Wirtschaft, insbesondere der Industrie, mehr als die Hälfte der Mitglieder aus. Vertreter der Bürokratie des Bundes und der Länder sind zu etwa einem Drittel beteiligt. Die Normierungs-

arbeit erfolgt in Ausschüssen, in denen vor allem diejenigen mitarbeiten, die am
Ergebnis der Normierung inhaltlich interessiert sind. Die Normen werden durch
den Beuth-Verlag veröffentlicht und vertrieben (Hesse 1994: 31 ff.).

Am Beispiel der DIN-Normen für das Erste-Hilfe-Material wird deutlich,
dass es bei der Herstellung von Recht inzwischen nicht nur, wie es Verfassungs-
rechtstheorie beschreibt, zu einem „Kondominium von Parlament und Exekutive" gekommen ist, sondern vielfach darüber hinaus zu einem Kondominium von
Parlament, Exekutive und privaten Normsetzern. Dabei ist der konkrete Anteil
des Parlaments minimal. Vom Inhalt der DIN-Normen weiß das die Exekutive
zu eigener Rechtsetzung ermächtigende Parlament nichts. Die juristische Konstruktion hilft sich mit der Erwägung, das Parlament habe den Inhalt jedenfalls
kennen können; so habe es den Inhalt in seinen Willen „aufgenommen". Das
Parlament hat aber nur den Inhalt „kennen können", der zum Zeitpunkt der
gesetzlichen Ermächtigung bekannt war. Der Inhalt der DIN-Normen ist in der
Zeit variabel, und die Verweisungstechnik des DIN-Instituts weist diese Dynamik nur unvollkommen aus. So gibt es DIN-Normen, die ausdrücklich mit Ausgabedatum versehen sind. Wenn sie, wie in unserem Beispiel, geändert werden,
dann muss auch die Rechtsverordnung, in die sie Eingang gefunden haben,
geändert werden. Es gibt aber auch DIN-Normen, die nicht mit Ausgabedatum
versehen sind. Die DIN-Norm 13164 Ausgabe Januar 1998 verweist auf eine
Vielzahl anderer DIN-Normen, die teils ohne Ausgabedatum veröffentlicht sind.
Wenn solche DIN-Normen geändert werden, dann müssen die Bezug nehmen-
den Normen nicht geändert werden. Dann bricht die Vorstellung vom Kennen-
Können und In-Den-Willen-Aufnehmen endgültig zusammen. Es handelt sich
bei den verfassungsrechtlichen Konstruktionen, die dazu dienen, alles Recht auf
den politischen Willen des Parlaments zurückzuführen, um Fiktionen, die der
Aufrechterhaltung verfassungsrechtlicher Gebote dienen sollen und die zu diesem Zweck die Herstellung des Rechts verfälschen. In Wirklichkeit handelt es
sich in dem geschilderten Fall um ein Kondominium von Bürokratie-, Unter-
nehmens- und Verbandsvertretern, an dem das Parlament praktisch nicht beteiligt ist. So verhält es sich nicht nur in diesem Fall, sondern in einer Fülle von
Fällen, in denen das Parlament die Exekutive zur Rechtsetzung ermächtigt und
in denen die Exekutive sodann die Rechtsetzung nicht selbst vornimmt, sondern stattdessen auf privat gesetztes Recht verweist. Und wie im Falle der Erste-
Hilfe-Normierung so wird auch sonst im Kondominium von Exekutive und
privaten Interessenten viel Raum frei für die Aktivierung partikularer Interessen
und für politische Absichten der Exekutive und anderer Interessenten aus dem
Verbundsystem.

Richterrecht

Der politische Wille soll sich auf kontrollierte Weise im Gesetz materialisieren; darin soll er sich zugleich erschöpfen. Mit der Verabschiedung eines Gesetzes wird der politische Wille zum Staatswillen, den *auszuführen* Aufgabe der Exekutive und der Rechtsprechung sein soll.

Der Gesetz gewordene Staatswille ist zu „reiner" Ausführung immer weniger geeignet. Das gilt für das Verordnungsrecht kaum weniger als für das formelle Gesetz, obwohl dem Verordnungsrecht eigentlich ausdrücklich die Konkretisierung des formellen Gesetzes aufgegeben ist. Das moderne Gesetz ist unter anderem dadurch gekennzeichnet, dass es lückenhaft und unpräzise ist, voll von ausfüllungsbedürftigen Begriffen und Klauseln. Der politische Wille äußert sich nur unvollkommen im Gesetz, oft nur probeweise, nur auf Zeit und als „Experiment" gedacht. Oft hält er sich geradezu befristet aus der Gesetzgebung heraus und lässt den Richtern den Vortritt bei der rechtlichen Regulierung. Das hat vielfältige Gründe, auf die jetzt nicht einzugehen ist. Hier geht es um die Folgen. Eine Konsequenz ist, dass Richter, die entscheiden *müssen*, wenn ihnen ein Fall vorgelegt wird, und die dazu *das Recht* anwenden müssen und nicht auf Moral, Religion oder auf praktische Vernunft ausweichen dürfen, das anzuwendende Recht selbst herstellen, wenn es ihnen in Form von „passenden" Gesetzen nicht zur Verfügung steht. So wird inzwischen auch von Vertretern der Rechtstheorie oder des Verfassungsrechts die Existenz von Richterrecht als Rechtsquelle eigener Art anerkannt. Das geschieht allerdings mit mancherlei Kautelen, die darauf Bedacht nehmen, dass in den im Grundgesetz verankerten Prinzipien, die die parlamentarische Demokratie konstituieren, Richterrecht als eigene Rechtsquelle eigentlich nicht vorgesehen ist. Die Rechtssoziologie ist durch solche Rücksichten nicht gebunden. Sie hat keine Schwierigkeiten, Richter und Gerichte bei der Herstellung von Recht zu beobachten und festzustellen, dass das Richterrecht sich aktuell erheblich ausdehnt (Röhl 1987: 564 f.; Raiser 1999a: 292 f.; Luhmann 1993: 304 f., 314 f., 525). Dabei formuliert Luhmann im Rahmen seiner systemtheoretischen Orientierung die Annahme, die „Beherrschung des Rechtssystems durch das politische System" *beim Erlass* von Gesetzen habe zur Stabilisierung des Rechtssystems gegen das politische System *bei der Rechtsanwendung und bei der Rechtsprechung* geführt (Luhmann 1993: 420). Das mag in der Theorie richtig sein, findet in der Praxis aber wenig Anhalt. Jedenfalls ist die Praxis der Rechtsprechung als Herstellung von Recht zumindest in den sog. „hard cases", also den Fällen, für die es an einem Routineprogramm fehlt, nur als eine *politische* Praxis rekonstruierbar. In Einzelheiten wird dies später darzulegen sein (5. und 7.).

Politik, die sich im Rahmen der Rechtsprechung auswirkt, muss nicht notwendig als eine Verlängerung der Politik des Parlaments gedacht werden. Auf das Parlament kommt es bei der politischen Formierung des Staatswillens materiell ohnehin nicht sonderlich an. Viel entscheidender sind die politischen Vorstellungen der Parteien und der Regierung und eventuell die darüber vermittelten Vorhaben anderer Interessenten. Auf unterschiedliche Weise kämpfen die Agenten des politischen Willens um Einfluss auf die als Rechtsquelle fungierende Rechtsprechung. Der Einfluss ist in Einstellungs- und Beförderungspraktiken der Justizbürokratie relativ gut beobachtbar. Gut lässt er sich auch an den Ergebnissen politischer Prozesse ablesen, so etwa in der Weimarer Zeit, als die Gegner der Demokratie auf dem linken Flügel wesentlich schärfer verfolgt wurden als die auf dem rechten Flügel. Die Schlussfolgerung, die Weber seinerzeit zog, ist nicht auf seine Zeit begrenzt. Richter fallen, das wurde schon im Zusammenhang der Frage nach der künftigen Rechtsentwicklung zitiert (Kap. 2 am Ende), „viel stärker als je früher in die Waagschale der `Ordnung´ und das heißt praktisch: der jeweils herrschenden `legitimen´ politischen Gewalten" (Weber 1922c: 502). So werden sie einbezogen in den politischen Prozess der Herstellung des Rechts, der nicht zu verstehen ist, wenn man den parteipolitischen Anteil der Parteien, der Regierung und anderer Politik-Interessenten daran wegdenkt. Man muss allerdings, um das Weber-Zitat im „Hier und Heute" fruchtbar zu machen, den Begriff der Ordnung neu fassen (dazu unter 4.5. am Ende).

Die Praktizierung der Staatsgewalt als „reine Funktionserfüllung"

Dass Politik, die sich als Staatsgewalt äußert, jedenfalls dann über das parlamentarische Gesetz vermittelt werden müsse, wenn sie zu Eingriffen in die Freiheitssphäre des Bürgers und in geschützte Güter führt oder führen kann, gehört zu den Grundprinzipien des rechtsstaatlichen Programms. Für die staatliche Informationspolitik fehlt es bisher an einer gesetzlichen Grundlage. Tatsächlich hat sie einen erheblichen Stellenwert, was längst dazu geführt hat, dass auf Informationspolitik spezialisierte Ämter und Stellen ausdifferenziert sind, vom Bundespresseamt bis zu Beauftragten für Öffentlichkeitsarbeit und Pressesprechern in einzelnen Ämtern und Gerichten. Gegenüber einer als „Wissens-Gesellschaft" verstandenen Gesellschaft kann die Bedeutung der Informationspolitik nur noch zunehmen.

Die Verwaltungsrechtslehre ordnet die Informationspolitik bisher dem sog. „informalen" oder „schlichten" Verwaltungshandeln zu. Die Terminologie ist uneinheitlich. Einheitlich dagegen ist inzwischen die Tendenz, den Sonderstatus des „schlichten Verwaltungshandelns" zu beenden und rechtsstaatliche Prinzipien auch gegenüber der Informationspolitik der öffentlichen Hand in Geltung zu bringen. Für die Rechtsprechung dagegen stellt die Informationspolitik bislang eine Rechtsstaats-Exklave dar. In aufsehenerregenden Entscheidungen hat das Bundesverwaltungsgericht den Sonderstatus der Informationspolitik zu begründen gesucht (BVerwGE 87, 37 ff.; E 90, 112 ff.). Das Bundesverfassungsgericht hat sich dem angeschlossen (BVerfG JZ 2003, 307 ff.; 310 ff.). Informationspolitik bedarf danach keiner gesetzlichen Grundlage. Staatliche Informationen, Warnungen, Belehrungen etc. sind danach, auch wenn sie zu Freiheitsbeeinträchtigungen bei einzelnen Bürgern und zu Verletzungen ihrer geschützten Interessen führen, grundsätzlich ohne eine gesetzliche Grundlage gerechtfertigt. Die Berechtigung, so heißt es, folge aus der Zuständigkeit der Regierung zur Staatsleitung und aus ihrer Befugnis, Öffentlichkeitsarbeit überall da zu betreiben, „wo ihr eine gesamtstaatliche Verantwortung zukommt". Insbesondere „Krisenerscheinungen in Wirtschaft und Gesellschaft" rufen nach Auffassung der höchsten Gerichte danach, Informationspolitik und Öffentlichkeitsarbeit als Krisen-Management zu betreiben. Greift solcherart staatliche Praxis in Freiheiten und geschützte Interessen ein, so findet demgegenüber verwaltungsrechtlicher Rechtsschutz nicht statt. Nur auf Verfassungsverstöße darf Informationspolitik gerichtlich kontrolliert werden. So ist durch richterrechtliche Konstruktionen ein Teil der Staatstätigkeit und der Äußerung staatlicher Gewalt der parlamentarischen Kontrolle und Legitimation sowie der darauf gegründeten gerichtlichen Kontrolle entzogen worden. Mit den pragmatischen Begründungen, die dazu geliefert werden, bildet diese Rechtsprechung ein Paradebeispiel für die Einschätzung des politischen Charakters des Richterrechts, die am Ende des letzten Abschnitts formuliert worden ist.

3.5   Die Wechselwirkung von Politik und Recht

Das Verhältnis von Politik und Recht ist hier beispielhaft an der Recht*sentstehung* behandelt worden. Rechtsentstehung erweist sich als ein vom Recht nur schwach kontrollierter politischer Vorgang. Der Primat liegt bei den Politik-Interessenten, nicht beim Recht. Auch die Recht*sanwendung* ist keine Frage allein des Rechts. Luhmanns bereits zitierte These, die Vorherrschaft der Politik bei der Rechtsentstehung habe zur Stabilisierung des Rechtssystems bei Rechtsanwendung und Rechtsprechung geführt, lässt sich nur vordergründig an unterschiedlicher Codierung und unterschiedlichem Umgang mit Alternativen demonstrieren (Luhmann 1993: 420 ff.). Stellt man auf die Akteure ab, so kommt zwar über die den Staatsdienst ausführenden Professionen, in Deutschland vor allem die juristische Profession samt den dazugehörigen Semi-Professionen, ein eigenständiger Faktor ins Spiel. Wie gewichtig er ist, hängt von vielen Umständen ab, unter anderem davon, wieweit die Berufskultur die Eigensinnigkeit professionellen Umgangs mit dem Recht betont und wieweit das Recht auf einen eigensinnigen Umgang zugeschnitten ist. Die Vorherrschaft formaler Rationalität war in beiderlei Hinsicht der Eigensinnigkeit förderlich. Durch die längst vollzogene und inzwischen immer weitergetriebene Kehre zur Materialisierung wird die Eigensinnigkeit professionellen Umgangs mit dem Recht massiv geschwächt. Das aktuelle Recht fordert den anwendenden Juristen auf vielfältige Weise zu *wertender* Interpretation auf. In immer neuen Wendungen der Rechtsprechung der oberen Gerichte wird die *Wertungsabhängigkeit* von Rechtsprechung und Rechtsanwendung laufend demonstriert. Das Tor für die Politisierung des Rechts ist damit auch im Rahmen der Rechtsanwendung und der Rechtsprechung weit geöffnet. „Insofern droht auf der Rechtsanwendungsebene eine neuartige Vermischung der Funktionsbereiche von Recht und Politik, für die überzeugende Lösungen derzeit noch nicht sichtbar sind" (Grimm 2001: 32). Die Vermischung „droht" nicht; sie ist längst Praxis. Sie ist auch nicht „neuartig". Sie ist eine Rückentwicklung zu Verhältnissen, die der Rechtsstaat zu korrigieren gedacht war.

Weiterführende Literatur:

Von Beyme, Klaus 1997; Voigt, Rüdiger (Hg.) 1986; Voigt, Rüdiger 2000.

4   Recht und Staat

Der Staat spielt in der aktuellen Rechtssoziologie keine besondere Rolle. In den Sachregistern der gängigen Lehrbücher taucht er entweder gar nicht (Raiser 1999a; Rottleuthner 1987; Rehbinder 2003) oder nur am Rande (Röhl 1987) auf. Nur Luhmann macht eine Ausnahme. Er behandelt den Staat im Rahmen seiner Rechtssoziologie vielfach, wobei er ihn im systemtheoretischen Kontext als „Formel für die Selbstbeschreibung des politischen Systems der Gesellschaft" bezeichnet (Luhmann 1994b: 78; im Original gesperrt; ähnlich Luhmann 1994a: 73). Auf jeden Fall muss Luhmann im Zusammenhang seiner Theoriebildung Wert darauf legen, dass der Staat „seine Realität (...) nicht, wie bei Max Weber, im Bewusstsein des Einzelmenschen (hat)", sondern in „Kommunikationen": „ein politisches System beschreibt sich selbst als Staat, wenn Kommunikationen, die diese Formel verwenden, als verstehbar eingeschätzt und verstanden werden (was immer konkret im Bewusstsein des Einzelnen dabei abläuft)" (Luhmann 1994b: 78). In seinem rechtssoziologischen Hauptwerk wird Luhmann bei Gelegenheit konkreter. So heißt es von Staaten, sie seien „politische Systeme, die sich auf die staatliche Organisation kollektiv-bindender Entscheidungen spezialisieren" (Luhmann 1993: 582). Das ist insofern unglücklich formuliert, als der zu definierende Begriff „Staat" in der Definition mit dem Wort „staatlich" wieder auftaucht, ist aber jedenfalls insofern inhaltlich konkreter, als der Staat auf *politische Entscheidungen* bezogen wird und auf die Sorge um deren *kollektive Verbindlichkeit*. Das lässt sich an die handlungstheoretisch orientierte Formel anschließen, die ich oben (1.5.) erstmals angeführt und seitdem mehrfach erprobt habe. Danach ist der Staat in dem mit „Hier und Heute" begrenzten Bereich als eine politische Veranstaltung anzusehen, die von Politikern repräsentiert wird, insbesondere von denen, die die Spitzenpositionen der Regierung einnehmen. Mit Hilfe des Staates können sie partikular präferierte Aufgaben und Ziele universell verbindlich machen. Dazu werden die Aufgaben in der Regel rechtlich verfasst. So wächst ihnen zumindest bei den Angehörigen der öffentlichen (Rechts)-Stäbe eine gesteigerte Durchsetzungschance zu. Dass der Staat ihnen und vor allem dem allgemeinen Publikum gegenüber auch noch andere Medien nutzt, um den Verbindlichkeitsanspruch durchzusetzen – vor allem Geld und Kommunikation –, ist bereits mehrfach erwähnt worden und wird hier erneut in Erinnerung gerufen.

4.1   Der Staat als politische Veranstaltung

Wenn Politiker miteinander kämpfen – sie kämpfen in Deutschland immer miteinander, weil nahezu pausenlos Bundestags- und Landtagswahlen anstehen, bei denen sie sich vor dem Wahlvolk profilieren müssen; auch die Kommunalwahlen gehören jedenfalls tendenziell in diesen Zusammenhang –, so kämpfen sie um die Chance, Entscheidungen zu treffen, die von primären und sekundären Adressaten als verbindlich wahrgenommen werden (wie immer diese sich dann konkret verhalten). Die im „Hier und Heute" stärkste Chance, Entscheidungen universell verbindlich zu machen, ist an den Staat gebunden, vor allem an die staatliche Gesetzgebung. Aber auch die Entscheidungen von Behörden und von Gerichten haben im Prinzip, da sie von staatlichen Instanzen ausgehen, eine erhöhte Verbindlichkeitschance. So ist der politische Kampf als Kampf um den Staat ein Kampf um die Nutzung der staatlichen Gesetzgebung und um die Indienstnahme der staatlichen Apparate für politische Zwecke. Dabei geht das Interesse an den Apparaten Hand in Hand mit dem Interesse an der Nutzung von Stellen in den Apparaten und in sonstigen öffentlichen Einrichtungen für die Versorgung von Politikern. Der Staat ist für politisches Handeln primär – also vor dem Versorgungsinteresse: davon gehe ich für den Regelfall aus – interessant, weil sich mit seiner Hilfe partikular verfochtene Präferenzen für das Zusammenleben im Wege der Gesetzgebung und der Rechtsanwendung mit einem gesteigerten Verbindlichkeitsanspruch ausstatten lassen. Interessant ist er insbesondere deshalb, weil die staatlichen Apparate die Chance vermitteln, den Verbindlichkeitsanspruch politischer Entscheidungen gegenüber Betroffenen auch dann durchzusetzen, wenn diese die Entscheidung für falsch halten, zum Beispiel, weil sie ihren Interessen widerspricht. Diese handlungssoziologisch orientierte Charakterisierung des Staates stellt in erster Linie auf die Vermittlung des Staatswillens und der Staatsgewalt über das Medium Recht ab. Wenn man allerdings ausschließlich auf das Recht abstellt, verfehlt man bekanntlich ein gut Teil moderner Staatlichkeit. Deshalb muss man hinzufügen, dass der Staat für politisches Handeln mindestens ebenso interessant ist, wenn der staatliche Wille sich über Geld oder über Informationen oder über diese oder jene Form von Gewaltsamkeit vermittelt. Mit Hilfe des von Staats wegen verteilten Geldes erreicht der politische Wille seine Ziele oft leichter als über das Recht und die mit ihm verbundenen Sanktionen. Und Botschaften, die von staatlichen Organen ausgehen, treffen in Deutschland nach wie vor auf eine gesteigerte Glaubensbereitschaft.

Luhmann hat Wert darauf gelegt, seine Staatsdefinition von der Weberschen abzusetzen. Die hier zugrunde gelegte Charakterisierung des Staates dagegen liegt auf der Linie der Weberschen Konzeption. Aus den vielen Umschreibun-

gen, die Max Weber für den Staat getroffen hat, erwähne ich lediglich die bekannte Formel aus der Religionssoziologie: „Der `Staat´ ist derjenige Verband,
der das Monopol *legitimer Gewaltsamkeit* in Anspruch nimmt" (Weber 1922a:
547; gesperrt wie im Original). Sehr ähnlich lautet die nicht minder bekannte
Formel aus „Politik als Beruf": „Der Staat ist, (...), ein auf das Mittel der legitimen (d. h: als legitim angesehenen) Gewaltsamkeit gestütztes *Herrschaftsver-
hältnis von Menschen über Menschen*" (Weber 1921: 397; gesperrt wie im
Original). Ähnlich formuliert Theodor Geiger: „Der ‚Staat' ist per definitionem
ein Herrschafts-, d. h. aber: ein Machtgebilde" (Geiger 1964: 353). Wenn es bei
Webers ersterwähnter Formel auch heißt, anders sei der Staat nicht zu definie-
ren, so muss man zum besseren Verständnis aus seinen vielen sonstigen Um-
schreibungen mindestens noch hinzunehmen die Formel vom Staat als einem
umfassenden „sozialen Gebilde", dessen Spezifika darin bestehen, dass es ein
„perennierender" „autokephaler Zweckverband" ist (Weber 1922b: 424 ff.).
Damit wird der Staat als eine auf Dauer gestellte und selbstgeleitete, mit hand-
lungsfähigen Organen ausgestattete Vergesellschaftung zur Verfolgung von
Zwecken bezeichnet. Mit den Zwecken sind vor allem die im politischen Raum
zunächst partikular und kontrovers verfochtenen Ziele und Programme gemeint.
Ihnen wächst eine universale Durchsetzungschance zu, wenn sie zu staatlichen
Zwecken gemacht werden können. Von den Angehörigen der Bürokratie wird
dann programmatisch erwartet, dass sie sich für die Durchsetzung engagieren,
gleich, wieweit der Einzelne „innerlich" damit übereinstimmt. Loyalität gegenüber Partei- oder Verbandsprogrammen wird dadurch allerdings nicht automa-
tisch blockiert. Sie kann deshalb im Einzelfall die Durchsetzungsbereitschaft
tangieren. Diese kann außerdem dadurch tangiert werden, dass staatliche Büro-
kratien ihr Eigenleben entwickeln und eigene Zwecke verfolgen, sowie dadurch,
dass staatliches Handeln vielfach im Kontext einmal übernommener und auf
Dauer gestellter Aufgaben und Erwartungen steht, ohne nach Zwecken noch viel
zu fragen.

Der Staat fungiert als ein soziales Gebilde eigener Art im Bewusstsein von
Akteuren, die sich in ihren Aktionen auf ihn beziehen. Dabei ist er mehr als eine
„virtuelle Realität", wie an Luhmann orientierte Systemtheorie meint (Willke
1994: 16), mehr als „eine Idee, ein Modell eines Systems von sich selbst" (ebd.).
Vor allem von den Angehörigen der Bürokratie wird er als eine durch Zwecke,
Ressourcen und Durchsetzungsmittel bestimmte soziale Realität eigener Art
wahrgenommen. So wird er – in abgeschwächter Form und vielleicht nur punk-
tuell – auch vom Publikum wahrgenommen. Als soziales Gebilde eigener Art
steht der Staat in engem Verhältnis sowohl zur Politik als auch zum Recht, ohne
in dem einen oder dem anderen voll aufzugehen. Die Politik nutzt den Staat
instrumentell, aber sie ist nicht ausschließlich auf den Staat als Instrument zur

Verwirklichung ihrer Programme bezogen. Politisches Handeln bezieht sich instrumentell auf *alles*, was sich instrumentell nutzen lässt, also z. B. auch auf die Kunst, die Wissenschaft, die Religion oder die Massenmedien. Zugleich ist der Staat *mehr* als ein Instrument der Politik. Gerade weil er instrumentell auf die Bürger bezogen ist, ist er auch abhängig von den Durchsetzungschancen, die sie ihm gewähren, und von den Erwartungen, die sie an den Staat als Staat richten. Schließlich steht der Staat in Gesetzmäßigkeiten eigener Art, indem er sich auf sich selbst bezieht. So bezieht er sich auf seinen institutionellen Zusammenhang, auf die Routinen, in denen er sich eingerichtet hat, auf die Ressourcen, die ihm zur Verfügung stehen, auf die Geschichte, in der er steht, und auf die Verbindlichkeiten, die er in ihrem Verlauf eingegangen ist.

Als Herrschaftsinstrument der politischen Klasse ist der Staat über seine *Durchsetzungsfähigkeit* definiert. Für diese ist traditionell und aktuell das *staatliche Gewaltmonopol* zentral. Wenn es der Durchsetzung hilft, vermittelt staatliches Handeln sich aber auch über „Partizipation", über die Inszenierung von Kommunikation bis hin zu den berühmten „gewaltfreien Diskursen" und nicht zuletzt über Geld. Diese Wege jenseits des Gewaltmonopols bzw. „in seinem Schatten" werden pragmatisch mit höherer Effizienz und ideologisch mit der Notwendigkeit der Anpassung des Staates an die „demokratische Bürgergesellschaft" begründet.

Recht und Staat sind mithin nicht deckungsgleich. Zwar geht das Recht im Staat auf nach dem Rechtsverständnis, das oben entwickelt wurde (1.3.), aber der Staat geht nicht im Recht auf. Als ein soziales Gebilde wird er, wie jedes andere auch, nur zum Teil durch das Recht konstituiert. Im staatlichen Handeln konkretisiert sich vor allem der *politische Wille*, der sich des Staates jeweils gerade bemächtigt hat und ihn instrumentell nutzt. Eigentliche Basis für die Verwandlung des politischen Willens in konkretes staatliches Handeln sind die materiellen und ideellen Ressourcen, über die der Staat jeweils verfügt. Das Recht ist eine von vielen Ressourcen. Zwar *soll* im Hier und Heute staatliches Handeln an das Recht gebunden sein. Das lässt jedenfalls weite Spielräume. Die Interpretationsspielräume im Hinblick auf das jeweils geltende Recht sind groß, und sie werden immer größer. Das geltende Recht ist zudem selbst Objekt der über den Staat vermittelten Politik und kann von Fall zu Fall dem politischen Handlungsbedarf angepasst werden. Schließlich wird staatlichem Handeln gelegentlich auch zugestanden, sich ganz vom Recht zu lösen. Sowohl pragmatische Erwägungen („Flexibilität"; „Effizienz"; „Krisenmanagement") als auch ideologische („Demokratisierung"; „Partizipation") werden dafür ins Feld geführt. Die Rechtswissenschaft diskutiert derweil kontrovers über Konzepte zur Legitimation der gelockerten Rechtsbindung staatlichen Handelns („informales Verwaltungshandeln"; „schlichtes Verwaltungshandeln"). Auch soziales Handeln im

Publikum, das sich am Staat orientiert, nimmt ihn in der Regel nicht primär als rechtlich verfasstes soziales Gebilde wahr, sondern als ein Herrschaft ausübendes oder als ein Leistungen gewährendes oder als ein die Lebensführung grob oder bis in die letzten Feinheiten orientierendes, anleitendes, regulierendes Gebilde. Das Recht läuft eher latent mit und wird von Fall zu Fall aktiviert: in Form etwa der Stützung von Ansprüchen, der Befolgung oder der bewussten Verletzung.

Am stärksten fallen Staat und Recht im „Ausnahmezustand" auseinander, im Falle, wie es heißt, einer besonderen „Gefahr" für Staat und Gesellschaft. Im Ausnahmezustand zeigt sich die *tatsächliche* Machtverteilung in Staat und Gesellschaft. Die Theorie des Ausnahmezustands betrachtet, ebenso wie vermutlich ein Großteil des Publikums, den Staat als *Garant der bestehenden Ordnung*, erwartet also von ihm „die Wiederherstellung der verfassungsmäßigen Ordnung" (Forsthoff 1971). Darauf sollen die Kräfte konzentriert werden; deshalb wird die Gewaltenteilung ebenso zurückgenommen wie die Geltung von Grundrechten. Alles läuft auf die Stärkung der Exekutive und insbesondere der Regierung an ihrer Spitze hinaus („Die Stunde der Exekutive"). Mit der Notstandsverfassung von 1968 ist der Versuch gemacht worden, staatliches Handeln im Ausnahmezustand rechtlich zu binden. An der Funktionsfähigkeit dieser Verfassung bestehen selbst unter Juristen erhebliche Zweifel (Maurer 2001: 144). Stellt man soziologisch darauf ab, dass es im Ausnahmezustand um die *tatsächliche Machtfrage* geht, verstehen sich die Zweifel von selbst, und zwar nicht im Hinblick auf Details, sondern prinzipiell. Gravierender als die Frage der praktischen Relevanz der Notstandsverfassung ist für die rechtssoziologische Beobachtung inzwischen die Frage der Trennschärfe der Unterscheidung von „Normalfall" und „Ausnahmefall". Permanent und nachhaltig sind im Zuge der längst auf Dauer gestellten Krisen- und Katastrophenkommunikation und unter dem Eindruck spektakulärer Ereignisse, die sich vor allem im Ausland zugetragen haben, das Gewaltenteilungspostulat und die Grundrechte eingeschränkt und zurückgenommen worden. So ist die Normallage der Ausnahmelage mehr und mehr angenähert worden. Noch kann man nicht sagen, wir lebten bereits im Ausnahmezustand, „den wir nicht mehr von der Regel zu unterscheiden vermöchten" (Agamben 2003: 63). Richtig ist aber, dass die scharfe begriffliche Unterscheidung, auf die für eine analytisch ausgerichtete Theorie alles ankommt, erschwert wird angesichts einer Praxis, in der überkommene Konturen immer mehr verschwimmen.

4.2 Der Staat als Monopolist des Rechts

Der Staat beansprucht für sich das Monopol der Rechtserzeugung, der Rechtsprechung und des Rechtsvollzugs. Auch die Rechtswissenschaft nimmt er als *staatliche* Veranstaltung für sich in Anspruch.

Die Realität entspricht dem Anspruch nicht voll. Rechtswissenschaft wird auch privat betrieben. Eine private Bibliothek, ein Internetanschluss: auf dieser privaten Basis entstehen viele Beiträge zur Rechtswissenschaft. Selbst juristische Fakultäten müssen nicht notwendig Staatseinrichtungen sein. Mit der Bucerius Law School in Hamburg existiert bereits eine private Gründung. Freilich bleibt der Staatscharakter der Rechtswissenschaft von alledem vorläufig unberührt. Die Existenz privaten Rechts stellt den staatlichen Monopol-Anspruch ebenfalls nicht in Frage. Beispiele solchen privaten Rechts sind das privatautonom gesetzte Vertragsrecht und das Verbandsrecht, also das von Vereinen, Verbänden, Gesellschaften autonom geschaffene Recht, sowie das Verbandsvertragsrecht und hier vor allem das Tarifvertragsrecht. Dieses private Recht ist nicht radikal entstaatlichtes Recht. Die private Rechtssetzungsmacht ist staatlich delegierte und kontrollierte Macht. Sie endet an den „Schranken des für alle geltenden Gesetzes", wie es die Weimarer Verfassung im Blick auf die Kirchen formuliert hat (Art. 137 Abs. 2 S. 1). Das gilt auch für die Tarifautonomie. Sie beruht auf den Auseinandersetzungen zwischen Arbeitgeber- und Arbeitnehmerverbänden und wirkt darauf zurück. Zugleich ist sie als Einrichtung des Rechts ein Konstrukt des Verfassungsrechts, einfacher Gesetze und gerichtlicher Entscheidungen. So ist das Tarifvertragsrecht *von Staats wegen* Recht. Auch in der Geltung schließlich bleibt privates Recht staatsabhängig. Im Konflikt und Dissens entscheiden letztlich die staatlichen Gerichte über den Rechtscharakter privaten Rechts. So sind Staat und Recht auch da eng verkoppelt, wo das Recht als privates auftritt.

Dass es neben oder über dem nationalstaatlichen Recht supranationales, derzeit also vor allem europäisches Recht gibt und internationales, Völkerrecht zumal, stellt die These der Verkoppelung von Staat und Recht ebenfalls nicht in Frage. Soweit dieses supranationale Recht auf das Zusammenleben sich auswirkt, sei es in den Grenzen des Nationalstaats, sei es darüber hinaus, wirkt es sich aus kraft entsprechender auf Geltung zielender nationalstaatlicher Ermächtigungen.

Mit dem kirchlichen Recht will ich mich im Rahmen meiner These von der Verkoppelung von Staat und Recht nicht weiter beschäftigen. Die Stellung der Kirchen als Körperschaften öffentlichen Rechts beruht auf staatlicher Rechtssetzung, in diesem Fall u. a. auf der durch Art. 140 GG angeordneten Fortgeltung von Art. 137 der Weimarer Verfassung. Das bedeutet, dass die Kirchen an die

„Schranken des für alle geltenden Gesetzes" gebunden sein sollen (Art. 137 Abs. 2 S. 1 Weim. Verf.). Wie immer diese Bestimmung im Hinblick auf die tatsächliche Gewichtverteilung im Verhältnis des Staates zu den Kirchen auch ausgelegt wird – informativ dazu aus dem Geist der 50er Jahre des letzten Jahrhunderts und im Blick auf die alte BRD Hesse (1956) –: auszugehen ist jedenfalls davon, dass staatliches Recht der Kirche den Rahmen setzen, also auch kirchliche Rechtssetzung begrenzen soll. Tatsächlich praktizieren die Volkskirchen in Deutschland, auch die katholische, die noch am ehesten auf Eigenständigkeit bedacht ist, eine Politik des Kompromisses und der Koordination mit dem Staat, die den Konflikt des Geltungsanspruchs kirchlichen Rechts mit dem des staatlichen zu vermeiden bedacht ist. Ebenso ist staatliche Politik gegenüber den Kirchen eine solche des Kompromisses und der Koordination. In der Ende des Jahres 1999 erfundenen merkwürdigen Formel, mit deren Hilfe die katholischen Bischöfe in Deutschland dem Anspruch des Papstes auf unbedingten Schutz „ungeborenen Lebens" ebenso Gehorsam leisten wollten wie dem Willen des Staates, mit Hilfe eines Beratungsverfahrens den Embryo bedingt schutzlos zu stellen, hat katholische Kompromisspolitik in und für Deutschland plastischen Ausdruck gefunden. Dass sie damit der Abtreibungspraxis eines großen Teils ihrer Mitglieder nahe zu sein suchte, ist anzunehmen. Dass sich die Formel nicht auf Dauer stellen ließ, zeigt zugleich die Grenzen auf, die katholischer Kompromisspolitik in Deutschland durch die Einbindung in den weltkirchlichen Zusammenhang und die Unterstellung unter die Autorität des Papstes gezogen sind.

Insgesamt ist das Kirchenrecht somit zwar kein Unterfall jener engen Koppelung von Staat und Recht, die eingangs zum Kennzeichen modernen Rechts gemacht wurde. Es ist andererseits weder verfassungsrechtlich als ein radikal entkoppeltes Recht gewollt, noch wird es im tatsächlichen politischen Gebrauch als radikal entkoppeltes Recht behandelt.

4.3   Die Adressaten des Rechts

Das verstaatlichte Recht ist doppelt adressiert (1.6). *Primäre* Adressaten sind die Stabsangehörigen. Sie gelten als hinreichend qualifiziert, Gesetzestexte zu verstehen und auf Einzelfälle anzuwenden, und zugleich als hinreichend motiviert, das Recht zu befolgen, indem sie es anwenden. Qualifikation und Befolgungsbereitschaft werden systematisch „anerzogen", kontrolliert und mit Hilfe von positiven und negativen Sanktionen gepflegt. Auch gibt es, anders als gegenüber den sekundären Adressaten, gezielte Bemühungen um die Ausstattung mit jeweils aktuellen Gesetzestexten. *Sekundär* ist das Recht an „das Volk" adressiert, an die Gesamtpopulation oder an Teilpopulationen. Das Volk gilt als unfähig, das geltende Recht zu kennen, geschweige denn, es zu verstehen (Weber 1922c: 511 f.; Luhmann 1987: 254). Mit aktuellen Gesetzestexten wird es nicht versorgt. Dafür wird ihm „Rechtsgefühl" attestiert, „Rechtsethos", ein „Sinn für Gerechtigkeit", eine Empfindung für das, was „billig und recht" ist (Raiser 1999a: 342 f.; Rehbinder 2003: 156 ff.). Empirische Untersuchungen sind damit befasst, Rechtskenntnis und Einstellungen zum Recht beim Volk oder bei Teilpopulationen zu messen. Den Ursprung haben die Untersuchungen in den USA. Sie werden hierzulande mit dem Kürzel KOL-Forschung erfasst. Es verweist auf den angelsächsischen Ursprung (Knowledge and Opinion about Law) (Röhl 1987: 269 ff.). Da das Recht Sache von professionellen Experten geworden ist und da allen anderen dem Recht gegenüber nur der Laien-Status geblieben ist, haben *Vermittlungsagenten* für das Leben des Rechts eine große Bedeutung. Als Vermittlungsagenten bezeichne ich vor allem Rechtsanwälte sowie Juristen in den Rechtsabteilungen von Betrieben und Verbänden. Sie durchlaufen die gleiche Ausbildung wie die primären Adressaten und gelten entsprechend ebenso als hinreichend qualifiziert, Gesetzestexte zu verstehen und auf Einzelfälle anzuwenden. Sie unterscheiden sich von den Stabsangehörigen im Hinblick auf die Befolgungsbereitschaft. Sie vertreten partikulare Interessen und unterliegen anderen Loyalitäten. Der Anwaltsberuf ist als „freier Beruf" organisiert und bekommt in der Praxis mehr und mehr gewerblichen Charakter. Dass er zugleich als „Organ der Rechtspflege" definiert ist (§ 1 Bundesrechtsanwaltsordnung), soll bis in die Mitte der siebziger Jahre des letzten Jahrhunderts in einer „beamtenähnlichen Einstellung zu Staat und Recht" seine Entsprechung gefunden haben (Röhl 1987: 352; im Original gesperrt). Das würde auch für „beamtenähnliche" Befolgungsbereitschaft sprechen. Inzwischen kann von einer solchen Einstellung, deren Feststellung das Ergebnis eines Vergleichs amerikanischer und deutscher Anwälte war, nicht mehr ausgegangen werden. Die Amerikanisierung der Praxis und die Ökonomisierung allen Denkens schreiten voran. Die Internationalisierung der Anwaltskanzleien nimmt zu. Zugleich drängt die im EU-Rahmen energisch betriebene Niederlassungsfreiheit zu einer Europäisierung des Anwaltsberufs, deren die nationalen Besonderheiten überspannender gemeinsamer Nenner die „beamtenähnliche Einstellung" jedenfalls nicht sein kann. Die EU-Kommission favorisiert deutlich den Wettbewerb und den Abbau nationalen Berufsrechts. Mit steigenden Anwaltszahlen steigt auch der Konkurrenzdruck (Hommerich 1988). Das Bundesverfassungsgericht hat in jüngster Zeit wiederholt die in Art. 12 GG fundierte Berufsfreiheit der Anwälte betont und hat damit begonnen, überkommene Muster staatlicher und standesrechtlicher Regulierung zu reduzieren. „Berufsfreiheit" bedeutet in diesem Zusammenhang, dass die Erwerbsorientierung gestärkt wird. Inzwischen wird das überkommene Werbeverbot mehr und mehr gelockert. Inzwischen ist es möglich, dass Kanzleien in der Rechtsform der GmbH oder der AG organisiert werden. Auch eine Mischpraxis von Rechts-, Steuer- und Wirtschaftsberatung gilt als zulässig. Neue Wege, das Beratungsangebot attraktiver zu machen, werden ausprobiert. Dazu zählen Präsentationen im Internet ebenso wie das Auftreten in Kaufhäusern und Drogerieketten („Recht und billig": Der Tagesspiegel v. 18.11.2003, S. 12). Am „Rechtsberatungsmarkt" etablieren sich Franchise-Unternehmen, die standardisierten Rechtsrat zu Festpreisen anbieten. Die staatliche Gebührenordnung (Bundesrechtsanwaltsgebührenordnung) steht dem nicht entgegen. Sie darf durch Honorarvereinbarungen außer Kraft gesetzt werden. Dabei darf das Honorar die Gebühr deutlich überschreiten. An einer Honorarvereinbarung, die neben einem Pauschalhonorar (von 60.000,-- DM) zusätzlich ein „Stundenhonorar" (800,- DM) und die Erstattung von „Spesen" vorsah, hatte das Bundesverfassungsgericht in einer Entscheidung aus dem Jahre 2002 nichts auszusetzen (BVerfG NJW 2002, 3314 f.). Nach Auffassung des Bundesgerichtshofs ist eine „Stundensatzvereinbarung" dann allerdings sittenwidrig, „wenn sie zu einer Honorarforderung führt, die die gesetzlichen Gebühren um mehr als das Siebzehnfache übersteigt" (BGH AnwBl 2003, 721-Leitsatz der Redaktion). Nur die Vereinbarung so genannter „Erfolgshonorare" ist untersagt. Das schließt ihr Vorkommen in der Praxis nicht aus. Das Verbot ist vielmehr ein Indiz für ihr tatsächliches Vorkommen.

Alles in allem: die „Einstellung zu Staat und Recht" wird bei den Vermittlungsagenten von der „Berufsfreiheit" überlagert, unter deren Schutz Erwerbs- und Versorgungsinteressen verfolgt werden. Tendenziell kann die Einstellung so zur abhängigen Variablen der jeweils verfolgten partikularen Interessen werden. Die Entwicklung kulminiert im Auftreten so genannter „Opferanwälte". Sie betreiben mehr oder weniger offen das Geschäft der Requirierung von Mandaten, der Inszenierung ihrer Projekte und der Akquirierung der für die Durchführung benötigten Mittel (Schmid 2003; vgl. auch 7.1.d)). Für „beamtenähnliche Mentalität" spricht nichts mehr.

Es spricht mithin viel dafür, die für das „Leben des Rechts" erhebliche Befolgungsbereitschaft bei den *primären* Adressaten *generell* als gegeben zu unterstellen. Für eine entsprechende generelle Unterstellung ist dagegen bei den *sekundären* Adressaten und bei den Vermittlungsagenten kein Raum. Wovon also lebt das Recht bei den sekundären Adressaten und bei den rechtskundigen Vertretern ihrer Interessen?

Die erste in der Rechtssoziologie konsentierte Antwort auf diese Frage lautet, dass das verstaatlichte Recht *auch* von der Zwangsandrohung und vom Zwangsvollzug lebt, aber doch nicht allein davon. Zusätzlich ist es abhängig von der „Fügsamkeit" der Adressaten – ein Ausdruck von Max Weber (Weber

1922c: 384 und passim). Heute spricht man eher von „Akzeptanz". Akzeptanz kann dreifach vermittelt sein. So wird das Recht lebendig gehalten von einer Befolgungsbereitschaft, die es deshalb akzeptiert, weil die Befolgung den jeweiligen Interessen entspricht. Das ist Akzeptanz auf der Basis von *privatem Interessenkalkül*. Recht kann auch deshalb befolgt werden, weil es als geltendes Recht auftritt. Man spricht dann von *„Legalitätsglauben"* (Weber 1922c: 19). Wo er auftritt, ist er Produkt von Sozialisation. Er variiert folglich nach sozialisationsspezifischen Merkmalen wie Herkunft, Geschlecht, Alter und Bildungsniveau. Schließlich kann Recht auch befolgt werden, weil die Rechtsnorm als richtige, als gerechte, als vorbildliche Ordnung betrachtet wird. Dann spricht man von *„Legitimitätsglaube"* (Weber 1922c: 19). Auch er ist ein Sozialisationsprodukt. Handlungssoziologisch sind Legalitäts- und Legitimitätsglaube vor allem dann interessant, wenn sie sich im Einzelfall gegen das Interessenkalkül des Handelnden durchsetzen. Wenn aber weder der Legitimitätsglaube noch der Legalitätsglaube noch das Interessenkalkül im Einzelfall zur Befolgung einer Rechtsnorm führen, dann lebt das Recht allein von Zwangsandrohung und Zwangsgewalt. Dass es lebt, kann dann heißen, dass Zwangsandrohung und -gewalt zur Befolgung des Rechts führen. Es kann sich aber auch im Rechtsbruch bemerkbar machen. Denn das soziale Handeln ist auch dann am Recht orientiertes Handeln, wenn es zwar dem Recht nicht folgt, aber doch bewusst darauf angelegt ist, den Rechtsbruch zu verschleiern und zu vertuschen.

4.4   Der Staat und die Staatsaufgaben

Das in seinem Anspruch und in den Wirkungsbedingungen vielfach variierende staatliche Recht wird zusätzlich variiert durch sog. verfassungsrechtliche Grundentscheidungen, die die Staatsaufgaben modellieren. Der juristische Sprachgebrauch ist unsicher. Am ehesten besteht Übereinstimmung darin, von „verfassungsrechtlichen Grundprinzipien" oder von „Strukturprinzipien", nicht dagegen von „Staatszielbestimmungen" zu sprechen (Maurer 2001: 173 ff.; Ipsen 1994: 223). Teils ausdrücklich in der Verfassung verankert, teils aus der Verfassung herausgelesen, stehen der Rechtsstaat, der Sozialstaat und der Schutz- oder Sicherheitsstaat für unterschiedliche Akzentuierungen der Staatsaufgaben. Im Wandel der Staatsaufgaben wandelt sich das Verhältnis von Recht und Staat erheblich. Wie sich dabei der Charakter des Rechts im Wege der Gesetzgebung wandelt, so kommt es zugleich zu teils erheblichen Veränderungen in der Rechtsanwendung bei unveränderten Gesetzestexten, also dazu, dass „lebendes Recht" und „Recht in den Büchern" weiter auseinander driften. Besonders eindrucksvoll ist dies beobachtbar, wenn sich revolutionäre Bewegungen oder

Parteien des Staates bemächtigen, die Staatsaufgaben radikal umdefinieren, das überkommene Recht aber zunächst unverändert fortgelten lassen. Die daraufhin einsetzende Dynamisierung des lebenden Rechts ist vielfach beobachtet worden, etwa von Podgórecki (1967) am Beispiel der kommunistischen Herrschaft in Polen und von Rüthers (1968) am Beispiel der nationalsozialistischen Herrschaft in Deutschland. Als zentrale Agenten der Dynamisierung fungieren die Stabsangehörigen und, ihnen zuarbeitend, die Vertreter der Rechtswissenschaft. Diese Personengruppen in Prozessen der Anpassung und der Auslese kurzfristig neuen politischen Programmen gefügig zu machen, erwies sich in Deutschland wie in Polen selbst in den Extremfällen revolutionärer Brüche der Staatsstruktur als *leicht* zu lösende politische Aufgabe. Für den Normalfall des allmählichen Wandels gilt dies erst recht. So sind die Strukturvorgaben und ihr Wandel, mag es sich um revolutionäre Brüche handeln oder um Evolution, ein dankbares Feld für die Beobachtung und Erklärung von Genese und Funktion des lebenden Rechts.

4.4.1 Der Rechtsstaat als „Strukturprinzip"

Der Rechtsstaat bedeutet programmatisch jedenfalls – viele Einzelheiten sind streitig (Kunig 1986; Böckenförde 1992) – die Bindung der über den Staat vermittelten Politik an das Recht. Für den hier behandelten Zusammenhang heißt das vor allem, dass staatliche Einflussnahme auf das Zusammenleben und den Zusammenhalt mit Hilfe von Gesetzen erfolgen soll, dass Gesetze die Grenzen markieren sollen, die der Handlungswille der Akteure um des Zusammenhalts willen respektieren soll, und zwar sowohl im Zusammenleben der Bürger (rechtsstaatliches Privatrecht) als auch im Staat-Bürger-Verhältnis (rechtsstaatliches Strafrecht, rechtsstaatliches Öffentliches Recht). So verstanden ist der Rechtsstaat eine vor allem gegen Willkürakte gerichtete Erfindung, und da zur Kennzeichnung staatlicher Willkür der Begriff des Polizeistaates steht, so kann man den Rechtsstaat auch als Kontrastprogramm zum Polizeistaat bezeichnen. In dem Gedicht „Yankee Doodle" von Hoffmann von Fallersleben aus dem Jahre 1846 (o. J.: 191), in dem der Dichter einen nach Amerika ausgewanderten Deutschen seine in Deutschland zurückgebliebenen Landsleute ansprechen lässt, wird die Alternative Rechts- versus Polizeistaat besungen, wenn es heißt:

„Ich steh` unter dem Gesetz,
Gerichtet trifft mich Strafe,
Du stehst unter Polizei
Selbst noch im Todesschlafe".

Hoffmann von Fallersleben „stand" bekanntlich lange Zeit „unter Polizei", verlor aus politischen Gründen seine Professur in Breslau, wurde aus Preußen ausgewiesen und auch aus Hannover, zog anschließend lange Jahre in Deutschland
umher und musste immer wieder erleben, wie er denunziert und dann von der
Polizei schikaniert wurde. „Der größte Schuft im ganzen Land, das ist und bleibt
der Denunziant", reimte er und meinte damit den Spitzel des Polizeistaats, eine
Figur, die sich über das Ende des Polizeistaats hinaus in mancherlei Form erhalten hat. Jerouschek bezeichnet sie als „strafprozessuales Rechtsinstitut"
(Jerouschek 1999).

In den vor- und nach-revolutionären Gesellschaften des 19. Jahrhunderts
wird in der Auflehnung gegen den Polizeistaat und zur Sicherung der bürgerlichen Lebensführungsbasis das Rechtsstaatsprinzip attraktiv. In dieser Zeit wurde das Bürgertum zu der ökonomisch bestimmenden Kraft. Es suchte zugleich
zu einer politisch bestimmenden Kraft zu werden. Die vom Bürgertum betriebene Trennung von Staat und Gesellschaft mit Hilfe des Rechts zielte darauf, die
aus polizeistaatlicher Vergangenheit vertraute Staatsgewalt mit Hilfe von
Grund- und Freiheitsrechten zu fesseln. Sie wurden deshalb als gegen den Staat
gerichtete Abwehrrechte verstanden. Ferner sollte die Staatsgewalt mit Hilfe
von Organisationsrechten geteilt werden (dazu bereits unter 1.1. und 3.3.). Die
verselbständigten Teil-Gewalten – Art. 20 Abs. 2 S. 2 GG beschreibt sie als
„besondere Organe der Gesetzgebung, der vollziehenden Gewalt und der Rechtsprechung" – sollten zu wechselseitiger Gewaltenkontrolle genutzt werden.
Schließlich sollten Verfahrensrechte helfen, das Handeln der Staatsorgane öffentlich, transparent, begründungspflichtig und so berechenbar zu machen.
Nicht zuletzt enthielt das bürgerliche Programm eine Steuer- und Abgabenge-
setzgebung, die auf Verknappung der vom Bürger zu leistenden Abgaben und
der von Politik und Staat zu bewirtschaftenden Ressourcen zielte.

Zugespitzt kann man den so verstandenen Rechtsstaat als „Laissez-Faire-
Staat" bezeichnen oder als „Nachtwächterstaat". Er ist konzipiert als ein „reiner
Ordnungsverband", „welcher das Wirtschaften (...) material gänzlich autonom
lässt" (Weber 1922c: 38). Programmatisch ist der so verstandene Rechtsstaat
mithin gekennzeichnet durch die betonte Zurückdrängung der Politik und durch
die betonte Abstinenz der Politik gegenüber den materiellen Ressourcen wie
gegenüber allen Formen der Lebensführung, nicht nur dem „Wirtschaften". Vor
allem ist es aber das Marktgeschehen, das auf diese Weise von politischer Einflussnahme frei gehalten werden soll. Zumindest soll politischer Einfluss durch
das dem Parlament vorbehaltene Gesetz temperiert und berechenbar gemacht
werden. Praktisch kam dieses Rechtsstaatsverständnis vor allem den Besitzenden zugute, deren tatsächliche Nutzung von Besitz und Bildung mit Hilfe des
Rechts zu einer staatlich vielfältig geschützten und über den Staatsapparat

machtvoll verstärkten Nutzung wurde. Zugute konnte es ebenso denen kommen, die unabhängig von Staat und Politik ihr Privatleben pflegen, ihre Meinung äußern, Vereine bilden, Versammlungen abhalten, Kunst und Wissenschaft pflegen, ihre Religion nach ihrem Belieben ausüben wollen.

Das Bürgertum ist als Interessent *ein* Träger des Rechtsstaats. In jedes Staatskonzept fließen daneben auch Regierungs- und Bürokratieinteressen ein. Diese Interessen gehen auf Machterhalt und -erweiterung für Regierung und Bürokratie. Sie traten in der Vergangenheit bevorzugt als Wirtschaftsprotektionismus auf, und sie kleideten sich gern in das Gewand einer patriarchalen Sorge, die sich „zum Wohle der Untertanen" zu Eingriffen selbst ermächtigte. So wurde die im Zeichen des Rechtsstaats intendierte strikte Trennung von Staat und Gesellschaft von Anfang an „wohlfahrtsstaatlich" (ich komme darauf unter 4.4.2. zurück) relativiert. Einen „reinen Rechtsstaat" (Weber 1922c: 28, 38, 93) hat es in Deutschland nie gegeben. Praktisch ist der moderne Staat *immer* ein (vor allem *wirtschafts-*) regulierender Staat, der das Zusammenleben (vor allem das Wirtschaften) *nicht* autonom lassen will. Mal reguliert er mehr, mal weniger. Bei aller Varianz bleibt im Rechtsstaat die über die Staatsgewalt verfügende Politik an das Gesetz gebunden. Das gilt programmatisch bis heute. So ist nach der „Wesentlichkeitstheorie" des Bundesverfassungsgerichts zur Regelung von jedenfalls „wesentlichen Fragen" ein Gesetz erforderlich (BVerfGE 40, 237 ff.; 47, 46 ff.; 58, 257 ff.).

Einen Kern des Rechtsstaats bildet mithin die vom Staat monopolisierte Gewalt, die mit Hilfe des Rechts gezähmt werden soll. Gewalt soll sich nur in den Formen des Rechts äußern. Das materiell als Gewaltverhältnis verstandene Staat-Bürger-Verhältnis soll formell ein Rechtsverhältnis sein. Den anderen Kern des Rechtsstaats bildet die individuelle Lebensführungsfreiheit, die in ihrer materialen Basis (Leben; Eigentum; Beruf) wie in zahlreichen speziellen Erscheinungsformen von den in Art. 1 bis 18 GG normierten Grundrechten „garantiert" wird. Diese sind freilich durchgehend mit „Gesetzesvorbehalten" ausgestattet, die den Gesetzgeber dazu ermächtigen, die Grundrechte einzuschränken.

Wieweit das dem Rechtsbindungspostulat geschuldete Rechtsverhältnis *praktisch* dazu taugt, das staatliche Gewaltpotential einzudämmen und zu disziplinieren, ist eine Frage der Intentionen der Politik, die Gesetzgebung und Rechtsanwendung gestaltet. Formell ist das Staat-Bürger-Verhältnis auch dann ein Rechtsverhältnis, wenn Gesetzgebung und Rechtsanwendung ausschließlich zur Stärkung des staatlichen Gewaltpotentials genutzt werden. Dann dient Verrechtlichung eher zur Legitimation staatlichen Machtgebrauchs als zu seiner Eindämmung und Kontrolle. Die forcierte Sicherheitspolitik der letzten Jahre war deutlich an der Stärkung des staatlichen Gewaltpotentials orientiert (Denninger 2002). Entsprechend hat das Strafrecht nach Einschätzung von Kritikern viel von seinem rechtsstaatlichen Charakter eingebüßt (Herzog 1991; Albrecht 2003). Auch die Garantie der Lebensführungsfreiheit samt ihrer materialen Basis hat sich im Zuge politischer Regulierungen durch Gesetzgebung und Rechtsanwendung immer weiter abgeschwächt. Nicht zuletzt ist dies der Wirksamkeit sozial- und schutzstaatlicher Politik zu verdanken, die kontinuierlich zu Lasten des Rechtsstaatsprinzips forciert worden ist.

4.4.2 Der Sozialstaat als „Strukturprinzip"

Ein erster Ausdruck dafür, dass das Rechtsstaatsprinzip programmatisch nicht in „reiner Form" das Staat-Bürger-Verhältnis und die Aufgaben staatlich vermittelter Politik bezeichnen soll, ist das Sozialstaatsprinzip, das ebenso wie das Rechtsstaatsprinzip verfassungsrechtlich fundiert ist (Art. 28 Abs. I S. 1 GG). Sozialstaat bedeutet programmatisch (Koslowski 1995) die Selbstermächtigung der über den Staat vermittelten Politik zu Regulierungen der materiellen Basis der Lebensführung und mehr und mehr auch des Lebensführungsstils. Sozialstaatspolitik zielt auf Hilfe zur Lebensführung und das zunächst als Sicherung der für Leben und Überleben unerlässlichen materiellen Ressourcen. Als neuer Ausdruck dafür wurde neben der überkommenen und inzwischen als *Sozialhilfe* weiterlaufenden *Fürsorge* gegen Ende des 19. Jahrhunderts mit Hilfe von Gesetzen die *Sozialversicherung* als *Zwangs*versicherung geschaffen (Ewald 1993). Sie soll denjenigen, deren wichtigste Lebensführungsressource die Arbeitskraft darstellt, Ausgleich in Geld sichern für typische Fälle der Nichtverwertbarkeit der Arbeitskraft: Arbeitslosigkeit, Krankheit, Unfall und Alter. Auf Einzelheiten wie die anfängliche Beschränkung auf Industriearbeiter und die bis in die Gegenwart anhaltende Erweiterung des Kreises der Betroffenen kommt es hier nicht an, nur darauf, dass es die *Zwangsversicherung* ist, die den Sozialstaat am Anfang kennzeichnet. Der Rechtsstaat ist auch im Hinblick auf Versicherungen durch *Vertragsfreiheit* gekennzeichnet. Er bezieht sich auf Bürger in der Annahme, dass diese materiell und kognitiv zum Gebrauch der Vertragsfreiheit ausgerüstet sind. Der Sozialstaat dagegen rechnet mit Bürgern, denen es an einer der beiden oder an beiden Voraussetzungen fehlt. Für die die sozialstaatliche Entwicklung seit längerem kennzeichnenden Bestrebungen, die Versicherungspflicht auf immer mehr Bürger auszudehnen (bis hin zur „Bürgerversicherung"), spielt dieses Kalkül allerdings keine Rolle mehr. Der Bürger, der jetzt versicherungspflichtig gemacht werden soll, gerät allein als Beitragszahler für das notleidende Sozialversicherungswesen in das (sozial-)politische Kalkül.

Im Sozialstaat lebt die Politik anfangs davon, dass sie die Arbeitskraft bewirtschaftet. Die Konzentration auf die Arbeitskraft wird konkret in Versicherungsleistungen, die den Ausfall oder die Minderung der Arbeitskraft *kompensieren* sollen, und in Zwangsabgaben, die der arbeitenden Bevölkerung, teils auch den Arbeitgebern, auferlegt werden. Sie setzen am Arbeitsentgelt an. Hinzukommen mehr und mehr Schutzmaßnahmen, die die Verwertung der Arbeitskraft *sichern* sollen (Kündigungsschutz), und solche, die die Beeinträchtigung bzw. den Verlust der Arbeitskraft *verhüten* sollen (Unfallverhütung). Schließlich läuft die über den Sozialstaat vermittelte Politik auf eine Art Totalbewirtschaftung der Arbeitskraft hinaus. Sie macht auch die Qualifizierung und die Verberuflichung der Arbeitskraft zu Staatsaufgaben und auch die Beratung und Betreuung bei der Suche nach Arbeitskraftverwertungschancen. Darüber nimmt Sozialstaatspolitik zunehmend Züge von Zwangsvermittlung und Zwangsbewirtschaftung der Lebensführung an. Aus dem Sozialstaat, der als Sozialversicherungsstaat begonnen hat, wird der „aktivierende Sozialstaat" der Gegenwart, der – auch im Wege der Sozialhilfe – steuernd auf die Lebensführung schlechthin zuzugreifen sucht (Wohlfahrt 2001).

Wie der Rechtsstaat als eine Veranstaltung des Bürgertums und der staatlichen Bürokratie in die Welt gekommen ist, so war der Sozialstaat in seinen Anfängen zunächst eine Veranstaltung des Bürgertums und der staatlichen Bürokratie zur Sicherung des wirtschaftlichen Minimums der (Industrie-)Arbeiterschaft und zur Abwehr revolutionärer Bestrebungen. Erst allmählich wurde daraus eine Veranstaltung, die von der Arbeitnehmerschaft mitgetragen wurde. Inzwischen stellen weder das Bürgertum noch die Arbeiterschaft soziologisch unterscheidbare Teilpopulationen dar. So sind den tradierten Staatsprinzipien die Kollektive, die sie getragen und die von ihnen profitiert haben, verloren gegangen. An ihre Stelle sind Verbände bzw. Parteien und deren Funktionäre getreten. Außerdem verbinden sich auch mit dem Sozialstaatskonzept die Regierungs- und Bürokratieinteressen, die bereits oben beim Rechtsstaatsprinzip angesprochen worden sind. Sie gehen vor allem auf „Umverteilung" und auf Forcierung des in der Verfassung verankerten Gleichheitspostulats. Im übrigen hat der Sozialstaat längst sein Eigenleben entfaltet. Längst wird Sozialpolitik eingeholt von den Verheißungen, mit denen sie aufgetreten ist und zu deren Erfüllung ihr mehr und mehr die Ressourcen ausgehen (Metzler 2003).

Da die Prinzipien des Sozialstaats wie die des Rechtsstaats aktuell befreit daherkommen von der Systematik ihrer Entstehungszusammenhänge und losgelöst von den Schichten, die sie im Entstehungszusammenhang getragen haben, so verwischen sich ihre anfänglichen Konturen mehr und mehr. So werden sie mehr oder weniger kontrollfrei von Fall zu Fall ad hoc genutzt.

Dass die Staatsaufgaben bei strengem Verständnis der Programme des Rechts- und des Sozialstaats unterschiedliche Akzente bekommen und unterschiedliche Reichweite annehmen, liegt auf der Hand. Dass beide Programme in der Verfassung verankert worden sind (Art. 20, 28, 79 Abs. 3 GG), ist deshalb früh als „Spannungsverhältnis" thematisiert worden (Weber o. J.). Dieses Spannungsverhältnis hat bislang eine geringe Dynamik. In der politischen Praxis wird es in immer wieder erneuerten Anläufen und angesichts wechselnder Mehrheiten jeweils auf Zeit austariert. Profitiert hat die Praxis einer „besänftigten Spannung" bisher von dem auch in der Politik weit verbreiteten Willen zum Kompromiss sowie von der Entdramatisierung partikularer Interessengegensätze. Weithin wurde zumindest seit der Mitte der fünfziger Jahre des letzten Jahrhunderts in der Bundesrepublik praktiziert, was Theodor Geiger im Blick auf die partikularen Interessen von Arbeitgebern und Arbeitnehmern als „Institutionalisierung" des Gegensatzes bezeichnet hat (Geiger 1949). Die Auseinandersetzungen werden Regeln unterworfen, die sie auf Dauer stellen und zugleich entschärfen. So führen sie zu kompromisshaften Befriedungen auf Zeit. Mit den viel propagierten „Bündnissen für Arbeit" und anderen Formen des „runden Tisches" ist am Ende der neunziger Jahre des 20. Jahrhunderts ein neuer Ansatz für kompromisshafte Befriedungen gesucht worden. Der Erfolg ist noch offen. Jedenfalls stand die relative Spannungslosigkeit des „Spannungsverhältnisses" lange Zeit im Zeichen wachsender Wirtschaft und wachsender Staatsausgaben. Prognosegewissheit für den Fall schrumpfender Wirtschaft und fallender Staatsausgaben ergibt sich daraus nicht.

Häufig wird im sozialstaatlichen Zusammenhang auch *der Wohlfahrtsstaat* genannt, zumeist mehr oder weniger synonym mit dem Sozialstaat (Kaufmann 1997; Allmendinger/Ludwig-Mayerhofer 2000). Die Anknüpfung am Sozialstaat versteht sich, wenn man den Wohlfahrtsstaat als Ausdruck des über den Staat vermittelten politischen Bemühens um das „Wohlwollen" der Wähler versteht (Weber 1922c: 751). Denn als die Sozialpolitik des ausgehenden 19.Jahrhunderts, die den Beginn des modernen Sozialstaats ausmacht, mit Hilfe der Zwangsversicherung der Arbeitskraft die Sicherung der materiellen Lebensführungsbasis des Industrieproletariats betrieb, zielte sie zugleich darauf, das politische Wohlwollen der Industriearbeiter zu gewinnen und diese zu einem den Bestand des Bestehenden bestätigenden Wählerverhalten zu veranlassen. Die doppelte Stoßrichtung der Politik auf den Menschen als wirtschaftender Akteur und als Wähler tritt deshalb zu Beginn der sozialstaatlichen Politik besonders deutlich hervor. Sie ist aber keine Spezialität des Sozialstaats. Auch mit der Garantie von Leben, Eigentum, Beruf und Freiheit, die den Kern rechtsstaatlicher Politik ausmacht, wird der Mensch zugleich als Akteur in Wirtschaft und Gesellschaft und als Wähler angesprochen. Auch dabei geht es um die Sicherung der materialen Lebensführungsbasis und ebenso um das politische Wohlwollen der durch Garantien privilegierten Bürger. Um der analytischen Klarheit willen sollen daher Sozialstaat und Wohlfahrtsstaat ebenso wenig in eins gesetzt werden wie Rechtsstaat und Wohlfahrtsstaat. Sozialpolitik soll verstanden werden als Politik zu Gunsten von Teilkollektiven der Bevölkerung, die als arm und schwach gelten. Wohlfahrtspolitik dagegen soll verstanden werden als Ausdruck politischen Bemühens um das Wohlwollen der Wähler. Wohlfahrtspolitik meint alle und jeden, und wenn sie an Teilkollektive gerichtet ist, so sind diese nicht durch Armut und Schwäche gekennzeichnet. Solche Politik betreiben *alle* Parteien im Hinblick auf *alle* Wähler und mit Hilfe *aller* Mittel, die irgendwie zur Beeinflussung der Wähler geeignet erscheinen. Die dabei in erster Linie eingesetzten Leistungsverheißungen („Wohlstand für alle"!) sollen der Wohlfahrtspolitik zugerechnet werden, soweit sie den der Sozialpolitik gezogenen Rahmen überschreiten. Auch die Lernmittelfreiheit *für alle* ist praktizierte Wohlfahrtspolitik. Auch die Gebührenfreiheit des Studiums *für alle* gehört hierher. Die Fülle der Steuerermäßigungen und sonstigen Subventionen ist ebenfalls praktizierte Wohlfahrtspolitik. Soll der Wohlfahrtsstaat deshalb nicht als Synonym für den Sozialstaat verstanden werden, so soll er auch nicht als ein spezifisches Strukturprinzip gelten. Als Ausdruck eines politischen Beglückungsprogramms überlagert er vor allem den Sozialstaat. So sorgt er dafür, dass dessen Spezifika abgeschliffen werden. In der Folge taugt das Sozialstaatsprinzip immer weniger dazu, der staatlichen Politik eine spezifische Struktur zu geben, die sie begründet und begrenzt. Dieser Funktionsverlust ist aber nicht auf den Sozialstaat beschränkt. Auch die sogleich zu behandelnde Schutz- und Sicherheitspolitik ist zu einem erheblichen Teil Ausdruck des Bemühens, das Wohlwollen der Wähler mit Hilfe von Schutz- und Sicherheitsverheißungen zu gewinnen. Selbst der Rechtsstaat ist von Beginn an wohlfahrtspolitisch überformt worden.

4.4.3 Der Schutz-, Präventions- oder Sicherheitsstaat als „Strukturprinzip"

Die Mischung der Staatsaufgaben und die damit verbundene Spannung wird gegen Ende des 20. Jahrhunderts komplettiert durch eine Ausweitung und Forcierung des Schutz- und Präventionsprinzips in der Politik, im Publikum und in der zwischen Politik und Publikum vermittelnden Staatspraxis. Immer schon ist Schutz als Staatsaufgabe verstanden worden. Auch Hilfe in Not und Elend wurde bereits, wenn auch rudimentär und mehr oder weniger willkürlich, in den Kommunen praktiziert, bevor sie im Sozialstaatsprinzip programmatisch fixiert und über das Sozialversicherungsrecht und das Sozialrecht abgesichert wurde.

Wie aber die Vorsorge gegen Not und Elend der Industriearbeiterschaft am Ende des 19. Jahrhunderts mit Hilfe des Zwangsversicherungsprinzips eine neue Qualität bekommt, so bekommt staatliche Schutzpolitik am Ende des 20. Jahrhunderts erneut eine neue Qualität, und erst jetzt stellen sich als programmatische Ausdrücke dafür der Schutz-, der Präventions- oder der Sicherheitsstaat ein (Denninger 1988, 2002; Hesse 1994; zu Sicherheit im philosophischen Diskurs: Makropoulos 1995, im soziologischen: Kaufmann 1973). Die damit angesprochene Staatsaufgabe ist in generalisierter Form noch nicht explizit in der Verfassung verankert. Mit dem in Art. 20 a GG proklamierten Umweltschutz sowie dem ebendort jüngst hinzugekommenen Tierschutz hat aber moderne Schutzpolitik einen ersten verfassungsrechtlichen Ausdruck erhalten. Im Übrigen dient in juristischer Perspektive vor allem die Erfindung der „Schutzpflichten" dazu, das Schutzprogramm auf breiter Front verfassungsrechtlich zu verankern (Isensee 1983; Robbers 1987).

Die neueste Wendung der über den Staat vermittelten Politik äußert sich einerseits quantitativ. Die auf Schutz und Prävention bezogenen staatlichen Aktivitäten und die dafür verwandten Mittel erreichen ein solches Gewicht und ein solches Ausmaß, dass sie den Staat insgesamt neu und anders als bisher zu charakterisieren geeignet sind. Die *quantitative* Seite der neuen Politik zeigt sich beispielhaft an der Fülle der unter dem Topos „Umweltschutz" verhandelten neuen Staatsaufgaben (eindrucksvoll als Übersicht Koch 2002). Zugleich mehren sich gerade in diesem Bereich die Klagen über Defizite bei der Wahrnehmung der Staatsaufgaben (Grimm 1990). Für eine neue *Qualität* staatlicher Politik steht die neue programmatische Fixierung, weil sie den Anspruch zum Ausdruck bringt, die überlieferten Aufgaben nicht länger in hergebrachter Weise zu verwalten, sondern die Aufgabenerledigung zu radikalisieren, vor allem durch „Vorverlagerung der Eingriffsschwelle" (Denninger 1988; Hesse 1994; Denninger 2002). Das gilt nicht nur in der Umweltpolitik, sondern *generell*. Der „Umweltstaat" ist ein Schutzstaat, aber der Schutzstaat ist mehr als nur ein „Umweltstaat".

Auch der Rechtsstaat hat die Abwehr von Schadenspotentialen im Programm. Soweit die Abwehr Eingriffe in bürgerliche Rechte, also vor allem in Freiheit und Eigentum, erforderlich macht, soll sie im Rechtsstaat so spät wie möglich erfolgen, also erst dann, wenn die Gefahr sich soweit konkretisiert hat, dass mit ihrem alsbaldigen Eintreten gerechnet werden muss (Lisken/Denninger 2001: 61 ff.; Bearb. Lisken). Mit der Zwangsversicherung, d. h. mit der zentralen Erfindung, die den Staat zum Sozialstaat gemacht hat, ist die Eingriffsschwelle für die davon betroffene Teilpopulation erheblich vorverlagert worden. Der Sozialstaat greift zu einem Zeitpunkt in die Lebensführungsfreiheit ein, zu dem das Schadenspotential, das bekämpft werden soll, für den einzelnen Betroffenen noch abstrakt ist. Immerhin ist es in Grenzen berechenbar. Ewald hat sehr schön gezeigt, wie der Aufbau der sozialstaatlichen Zwangsversicherungssysteme Hand in Hand ging mit der Entwicklung der Wahrscheinlichkeitsrechnung (Ewald 1993). Der Schutzstaat dagegen will der *Schadensentstehung zuvorkommen*. Ihn prägt das Konzept, die Lebensführung bereits dann in sorgender und bewahrender Absicht zu formieren, wenn auch nur der *Verdacht* einer Schadensmöglichkeit besteht, also auch dann, wenn es an gesichertem Wissen über das Vorhandensein von Schadenspotentialen wie über Ursache-Folge-Zusammenhänge fehlt. Signifikanter Ausdruck eines „reinen" Schutzstaats wäre die Regel, dass alles Verhalten verboten ist, es sei denn, es ist ausnahmsweise und nach gründlicher Prüfung aller Verdachtsmomente und auch dann nur bedingt und befristet erlaubt worden. Signifikanter Ausdruck eines „reinen" Rechtsstaats wäre die Regel, dass alles Verhalten erlaubt ist, es sei denn, es ist ausnahmsweise und nach strenger Prüfung verboten worden, weil seine konkrete Gefährlichkeit erwiesen ist. In der Praxis findet sich weder das eine noch das andere Prinzip in reiner Form. Die Prinzipien mischen und relativieren sich wechselseitig. Obendrein gehen wohlfahrtspolitische Elemente in diese Mixtur ein, für die Schadensprävention und neuerdings verstärkt auch Schadenskompensation Mittel einer Politik der „Beglückung" der Bürger sind. Bei allen Mischungen und Vermischungen zeigt sich deutlich, dass die strukturierende Kraft rechts- und sozialstaatlicher Prinzipien für staatliches Handeln und Staat-Bürger-Beziehungen tendenziell zurückgeht und dass parallel dazu die strukturierende Kraft schutzstaatlicher Prinzipien zunimmt.

4.5 Der Wandel der Staatsaufgaben und das Recht

Im *rechtsstaatlichen* Zusammenhang wird dem Recht programmatisch eine *zentrale* Funktion für staatliche Politik zugesprochen. Im Rechtsstaat soll das Recht den politischen Willen formieren. Der politische Wille soll das Zusammenleben nur soweit regulieren, soweit er sich im Zusammenleben *von Rechts wegen* zur Geltung bringen darf. Dem Recht wird eine eigentümliche Kraft zugeschrieben. Es soll partikular orientierte in universell orientierte Politik verwandeln. Aus partikularen Zielen soll „Gemeinwohl" werden. Zugleich soll das Recht Willkür und Gewalt einen Riegel vorschieben und Herrschaft begrenzen. Zugleich soll es die Befolgungsbereitschaft der Bürger gegenüber einem politischen Willen sichern, der zum staatlichen Willen geworden ist. Man spricht geradezu von der „Herrschaft des Rechts". Offensichtlich laufen magische Vorstellungen von der Kraft des gesprochenen, geschriebenen, feierlich verkündeten, von Staat (und Kirche) gehüteten Wortes bei dieser Funktionszuweisung mit. Ebenso offensichtlich ist, dass der irrationale Gehalt ständig von Staats wegen rationalisiert wird. Staatliche Politik arbeitet beharrlich und zäh an der Steigerung der Wirkungschance des Rechts. Das geschieht vor allem im Hinblick auf die „primären Adressaten". Eine Fülle von positiven und negativen Sanktionen soll dazu dienen, sie zu der gewünschten Anwendung der Gesetze anzuhalten. Sanktionen dienen auch dazu, die Befolgungsbereitschaft der „sekundären Adressaten" zu sichern. Nicht zu unterschätzen ist auch das Mittel der Legendenbildung (Weber 1922c: 611). Es dient ebenfalls dazu, die „Fügsamkeit" zu pflegen. Denn allein mit Hilfe von Sanktionen lässt sich die Wirkungschance des Rechts nicht hinreichend sichern.

Wieweit der partikular orientierte politische Wille, wenn er verrechtlicht wird, zum universal orientierten Staatswillen wird, ist vor allem eine Frage der Rechtsanwendung in den Staatsapparaten. Denn es sind die Staatsapparate, die den Staatswillen praktisch werden lassen. Es kommt also nicht nur darauf an, die „Fügsamkeit" in den Stäben zu pflegen, sondern auch darauf, eine von partikularen Orientierungen freie Praxis in den Stäben sicherzustellen, die Person mit ihren jeweiligen Eigentümlichkeiten in der Praxis der Staatsapparate vollständig zu neutralisieren.

An diesem Ziel sind Programm und Praxis des Rechtsstaats orientiert. Max Weber spitzt den Richter idealtypisch zu im Bild vom „Automaten, in welchen oben die Akten nebst den Kosten hineingeworfen werden, damit er unten das Urteil nebst den mechanisch aus Paragraphen abgelesenen Gründen ausspeie" (Weber 1922c: 664) (ausführlicher 5.3.). Die Bürokratie wird für ihn verkörpert durch den „streng ‚sachlichen' *Fachmann*", den „die Ausschaltung von Liebe, Haß und allen rein persönlichen, überhaupt allen irrationalen, dem Kalkül sich entziehenden Empfindungselementen aus der Erledigung der Amtsgeschäfte" kennzeichnet (Weber 1922c: 662; Hervorhebung wie im Original). Statusbezogen verläuft solcherart rechtsstaatlich organisierter Kontakt zwischen den Vertretern der Staatsapparate und dem Publikum: von Status zu Status, nicht von Person zu Person. Auf die Parallele zum Markt-Verkehr hat Weber ausdrücklich aufmerksam gemacht (Weber 1922c: 661).

Praktisch bedeutet der „rein technisch" verstandene Verkehr den Vorrang der materiellen Basis – dazu zählt hier bekanntlich auch die durch Bildungspatente dokumentierte Qualifikation – als entscheidenden Faktor der Lebensführung. Die durch Besitz und Bildung Privilegierten nutzen den „rein technischen" Verkehr für die Durchsetzung ihrer Interessen am Markt wie gegenüber den Staatsapparaten. Für die anderen bestätigt und verfestigt der „rein technische" Verkehr ihre defizitäre Ausstattung mit Besitz und Bildung. Je besser es gelingt, partikulare Elemente aus dem Marktgeschehen wie aus der Erledigung der Amtsgeschäfte auszuschalten, umso deutlicher tritt der partikulare Charakter der über den Staat vermittelten Politik in den Konsequenzen „rein technischen" Verkehrs in Erscheinung.

Eine zentrale praktische Nagelprobe auf den „rein technischen" Verkehr stellt die Korrumpierbarkeit der beteiligten Personen dar. Korruption bedeutet, dass Begehrlichkeiten der den Verkehr als Status-Verkehr betreibenden Personen ins Spiel kommen, die durch den „rein technischen" Verkehr neutralisiert werden sollen und gegen die im Übrigen negative Sanktionen des Straf- und des Disziplinarrechts gerichtet sind. Solche Begehrlichkeiten gehen vor allem von Erwerbs-, Macht-, Prestige- und Sexualinteressen aus (s. das unter 2.1. entwikkelte Handlungsmodell). Korruption dementiert in ihrem Auftreten deutlich den Geltungsanspruch rechtsstaatlicher Prinzipien wie des konkret auf die Akteure bezogenen Straf- und Disziplinarrechts. Wie es scheint, ist die Anfälligkeit des Markt- wie des staatlichen Publikumsverkehrs für Korruption im „Hier und Heute" ständig gestiegen. Das ist aber nur schwer zu dokumentieren. So gibt es einerseits eindrucksvolle journalistische Recherchen (Leyendecker 2003), andererseits die Klage der Forschung, dass für eine verlässliche Ermittlung des Ausmaßes der Korruption die Voraussetzungen noch nicht gegeben seien (Claussen/Ostendorf 2002). Zwar gibt es inzwischen im Hinblick auf die Praxis des Bundes und der Länder, anders als wohl bei der Mehrzahl der Kommunen, organisierte Bemühungen um die Aufdeckung von Korruption, durch die das Feld ein wenig aufgehellt worden ist. Das Dunkelfeld bleibt gleichwohl beträchtlich. Als gesichert darf jedenfalls das Fazit gelten, das die mit der Korruptionsbekämpfung betrauten staatlichen Stellen mittlerweile ziehen. Danach ist Korruption zu einem festen Bestandteil staatlicher und privater Praxis geworden, mit dessen weiterer Ausdehnung gerechnet wird. „Zeiten, in denen Deutschland noch weitestgehend als korruptionsfrei angesehen wurde, gehören schon lange der Vergangenheit an" (BKA 2001: 54). (Informativ im Hinblick auf Details und Trends die vom Referat Öffentlichkeitsarbeit des Innenministeriums des Landes Nordrhein-Westfalen herausgegebenen Jahresberichte zur Korruptionsbekämpfung. Sie sind im Internet unter www.im.nrw.de: Korruptionsbekämpfung abrufbar) (Zu Korruption vgl. auch 6.2. u. 7.2.)

Auch der *Sozialstaat* ist ein rechtlich verfasster Staat und vermittelt sich insofern auch über das Recht. Auch hier ist die Verwaltung als *Rechts*stab konzipiert und mit der Aufgabe betraut, Gesetze zu vollziehen. Die Gesetze verändern sich allerdings im Übergang zum Sozialstaat. Sie verlieren zum Teil ihren Befehlscharakter und werden zu Trägern von Gestaltungsaufgaben und von Leistungsverheißungen. Das bedeutet, dass die Stabsangehörigen viel stärker als zuvor darauf verwiesen sind, personale und strukturelle Voraussetzungen und Folgen der Rechtsanwendung zum Maßstab der Rechtsanwendung zu machen. So kann Rechtsanwendung nicht mehr Sache des „Juristen als solchen" sein.

Notwendig setzt sie wirtschafts-, sozial-, gesellschaftspolitische Reflexionen
und Wertungen voraus (exemplarisch für eine sozialstaatliche „Abwägungs-
dogmatik" Luthe 2001). Notwendig bekommt Rechtsanwendung den politischen
Charakter, den sie in der rechtsstaatlichen Programmatik verlieren sollte und
den sie in den Konsequenzen rechtsstaatlicher Praxis nicht verloren hat. Nicht
immer, aber immer öfter fließen partikulare Orientierungen in die sozialstaatlich
offen geforderten Wertungen der Stabsangehörigen verstärkt ein.

Im Sozialstaat schwebt mithin über dem Publikumsverkehr nicht mehr das
Leitbild „rein technischen" Verkehrs; über dem sozialstaatlich verfassten
Marktverkehr schwebt es ebenfalls nicht mehr. Der in den siebziger Jahren des
letzten Jahrhunderts forcierte „soziale Zivilprozess" ist ein gutes Beispiel für
eine spezifisch *sozial*staatliche Verkehrs-Programmatik (Wassermann 1978).
Programmatisch gefordert wurde eine „Justiz mit menschlichem Antlitz" (Wassermann 1979). Ebenso sollte es im übrigen Behördenverkehr um „Vermensch-
lichung" gehen. Ebenso gab es als Ausdruck sozialstaatlicher Marktpolitik Programme zur „Humanisierung der Arbeitswelt".

Im Publikum wird der Sozialstaat vor allem mit den Leistungszusagen in
Verbindung gebracht, die die materielle Basis der Lebensführung gegen Risiken
absichern sollen. Darauf gründen sich jetzt Akzeptanz-Vorstellungen. Aber es
ist nicht nur die Leistung, die den Sozialstaat charakterisiert. Um geben zu können, muss er nehmen. Neben die Leistung tritt die Abgabe, tritt die tendenziell
wachsende Steuer- und Abgabenlast. Das Maß und der Erfolg sozialstaatlicher
Einflussnahme auf das Zusammenleben hängen mithin an der Durchsetzbarkeit
des Rechts, das Abgabezwänge transportiert. Im Zentrum des Sozialstaats steht
die Pflichtversicherung, steht der im Sozialversicherungsrecht transportierte
Zwang. Mehr und mehr wird das Zentrum des Sozialstaats zusätzlich besetzt
vom Abgabezwang, den das Steuerrecht auszuüben bestimmt ist; denn allein
durch die Zwangsbewirtschaftung der Arbeitskraft lässt der Sozialstaat sich
immer weniger finanzieren. Mehr und mehr wird die Steuererhebung damit
begründet, dass so dem Sozialstaat die nötigen Ressourcen verschafft werden
sollen, beispielsweise bei der als „Öko-Steuer" bezeichneten Steuer auf den
Energieverbrauch oder bei der Tabaksteuer. So nimmt der Sozialstaat mehr und
mehr Züge des den Steuer- und Leistungsstaat umspannenden Finanzstaats an
(Luthe 2001: 422 ff.). Die Durchsetzung des vom Sozialversicherungsrecht und
vom Steuerrecht ausgehenden Zwangs wird problematisch, wenn der Glaube an
die daran gekoppelten Verheißungen geschwächt wird. Die letzten Jahrzehnte
stehen im Zeichen abnehmenden Glaubens an die Verheißungen des Sozialstaats. Ein Ausdruck dafür ist das permanente Wachstum von Schwarzarbeit und
Schattenwirtschaft (vgl. 7.5.).

Im *Schutzstaat* schließlich geht es um staatliches Management der Lebensführung schlechthin, die möglichst weit vorausblickend vor Gefahren und Risiken bewahrt werden soll. Selbst über diesen weit gezogenen Aufgabenkreis strebt schützende staatliche Politik inzwischen hinaus, indem sie die Lebensführung künftiger Generationen zu schützen unternimmt. Ja, sie drängt schließlich auch über den Menschen und seine Lebensführung hinaus. Sie will Schutz der Natur um der Natur willen, Schutz der Umwelt um der Umwelt willen. So werden die Stabsangehörigen zu Managern einer vorbeugenden und vorausschauenden Politik. Notwendig schrumpft der Bestand gesicherten Wissens, wächst der Anteil des auch von Wahrscheinlichkeitsregeln nicht mehr aufzuklärenden Nicht-Wissens. Notwendig nimmt der wertende Anteil der Tätigkeit zu. Notwendig geht der Anweisungscharakter dem Recht noch mehr verloren.

Dem staatlichen Management der als krisenhaft vorgestellten Lebensführung ist jedes Medium recht (Lindblom 1980). Es arbeitet mit Befehl und Zwang und mit materiellen Anreizen und Belastungen. Insoweit bewegt es sich im jeweils vertrauten, wenn auch zunehmend schutzstaatlich verrechtlichten, d. h. präventiv zugespitzten Rahmen. Daneben greift der Krisen managende Schutzstaat vermehrt zur *Information* als Medium, um seine Ziele zu erreichen (dazu bereits unter 1.1. u. 3.4.). Information kommt als schlichte Mitteilung daher, wird gern auch Aufklärung genannt, kann die Gestalt der Warnung annehmen oder des Appells, bedient sich aller möglichen Formen der Werbung und der Propaganda und setzt letzten Endes auf Überredung oder Überzeugung. Überzeugung ist freilich angesichts schnell wechselnder Szenarien vielleicht nicht optimal funktional. Wohl ist auch dem betont auf die Autorität des Rechts setzenden Rechtsstaat die Information als Medium nicht fremd. Sie ist aber gegenüber dem zentralen Medium Recht geradezu peripher. Wohl setzt auch der auf Arbeitskraftbewirtschaftung und Existenzsicherung zentrierte Sozialstaat Information ein und schon durchaus mit größerem Gewicht als der betont auf das Recht gestützte Staat. Doch stehen hier, wie schon gezeigt, nicht Informationen, sondern Leistungen im Mittelpunkt der Politik, Versicherungsleistungen zumal ebenso wie die Leistungen der Sozialhilfe. Sie sind ebenso wie die damit verknüpften Zwänge jedenfalls prinzipiell rechtlich verfasst. Der Charakter des Rechts verändert sich freilich, wie mehrfach bereits behandelt. Erst im Schutzstaat wird das Recht radikal an den Rand gedrängt, wird die Information zu einem zentralen Medium. Nahezu täglich konkretisiert sich der Schutzstaat in Botschaften, die die Lebensführung betreffen. Damit will er Einbrüchen in die Lebensführung sowie den damit verbundenen Beschädigungen möglichst früh zuvorkommen. Er will sie möglichst „an der Quelle" bekämpfen. Ohne ein hohes Maß an Wertung ist das nicht zu haben. Notwendig nehmen auch die partikularen Orientierungen in den Stäben weiter zu. Notwendig wird der Erfolg der staatlichen

Praxis vom Geschick derjenigen abhängig, die die Medien gestalten, über die sich der Schutzwille konkretisiert.

Dabei spielt das Recht als Medium nur noch eine sehr geringe Rolle. Am Schicksal des Verbraucherinformationsgesetzes, das im Jahre 2002 am Ende der Parlamentsperiode vom Bundestag beschlossen (VerbIG, Entwurf vom 08.03.2002; BR-Dr. 210/02 vom 15.03.2002) und im Bundesrat blockiert wurde, lässt sich die geringe Bedeutung des Rechts im informierenden Schutzstaat gut ablesen. Kurz nach der Blockade im Bundesrat hat das Bundesverfassungsgericht über Verfassungsbeschwerden entschieden, mit denen Bürger die Verletzung ihrer Rechte infolge der Informationspolitik der Bundesregierung rügten. Dabei ging es einerseits um die Berufs- und Gewerbefreiheit, die durch Produktwarnungen, und andererseits um die Religionsfreiheit, die durch Informationen über „Sekten" beeinträchtigt war. Das Bundesverfassungsgericht entschied dazu (BVerfG JZ 2003, 307 ff. u. BVerfG JZ 2003, 310 ff.), für die schutzpolitisch motivierte Informationstätigkeit der Regierung sei eine gesetzliche Grundlage nicht erforderlich. Sie sei hinreichend dadurch legitimiert, dass sie als „Aufgabe der Staatsleitung" verstanden werde. Der eigentliche Zweck der Verrechtlichung, die informierende Staatstätigkeit kontrollierbar und berechenbar für den Bürger zu machen, lasse sich gegenüber der staatlichen Informationspolitik auch gar nicht verwirklichen. Denn da die informierende Schutzpolitik praktisch alle Lebensbereiche betreffen könne, komme zur Regulierung nur ein Gesetz in Frage, das sich in vagen Formeln und Generalklauseln erschöpfen müsste. Davon habe der Bürger nichts. Die Gerichte aber könnten schließlich, wenn der Bürger Rechtsschutz gegenüber staatlicher Information in Anspruch nähme, auch ohne ein Informationsgesetz den Rechtsschutz gewähren. Die Maßstäbe dafür könnten sie direkt und unmittelbar der Verfassung entnehmen. Mit dieser Entscheidung ist die mit Schutzzwecken begründete staatliche Informationspolitik und die sie exekutierende Praxis der Stäbe praktisch gesetzesfrei gestellt worden, ist die Mitwirkung des Parlaments an der Formulierung der Schutzpolitik für entbehrlich erklärt worden. Damit ist eine Situation verfassungsrechtlich legitimiert worden, die mit überlieferter rechtsstaatlicher Kultur nichts mehr gemein hat. Nach dieser Entscheidung steht der Bürger der mit Hilfe von Informationen steuernden, lenkenden und unter Umständen in seine Rechte eingreifenden Exekutive ohne den Rückhalt gegenüber, den das Gesetz leisten soll. So steht er zugleich einer durch die Regierung verfolgten partikular orientierten Politik gegenüber, die partikular bleiben darf, weil sie sich nicht der Transformation in universalisierbare Zwecke aussetzen muss, wie sie mit der Gesetzgebung wenigstens der Idee nach immer noch verbunden ist. Was aber die vom Bundesverfassungsgericht in Aussicht gestellte Kontrolle der Informationspolitik mit Hilfe von Verfassungsprinzipien betrifft, so sind diese so vage und allgemein, dass sie die informierende Staatstätigkeit erst recht nicht zu einer berechenbaren machen.

4.6   Zwischenbetrachtung

Der Durchgang durch die Staatsaufgaben, der in dieser Übersicht am historischen Ablauf ihres Auftretens orientiert war, beginnt mit einer betont starken Stellung des Rechts im Rechtsstaat, führt über erste Abschwächungen des Rechts im Sozialstaat und endet mit einer betont schwachen Stellung des Rechts im Schutzstaat. Das über das Medium Recht vermittelte Gewaltpotential charakterisiert die Beziehungen zwischen Staat und Bürger im Rechtsstaat. Die über die Medien Geld (und geldwerte Leistung) und Recht vermittelten Leistungen charakterisieren den Sozialstaat. Der über die Medien Wort und Bild und Geld und Recht vermittelte Steuerungsanspruch charakterisiert den Schutzstaat. Im Recht mischt sich inzwischen streng formales mit materialem Recht. Dabei nimmt der Anteil materialen Rechts immer mehr zu. Die Entwicklung geht hin bis zum Verzicht auf das Recht als Mittel der Politik. Da die historisch jeweils neuesten Aufgabenstellungen staatlicher Politik nicht etwa die bis dahin herrschenden ablösen oder verdrängen, sondern jeweils hinzukommen, wobei sie untereinander jeweils neu austariert werden müssen, ist die Wahrnehmung der Staatsaufgaben in Deutschland am Ende des 20. und am Beginn des 21. Jahrhunderts als eine mehr oder weniger grandiose Misch-Praxis zu verstehen. Etwas anderes als ein ziemlich breit gefächerter und zugleich diffuser „policy-mix" ist in dieser Lage nicht zu erwarten. Das berühmt-berüchtigte „muddling-through" ist Kennzeichen einer staatlichen Praxis, der die tragenden Kollektive mit ihren partikularen Interessen als Richtschnur ebenso verloren gegangen sind wie eine nur über strenge Prinzipienbindung, Selbstbegrenzung und Selbstbezug zu gewinnende systematische Linie. Am ehesten geben die geschilderten Entwicklungslinien der Praxis der Gegenwart Kontur. Sie sollen deshalb in thesenhafter Verdichtung und in einer ersten Konkretisierung der zu 2.2.1.f) entworfenen Grob-Skizze das Kapitel abschließen:

-    Die Politik greift in regulierender Absicht auf immer mehr Lebensbereiche und auf immer mehr Details in den Lebensbereichen zu. Entsprechend werden die private Lebensführungsbasis wie der Lebensführungsstil zunehmend politikabhängig, abhängig also von den Medien Recht, Geld und Information, die den politischen Willen transportieren. Entsprechend nimmt auch der private Druck auf die Gestaltung dieser Medien zu. Im Druck und Gegendruck kann der Einzelne lernen, sich kalkulierend zu eigener und fremder Lebensführung (vgl. 2.1.) zu verhalten. Dabei sind die Lernchancen ungleichmäßig verteilt. Sie variieren nach den Statusmerkmalen, die auch sonst für eine unterschiedliche Verteilung von Lebensführungschancen sorgen (Alter, Geschlecht, soziale Herkunft, Bildungsstand, Beruf).

- Das Recht als Instrument des politischen Gestaltungswillens wird zunehmend materialisiert, dynamisiert und flexibilisiert. Das gilt für Gesetzgebung und Rechtsanwendung gleichermaßen. Der Begriff des rationalen Rechts meint im Zweifel materialrationales Recht.

- Rechtsanwendung ist als Ausdruck der politischen Instrumentalisierung des Rechts immer weniger eine Frage spezifisch juristischer Logik und Methodik und immer mehr eine Frage unspezifisch wertender Abwägung. Die Maschinenmetapher verzeichnet diese Praxis.

- Das Staat-Bürger-Verhältnis ist zugleich von Freiheitserwartungen und Freiheitsverbürgungen, Leistungsbegehren und -zusagen sowie von Schutz- und Sicherheitsvorstellungen und -versprechen geprägt. Die Realisierung dieses Aufgaben-Mix leidet unter vielfachen „Mühen der Ebene". Besonders bedrängend hat sich aktuell die Knappheit der staatlich verfügbaren Ressourcen zugespitzt. Abhelfen sollen Programme zur Verkürzung und Effektivierung der Abläufe in den Staatsapparaten. Auch die wachsende Tendenz der „Privatisierung der Staatsaufgaben" gehört in diesen Zusammenhang. Dass sich parallel zur offiziell-formalen Erledigung der Staatsaufgaben mehr und mehr eine Ebene inoffiziell-informeller Erledigung etabliert, gehört auch hierher.

- Die Bedeutung des Mediums Information für den Transport des politischen Willens nimmt permanent zu. Es enthält ein erhebliches Machtpotential. Im „Kampf gegen AIDS" hat staatliche Politik das Ziel verfolgt, das Sexualverhalten der Deutschen so weit *umzuprogrammieren*, dass ungeschützter Geschlechtsverkehr mit Fremden *unvorstellbar* werden sollte. Dieses Ziel ist mit Hilfe des Rechts nicht zu erreichen. Der an das Recht gebundene Staat kann ein bestimmtes Verhalten als *rechtswidrig bewerten*. Er kann die rechtswidrige Verhaltensalternative aber nicht „aus der Welt schaffen". Ökonomische Anreize sind ebenfalls nicht dazu geeignet, Verhaltensalternativen unvorstellbar zu machen. Als geeignet, Verhaltensalternativen unvorstellbar zu machen und so die negativ besetzte Alternative „aus der Welt zu schaffen", betrachtete die staatliche Anti-AIDS-Politik dagegen die „Information" (Deutscher Bundestag (Hg.) 1988 und 1990). Zu ihrer Fundierung wurde eine Vielzahl von Medienkampagnen unternommen. Außerdem wurde Ausforschung des Sexualverhaltens der Bundesbürger auf breiter Front betrieben – auch das gehört zu den Eingriffen in die Lebensführungsfreiheit, zu denen Politik im Schutz- und Sicherheitsstaat sich selbst ermächtigt. Das Ziel einer „Umprogrammierung" des Sexualverhaltens hat staatliche Informationspolitik im „Kampf gegen AIDS" nicht erreicht. Sie hat es aber jedenfalls für erstrebenswert und für erreichbar gehalten.

- Bei alledem besteht in der Praxis der Staatsapparate die bereits mehrfach erwähnte Tendenz fort, die Max Weber am Beginn des 20. Jahrhunderts beobachtet hat, wonach der „Juristenstand" „viel stärker als je früher in die Waagschale der ‚Ordnung', und das heißt praktisch: der jeweils gerade herrschenden ‚legitimen' autoritären politischen Gewalten" fällt (Weber 1922c: 502). Das ist für die Stäbe in Deutschland bis heute charakteristisch geblieben, und das hat seinen deutlichen Ausdruck in ihrer problemlosen Indienstnahme für wechselnde Zwecke und Aufgaben. Man muss freilich, wie der Durchgang durch die Staatsaufgaben gezeigt hat, den Begriff der „Ordnung" inzwischen inhaltlich neu bestimmen. Ordnung ist deutlich pluraler geworden als zu Webers Zeit. Sie hat immer noch, wenn auch verschwommen, ein rechtsstaatliches Profil. Hinzugewonnen hat sie ein sozial- und ein schutzstaatliches Profil. Durchgängig ist sie durchsetzt mit wohlfahrtsstaatlichen Elementen, und schließlich wird sie inzwischen spürbar finanzstaatlich überformt. Am Beginn des 20. Jahrhunderts sorgte eine „rein technisch" verstandene Erledigung der Staatsaufgaben in Verbindung mit Auslese und Anpassung sowie mit der Organisation der Beruflichkeit als „Karriere" (Luhmann 1981a: 173 ff.) dafür, dass die Waagschale sich der damals herrschenden Ordnung zuneigte. Inzwischen ist die Organisation der Beruflichkeit als Karriere ständig verfeinert worden, wobei partikulare politische Bindungen immer weniger als Karrierehindernis wahrgenommen werden. Darüber und über Programme der Aus- und Weiterbildung werden Loyalität und Anpassungsbereitschaft gegenüber der jeweiligen politischen Spitze und gegenüber ihren jeweiligen Programmen, die die verschiedenen Ordnungen jeweils auf Zeit auszutarieren suchen, bis heute gesichert.

Weiterführende Literatur

Weber, Max 1922c: 3. Teil; Luhmann, Niklas 1994a, 1994b.

5   Die Rechtsprechung

Rechtsprechung ist als Staatsmonopol organisiert. Soweit nicht-staatliche Einrichtungen Rechtsprechungsaufgaben wahrnehmen („Schiedsgerichte"), tun sie dies kraft staatlicher Ermächtigung. Wenn ihre Entscheidungen vollstreckt werden sollen, bedarf es der Mitwirkung der staatlichen Gerichte. Man kann das Staatsmonopol für die Rechtsprechung in Art. 92 GG verankert finden. Positivrechtlicher Ausdruck dafür war auch § 15 Abs. 1 GVG, wonach „alle Gerichte (...) Staatsgerichte (sind)". Dass die Bestimmung im Jahre 1950 aufgehoben wurde, sollte nicht heißen, dass das Prinzip des Staatsmonopols für die Rechtsprechung aufgegeben werden sollte.

Wenn Rechtsprechung Monopol staatlicher Gerichte sein soll, dann heißt das vor allem, dass sie nicht Aufgabe des Parlaments, der Regierung und der Verwaltung sein soll. Andererseits soll Rechtsprechung nicht Rechtspolitik sein; die soll vielmehr Sache des Parlaments und der Regierung sein. Rechtsprechung soll Richtern vorbehalten sein, und Richter sollen nur Juristen werden können, die mit Hilfe von Zertifikaten nachweisen, dass sie die teils universitär organisierte Juristenausbildung absolviert und zwei Staatsprüfungen erfolgreich bestanden haben. Loyalitätserwartungen kommen hinzu, die über die Praxis von Ausbildung, Auslese und Karriere konkretisiert werden. Hier und da werden auch Laien zu richterlichen Tätigkeiten zugelassen. Das ändert am Juristenmonopol in der staatlichen Rechtsprechung faktisch nichts.

Richter sollen unabhängig, unabsetzbar und unversetzbar und nur an Recht und Gesetz gebunden sein. Was das praktisch bedeutet bzw. was überhaupt aus all diesen Postulaten in der Praxis wird, ist eins der zentralen Themen der Rechtssoziologie. Rechtsprechungspraxis ist jedenfalls kein schlichtes Abbild der auf die Praxis bezogenen Postulate. Das ist hier, wie auch sonst, nicht zu erwarten. Nichts ist, wie es von Rechts wegen sein soll. Das Gewaltenteilungspostulat, das Unabhängigkeitspostulat und die Bindung der Rechtsprechung an Recht und Gesetz sind in der Verfassung der Bundesrepublik Deutschland verankert (Art. 97 Abs. 1; Art. 20 Abs. 3 GG). Die oben formulierte Vermutung von der Stärke gegenläufiger Tendenzen bildet eine der Grundannahmen der folgenden Darstellung.

5.1   *Rechtsprechung als Gegenstand der Rechtssoziologie*

Richterliche Rechtsprechung ist einzelfallbezogen. Die großen Linien für das Zusammenleben sollen, soweit sie denn vom Recht oder mit Hilfe des Rechts gezogen werden, eher durch Gesetzgebung und Verwaltung gezogen werden. Freilich strebt Rechtsprechung mehr und mehr über den Einzelfall hinaus und wird so zur Rechtsquelle eigener Art; davon war bereits die Rede (3.4.). Dann überwindet die Rechtsprechung die Grenze zur Rechtspolitik; dann tritt sie mit eben dem allgemeinen Wirksamkeitsanspruch auf, der alle Rechtssetzung begleitet und dessen Umsetzungschancen durch die Befolgungsbereitschaft der primären wie der sekundären Adressaten konkretisiert werden.

Die Praxis richterlicher Rechtsanwendung ist hoch-komplex. Außerdem variiert sie im Zeitablauf. Sie kann nicht in allen Einzelheiten behandelt werden. Sie wird stattdessen modellhaft zugespitzt. Für die Modellbildung greife ich auf eingeführte Modelle aus dem Kontext der Rechtstheorie wie aus dem der Rechtssoziologie zurück. Beide Kontexte unterscheide ich, dem oben bereits erwähnten (1.2.) Vorschlag von Niklas Luhmann folgend, nach Position und Perspektive des Beobachters. Rechtstheorie nimmt die Binnenperspektive ein, Rechtssoziologie die eines außen stehenden Beobachters (Luhmann 1993: 9 ff.). Rechtstheorie entwickelt und benutzt Modelle im Rahmen (rechts)-philosophischer Theorietradition. Rechtssoziologie entwickelt und benutzt ihre Modelle im Rahmen sozialwissenschaftlicher, insbesondere rechts- und berufssoziologischer Theorietradition. Rechtstheorie changiert ständig zwischen normativer und empirischer Orientierung, kommt teils deskriptiv, teils präskriptiv daher. Rechtssoziologie ist dagegen deskriptiv angelegt. Normative Setzungen sind für sie Tatsachen, die als Folge von Tatsachen (rechtspolitisch artikulierte Interessen) oder als Ursache für Tatsachen (Rechtswirkungen) untersucht werden. Habermas' Beiträge zum Recht gehören eher der Rechtstheorie an (Habermas 1977; 1995), freilich in einigen der sog. Kritischen Theorie geschuldeten Eigentümlichkeiten. Luhmanns Beiträge (Luhmann 1965; 1974; 1981a; 1981b; 1981c; 1983; 1987; 1993) gehören eher der Rechtssoziologie an, freilich in den Eigentümlichkeiten, die der systemtheoretischen Orientierung geschuldet sind.

5.2   *Rechtsinterne Rechtsprechungsmodelle*

Die interne Debatte stimmt darin überein, dass richterliche Rechtsprechung auf: „rational diskutable(.) ‛Gründe‛" verwiesen ist, dass „‛Sachlichkeit‛ und ‛Fachmäßigkeit‛" den professionellen Kern des Richterberufs ausmachen sollen und dass der Bezug auf Rechtswissenschaft elementar dafür ist (Weber 1922c:

664). Die dieses Verständnis ursprünglich tragenden Gewissheiten haben sich im Verlauf des letzten Jahrhunderts kontinuierlich abgeschwächt (Haverkate 1977). In den mehrfachen politischen Umbrüchen jenes turbulenten Jahrhunderts ist stattdessen die Kontextgebundenheit der Rechtsprechung deutlich hervorgetreten (Rüthers 1968; 1995; 2002). Gewiss war zu Beginn des letzten Jahrhunderts, dass Rechtsprechung sich als „Subsumtion" von Fallgeschichten unter Gesetzestexte vollziehen solle. Vielfach wurde angenommen, dass sie sich auch tatsächlich so vollziehe. Sie sei, so hieß es, im Kern eine Frage von Logik und Methodik. Die Vorstellung von der Lückenlosigkeit des Normprogramms kam notwendig hinzu. Praktische Bedeutung bekam dieses Programm vor allem in der Juristenausbildung sowie in den herrschenden Üblichkeiten richterlicher Urteils*begründungs*praxis. Darauf wird die folgende Darstellung konzentriert.

Juristen sollten zu Beginn des letzten Jahrhunderts „dazu erzogen" werden, „`juristische Wahrheit´ zu *wollen"* (Weber 1922b: 347; gesperrt wie im Original). Juristische Wahrheit sollte eine besondere Wahrheit sein, deutlich unterschieden von anderen, also etwa politischen, moralischen oder ökonomischen Wahrheiten. So ging und geht es im Studium darum, das „juristische Denken" als *ein besonderes* Denken zu schulen – vor allem im *Darstellungs*kontext. Praktisch bedeutet das, den Studierenden die „Dogmatik" als eine Sammlung der Ergebnisse Sinn erschließender Arbeit an Gesetzestexten zu vermitteln. Daneben wird die Lösung von „Fällen" abverlangt, die so zubereitet sind, dass der Weg zur Lösung als ein in *rationaler Normarbeit* begründeter Weg vorgeführt werden kann. Die Normarbeit vollzieht sich in der Regel nicht als methodengesteuerte Arbeit an Gesetzestexten, sondern über Anleihen am dogmatischen Schrifttum (h. M.) bzw. an der Rechtsprechung (h. Rspr.) Von der Arbeit am Sachverhalt und von der Suche nach anderen als juristischen Wahrheiten wurden und werden die Studierenden im Studium freigestellt, ja, sie werden geradezu borniert dagegen. Aus den rechts- und staatswissenschaftlichen Fakultäten, die ökonomische, politische und soziologische Fragen noch mitbedacht hatten, wurden seit dem Ende des 19. Jahrhunderts „rein" juristische Fakultäten. Die sogenannte Integration der Sozialwissenschaften in einigen Fakultäten in den siebziger Jahren des letzten Jahrhunderts war lediglich eine kurze Episode. Der „Jurist als solcher" ist und bleibt die Leitfigur, der Nur-Jurist, dem „ethische, politische oder volkswirtschaftliche Erwägungen" fremd sein soll(t)en – Bernhard Windscheids berühmtes Diktum aus dem Jahre 1884 in der bekannten abgekürzten Form, die Franz Wieacker (1952: 253) ihm gegeben hat. Darauf war und ist auch das erste Staatsexamen abgestellt, das bis heute von der Justizbürokratie beherrscht wird; für die „Pflichtfachprüfung", die es demnächst teilweise ersetzen soll, gilt das Gleiche. Vor dem staatlichen Prüfungsamt hat(te) der Kandidat unter Beweis zu stellen, dass er die vorgegebenen Fälle so zu lösen

versteht, wie sie „nach den Regeln des teils zwingend logisch, teils durch kon-
ventionell gegebene Schemata gebundenen juristischen Denkens" (Weber
1922b: 542) zu lösen sind. Und so hat(te) der Kandidat auch unter Beweis zu
stellen, dass er praktische Fragen *als Rechtsfragen* dadurch zu bearbeiten vermag, dass er sie von „religiöse(n) und ethische(n) Anschauungen einerseits,
wirtschaftliche(n) und soziale(n) Verhältnisse(n) andererseits" zu trennen versteht (Gierke 1883: 1114). Die Referendarausbildung und das zweite Staatsexamen, das sie abschließt und bei erfolgreichem Verlauf den Weg in die juristischen Berufe eröffnet, setz(t)en diese Ausbildungsorientierung konsequent um.
Zugleich forcier(t)en sie die Praxis einer Entscheidungsbegründung, die dem
Publikum die Entscheidung als mehr oder weniger zwingendes Ergebnis eines
von Logik und Methodik kontrollierten Vorgehens vorzuführen sucht (Hart-
wieg/Hesse 1981). Wenn heute immer mehr von „Abwägung" die Rede ist,
dann wird dafür ebenfalls Rationalität in Anspruch genommen. Auch dann geht
es bei der Entscheidungsdarstellung um die Demonstration eines methodisch
kontrollierten Vorgehens, das mit Notwendigkeit zu dem gefundenen Ergebnis
geführt hat. Freilich sind inzwischen die Anforderungen an den Nachweis „rein
juristischer Denkfähigkeit" kontinuierlich zurückgenommen worden, bekommen im Kontext finaler Programme die nicht-juristischen Programme zunehmend Gewicht. Deshalb gelten die Aussagen dieses Abschnitts, soweit sie zwischen Vergangenheit und Gegenwart changieren, eher für die Vergangenheit als
für die Gegenwart. Für die Zukunft muss außerdem in Rechnung gesetzt werden, dass die Juristenausbildung nicht mehr am Richter, sondern am Rechtsanwalt orientiert werden soll, dass die Vermittlung sog. „Schlüsselqualifikationen"
im Studium erfolgen soll – die Vermittlung dieser „soft skills" geht notwendig
zu Lasten der Vermittlung von Recht und Rechtswissenschaft! – und dass die
Herrschaft des Justizprüfungsamtes über das erste Staatsexamen ein wenig zurückgenommen werden soll zugunsten einer universitären Abschlussprüfung,
die mit einem Anteil von 30% neben die staatliche Pflichtfachprüfung treten
soll.

5.2.1 Das Subsumtionsmodell

Ihren deutlichsten Ausdruck findet die auf juristische Rationalität verpflichtete
Rechtsprechung im „Subsumtionsmodell". Es schreibt Rechtsprechung vor als
einen deduktiven Vorgang, dessen wichtigste Bestandteile die Bildung von
„Obersatz" und „Untersatz" darstellen sollen. Der „Schlusssatz" soll dann das
Urteil als logische Folge darstellen (Rüthers 1999; Pawlowski 2000). Dieser
Vorgang wird auch als „Syllogismus" bezeichnet, ein Schließverfahren, bei dem

das Ergebnis aus zwei Prämissen abgeleitet wird. Bei der Obersatzbildung geht es um die Festlegung des für den zu entscheidenden Fall relevanten Normprogramms, das aus „Tatbestand" und „Rechtsfolge" besteht (als beliebiges Beispiel § 212 StGB: „Wer einen Menschen tötet, ohne Mörder zu sein" (Tatbestand), „wird als Totschläger mit Freiheitsstrafe nicht unter fünf Jahren bestraft" (Rechtsfolge)). Auf die Obersatzbildung ist die „juristische Methodenlehre" bezogen. Methodenlehre ist die Lehre von der richtigen, weil methodengesteuerten Auslegung des Rechts. Obersatzbildung steht im Zentrum des Universitätsstudiums, das mehr oder weniger ausschließlich darauf gerichtet ist, den Sinn von Gesetzestexten zu erschließen und die Obersatzbildung zu üben. Das Studium und die Urteilsbegründungspraxis werden allerdings, wie schon erwähnt (5.2.), nicht von Methodik, sondern von Dogmatik beherrscht. Die Studierenden beschäftigen sich nicht sonderlich mit den Methoden der Sinnsuche, sondern mit den von Rechtswissenschaft und Rechtsprechung präsentierten Ergebnissen. Bei der Untersatzbildung geht es um die Heranführung der Fallgeschichten und des daraus schließlich als feststehend (als „wahr") abgeleiteten Sachverhalts an den gesetzlichen Tatbestand. Mit Methoden und Problemen der Untersatzbildung gibt das Studium sich überhaupt nicht ab. Sie gilt als Domäne der Referendarausbildung und der Praxis.

Der Richter – bis vor kurzem die Leitfigur der Juristenausbildung – soll also im Wege der „Sachverhaltsarbeit" einen singulären Tatbestand (den Untersatz) feststellen (im Beispiel: A hat B getötet, ohne Mörder zu sein). Zugleich soll er im Wege der „Normarbeit" einen „passenden" Obersatz erarbeiten (im Beispiel wird er aus § 212 StGB entwickelt). Stimmt der singuläre Tatbestand (der Untersatz) mit dem generalisierten Tatbestand (§ 212 StGB) überein, dann soll im Wege der „Subsumtion" von Ober- und Untersatz der Rechtsstreit mit der Kraft deduktiver Logik, also zwingend, nach dem Schema entschieden werden: „Alle, die einen Menschen töten, ohne Mörder zu sein, werden mit Freiheitsstrafe (...) bestraft" – „A hat B getötet, ohne Mörder zu sein" – „A wird mit Freiheitsstrafe (...) bestraft". Die im Obersatz enthaltene generelle Rechtsfolge wird zur singulären Rechtsfolge im zu entscheidenden Fall. Die Rechtsfolge spricht der Schlusssatz aus. Sie ist zugleich der Kern des Urteilsspruchs, für den allerdings im Beispielsfall noch eine Konkretisierung des in § 212 StGB nur vage bestimmten Strafmaßes („Freiheitsstrafe nicht unter fünf Jahren") erfolgen muss. Selbst die Konkretisierung (zum Beispiel: „fünf Jahre, sechs Monate") wird im Zeichen des Subsumtionsmodells als ein logisch-methodisch kontrollierter Vorgang behauptet, für den es schließlich nur *ein* juristisch richtiges Ergebnis geben könne.

Die Liste der im Kontext der Rechtstheorie diskutierten Defizite des Subsumtionsmodells ist lang. Ich versuche sie so weit wie möglich zu straffen und
zu bündeln.

In der klassischen Form des Subsumtionsmodells wird Wert gelegt auf die
strenge Trennung der Satzbildungen mit dem zeitlichen Vorrang der Untersatzbildung (Schmidt 1953). Daran hat die interne Kritik früh angesetzt (Kaufmann
1999). Daran ist jedoch die Juristenausbildung nach wie vor orientiert. Sie gibt
den Studierenden feststehende und künstlich verknappte Sachverhalte an die
Hand, die bereits mehr oder weniger klar als Tatbestände konstruiert sind. Die
Arbeit am Untersatz wird also vorweggenommen. Eine weitere Bearbeitung des
Sachverhalts ist den Studierenden geradezu untersagt. Sie sollen ausschließlich
in die Obersatzbildung eingeübt werden. Auch die Begründungspraxis der Gerichte folgt in ihrer Struktur nach wie vor dem Vorgehen des klassischen Modells. Zuerst wird der Tatbestand des Untersatzes dargestellt, dann folgt der
Obersatz. Die Kritik hat relativ leicht plausibel machen können, dass Rechtsprechung so nicht praktiziert werden kann, da es sich bei der Obersatz- wie bei der
Untersatzbildung um *Such*vorgänge handelt, die einer strengen Orientierung
bedürfen, wenn sie in knapp bemessener Zeit zum Abschluss gebracht werden
sollen (Hartwieg/Hesse 1981). Aus einem Sachverhalt und noch dazu aus einem
streitigen, der die Regel darstellt im richterlichen Alltag – nur die Revisionsge-
richte haben es da einfacher! –, lassen sich *viele* Tatbestände entwickeln, je
nachdem, unter welchem Gesichtspunkt der Sachverhalt betrachtet und rekonstruiert wird. Auch lässt sich aus der Überfülle von Normen, die dem Richter
zur Verfügung stehen, eine nahezu unendliche Vielzahl von Obersätzen bilden.
Es geht aber nicht darum, beliebig viele Sätze zu bilden. Es soll vielmehr darum
gehen, den als Rechtsstreit geführten Konflikt einer Lösung mit Hilfe des
Rechts zuzuführen; die dafür im Studium wie in der richterlichen Praxis zur
Verfügung gestellte Zeit wird kontinuierlich verknappt. Deshalb soll es darum
gehen, möglichst zügig denjenigen Obersatz zu bilden, dessen generell formu-
lierter Tatbestand mit dem konkreten Tatbestand des Untersatzes in Übereinstimmung gebracht werden kann. Die Annahme liegt nahe, dass die Untersatz-
suche an der Obersatzsuche orientiert wird und die Obersatzsuche an der Unter-
satzsuche. Mit dem Bild vom „Pendelblick", vom „Hin- und Herwandern des
Blicks zwischen Norm und Sachverhalt", hat Engisch der Koppelung der beiden
Suchvorgänge einen inzwischen weit verbreiteten Ausdruck gegeben (Engisch
1963: 14 ff.).

Die Kritik ist inzwischen über die klassische Trennungslehre weit hinaus.
Sie hat auf durchaus empirische Weise vor allem das „Vorverständnis" entdeckt,
das Ober- und Untersatzbildung gleichermaßen vorformt (Esser 1972) und ohne
das der Suchvorgang auch im „Hin- und Herwandern des Blicks" nie zu Ende

käme. Die Kritik hat schließlich die *Ergebnisorientierung* als eigentliche Leit-
idee der doppelten Satzbildung herausgestellt (Bendix 1968; Krawietz 1972):
„Erst kommt das Ergebnis, dann die Begründung". Das hatte solange etwas
Anrüchiges, solange am Subsumtionsmodell programmatisch festgehalten wurde. Inzwischen hat es nichts Anrüchiges mehr, da der Gesetzgeber im Zuge der
fortschreitenden Materialisierung des Rechts immer weniger subsumtionsgeeig-
nete Normen zur Verfügung stellt. Stattdessen dominieren zweck- und folgeori-
entierte Normen, die wie von selbst die Ergebnisorientierung zur Voraussetzung
der Rechtsanwendung machen.

Einen weiteren Schwerpunkt am Subsumtionsmodell bildet die Kritik am
Richtigkeitsanspruch etablierter Auslegungsmethoden. Die Kritik verweist auf
die mangelnde Strenge der einzelnen Methoden und auf das Fehlen einer Meta-
Regel, die die Methodenwahl steuert. So gipfelt die Kritik im Befund des Me-
thodensynkretismus (Zippelius 1999; Kaufmann 1999) und in dem Vorschlag,
die Entscheidungspraxis als soziale Praxis zu verstehen und mit Hilfe von Modellen sozialer Praxis zu rekonstruieren (Morlok/Köbel/Launhardt: 2000).

5.2.2 Aktuelle rechtsinterne Rechtsprechungskonzepte

In der Kritik am Syllogismus und am Subsumtionsmodell herrscht heute weithin
Übereinstimmung in den rechtsinternen Debatten. Die Kritik richtet sich mit
unterschiedlichen Akzenten sowohl gegen die Rolle der Logik im Entscheidungsprozess wie gegen die Rolle der Methodik bei der Arbeit am Obersatz.
Auch in der internen Theoriedebatte öffnet sich der Blick auf „das Nichtrationale", sei es „das Nichtrationale an der juristischen Methode" (Kaufmann 1999:
VI), sei es allgemeiner der Anteil, „der so unberechenbar ist wie das Leben
selbst" (Zippelius 1999: Klappentext). „Rechtsfindung ist eben kein reiner Er-
kenntnisprozeß" (Zippelius 1999: 18). So geraten „Macht" und „Dezision" in
das Blickfeld interner Konzepte (Kaufmann 1999: 7), so ist von „persönlichem
Rechtsgefühl" die Rede und vom „Wagnis der Gerechtigkeit" (Zippelius 1999:
18). Breiten Raum nimmt die Beschäftigung mit der Qualität des aktuellen
Normenbestands ein, dessen „Unfertigkeit", „Lückenhaftigkeit" und „Offenheit" betont werden. So wird schließlich die Rechtsprechung ihrer logischen
Struktur nach der Gesetzgebung gleichgesetzt: „das Einfallstor für Dezision und
auch Macht ist weit geöffnet"; die „Rationalität der Rechtsgewinnung" nimmt
ab (Kaufmann 1999: 88 f.). Vermutlich war sie nie so hoch, wie die Programme
behaupteten. Immer schon haben Rechtsgefühl und Routine bei der Herstellung
der Entscheidung eine zentrale Rolle gespielt (Hartwieg/Hesse 1981; Hesse
1982).

Zugleich bemühen sich die aktuellen rechtsinternen Rechtsprechungskonzepte auf unterschiedliche Weise darum, das derart in der Kritik am Subsumtionsmodell erhobene Rationalitätsdefizit zu begrenzen. Im Ergebnis laufen die Vorschläge auf eine Erweiterung der Spielräume der Auslegung durch Erweiterung des Methodenkanons hinaus sowie darauf, neben der klassischen „Deduktion" die „Induktion", die Abduktion" und die „Analogie" als weitere Typen logischen Vorgehens zu etablieren (Kaufmann 1999: 51 ff.).

Versteht man die aktuellen Entwürfe und Modelle der Rechtstheorie als Produkte rechtsinterner Beobachtung und als Selbstbeschreibungen und nimmt man sie so von außen wahr, so fallen über die Varianzen von Zeit und Autorschaft einige Gemeinsamkeiten auf.

Gemeinsam ist den Entwürfen, dass sie ebenso wie das Subsumtionsmodell die Untersatzbildung radikal unterbelichtet lassen. Sie halten sich weder damit auf, sie zu beschreiben und ihre Probleme zu analysieren, noch machen sie Vorschläge für diese Arbeit (anders dagegen Hartwieg/Hesse 1981; Hartwieg 2002). Bedenkt man, dass die Sachverhaltsarbeit nicht nur für die große Mehrzahl der Richter, sondern ebenso für Staats- und für Rechtsanwälte, für Verwaltungs- und für Wirtschaftsjuristen ein der Normarbeit mindestens entsprechendes Gewicht hat und dass ihr Schwierigkeitsgrad mindestens dem der Normarbeit entspricht, so liegt hier ein auffälliges Defizit vor. Es ist der Preis, der dafür gezahlt wird, dass die Rechtswissenschaft sich in ihrem Selbstverständnis zu einer „reinen" Normwissenschaft entwickelt hat und dass die rechtswissenschaftlichen Fakultäten die Tatsachen-Wissenschaften wie Ökonomie, Soziologie, Staats- und Verwaltungslehre aus ihrem Betrieb ausgegrenzt haben. Der Rechtstheorie fehlen deshalb Modelle, die auch die Tatsachenarbeit überspannen. Ihr fehlt aber auch die Anschauung der praktischen Arbeit an den Tatsachen. Schließlich bleibt auf diese Weise auch der Beitrag des Gefühls zur Entscheidungsfindung weiterhin radikal ausgeblendet; denn das Gefühl entwickelt sich bei der Sachverhaltsarbeit, nicht bei der Normarbeit (Bihler 1979). Im Studium kann man es am besten mit echten Streitsachen ansprechen; damit aber arbeitet das Studium bekanntlich gerade nicht.

Gemeinsam ist den aktuellen Entwürfen ferner, dass sie den politischen Kontext, in dem Rechtsprechung stattfindet, und die verschiedenen Verwertungskontexte, in die sie einbezogen ist, unreflektiert lassen. Zwar ist in rechtsinternen Theoriedebatten die Abhängigkeit der Rechtsprechungspraxis von politischen Einflüssen am Beispiel der nationalsozialistischen Ära bearbeitet worden. Das blieb jedoch weithin den Rechtshistorikern überlassen und führt nur ausnahmsweise zu Konsequenzen in Rechtstheorie und Methodenlehre. Nahezu alle Vertreter der Rechtswissenschaft haben nach 1945 ihr Fach ohne Auseinandersetzung mit der Zeit des Dritten Reiches betrieben und ohne sich mit der Rolle auseinander zu setzen, die sie selbst darin gespielt hatten. So erscheint die NS-Zeit mit ihrer Indienstnahme von Rechtswissenschaft und Rechtspraxis, statt als Lehrbeispiel für die Kontextabhängigkeit des Rechtsbetriebs zu dienen, als eine Episode, als ausnahmsweiser Einbruch in ein System, das im Normalfall auf sich selber ruht und das deshalb ohne Reflexion seiner Umwelten beschrieben und erklärt werden kann. Das ist aber, wie nicht nur an der NS-Zeit gezeigt werden kann, eine Illusion.

Angesichts der in der internen Debatte inzwischen zugestandenen zunehmenden Ausweitung der Spielräume der Entscheidungsfindung und angesichts der Tatsache, dass richterliche Praxis *notwendig* auf *Entscheidung* angelegt ist und nicht auf *Erkenntnis* – die Eingangsformel einer gerichtlichen Entscheidung lautet immer noch: das Gericht „*hat für Recht erkannt*" –, wächst der Druck auf die interne Theorie, die Rationalität der Entscheidung anders als mit Hilfe der hergebrachten juristischen Logik und Methodik zu sichern. So bekommen wahrheits- oder gerechtigkeitsorientierte sozialphilosophische Theorien Konjunktur im juristischen Diskurs, Theorien, die die Rechtsprechung als „kommunikative Praxis" rekonstruieren und die um die Frage kreisen, wie kommunikative Prozesse zu „richtigen" bzw. „gerechten" Ergebnissen geführt werden können. Teils machen sie Vorschläge zur Gestaltung solcher Prozesse. Hier ist derzeit das Einfallstor weit geöffnet für „Richtigkeits"-orientierte Beiträge, wie sie etwa von Rawls (1979) und von Habermas (1977; 1983; 1995) vorgelegt sind. Dabei sollen „herrschaftsfreie" Kommunikation und/oder Ethik die Rolle übernehmen, die Logik und Methodik nicht mehr auszufüllen vermögen. An die Stelle „richtigen" Wissens sollen „richtige" Kommunikation und/oder ein „richtiges" Prinzipien- bzw. Wertbewusstsein treten. Die Verhandlungen der Parteien vor Gericht sind freilich nicht wahrheits- oder richtigkeits- oder gerechtigkeits-, sondern erfolgsorientiert. Sie sind zudem durch eine Ordnung strukturiert, die auf Oktroy beruht und nicht auf freier Vereinbarung.

5.3   *Rechtssoziologische Rechtsprechungsmodelle: Max Weber als Beispiel*

Die rechtssoziologische Theoriebildung knüpft an den oben wiedergegebenen rechtsinternen Basiskonsens an, dass richterliche Rechtsprechung auf „rational diskutable(.) ‚Gründe'" verwiesen ist, dass „Sachlichkeit" und „Fachlichkeit" den professionellen Kern ausmachen sollen und dass der Bezug auf Rechtswissenschaft dafür elementar ist. Max Weber, der hier als erster Vertreter der Rechtssoziologie zu Wort kommen soll, ging bei seinen Analysen um die vorletzte Jahrhundertwende von diesem Basiskonsens aus. Von ihm stammt ja auch das Zitat am Beginn von 5.2. Im Prinzip war Weber überzeugt von der Wahrheitsfähigkeit juristischer Logik und Methodik und dem rationalen Gehalt darauf bezogener Techniken, wozu außer der Subsumtion auch die in der Referendarausbildung gepflegte „Relationstechnik" (dazu Hartwieg/Hesse (1981)) zählt. Ebenso überzeugt war er im Prinzip von der Rationalität sichernden Qualität des geltenden Normenbestandes. So verstand Weber die Rechtsprechung seiner Zeit als einen von – primär formaler – Rationalität geprägten Vorgang, dem er funktionale Notwendigkeit für den Bestand von Wirtschaft und Staat attestierte (vgl. schon 2.2.1.d)).

Max Weber gab der Rechtsprechung im oben im Zusammenhang der Rationalisierungshypothese bereits erwähnten (2.2.1.d)) *Rechtsprechungsautomaten* einen bildhaft-übersteigerten Ausdruck: „die Auffassung des Richters als eines Automaten, in welchen oben die Akten nebst den Kosten hineingeworfen werden, damit er unten das Urteil nebst den mechanisch aus Paragraphen abgelesenen Gründen ausspeie" (Weber 1922c: 664; ähnlich 1922c: 506 sowie 1921: 142). Er reflektierte in ausgedehnten Untersuchungen den Kontext, in den er die Rechtsprechung eingebettet sah und von dem her das Modell seine inhaltliche Füllung ebenso erhielt wie seine funktionale Erklärung. Den Kontext bildeten für ihn vor allem der „bürokratische(.) Staat mit seinen rationalen Gesetzen" (Weber 1921: 142) sowie der „moderne Kapitalismus", zugespitzt: „die modernen Betriebsformen mit ihrem stehenden Kapital und ihrer exakten Kalkulation" (Weber 1921: 142). Mit beidem, dem bürokratischen Staat wie dem modernen Kapitalismus, verband sich für Weber ein elementarer Bedarf an bis in die Anwendung im Einzelfall berechenbaren Regeln. Auch die Trägergruppen bezog Weber in die Analyse ein. Als eigentliche Trägergruppe von Politik und Gesetzgebung machte er für seine Zeit das Bürgertum, vor allem das Unternehmertum, aus, das die Rationalisierung von Recht und Rechtsanwendung vorantrieb, weil es davon politisch und ökonomisch profitierte. Das lief unter Umständen parallel mit Bestrebungen des Landesfürsten, der ebenfalls eigene Interessen an Rechtsrationalisierung hatte (Weber 1922c: 486). Zum Kontext gehörte allerdings auch die in der juristischen Praxis geübte Kritik am Maschinenmodell. Weber machte sie vor allem bei den Richtern selbst aus, daneben bei Vertretern der „Freirechtslehre" und schließlich auch bei Vertretern der Arbeiterschaft (Weber 1922c: 506; 510 f.).

Sind so mit dem Bürgertum, dem Kapital und der Spitze der Regierung Interessenten ausgemacht, die eine dem Modell maschinenhafter Rechtsanwendung entsprechende Rechtsprechung tragen und forcieren und die diese Art der Rechtsprechung zumindest in der äußeren Erscheinung durchzusetzen vermögen, weil sie stärker sind als opponierende Interessenten, so machte Weber das Modell zugleich zum Bestandteil eines Vorgangs, der sich von den Interessenten und Konstellationen abgelöst hat, die ihn initiiert und anfangs forciert haben, und der daraufhin als ein auf sich selbst ruhender Vorgang beschrieben werden konnte. Für die Beschreibung ist „Rationalisierung" die zentrale Kategorie und „Instrumentalisierung des Rechts" eine ihrer spezifischen Erscheinungsweisen. Rationalisierung und Instrumentalisierung des Rechts sind eng verwandte Vorgänge. Ich behandele sie gemeinsam (dazu auch bereits unter 1.1. u. 2.2.1.d).

Rationalisierung war für Weber das schicksalhafte Kennzeichen des Okzidents und seiner Entwicklungsgeschichte schlechthin. Sie nimmt vor allem die Form der „Intellektualisierung" an und bewirkt „die Entzauberung der Welt" (Weber 1922b: 536). Rationalisierung äußerte sich für Weber unter anderem in der Effektivierung und Technisierung des Mitteleinsatzes für welchen Zweck auch immer. Soweit Arbeit als Mittel in Betracht kommt, äußert sich Rationalisierung also in Effektivierung und Technisierung von Arbeit (Weber 1922c: 32 f.). So antwortet „Jurisprudenz", verstanden als Anleitung zur Arbeit von Juristen, nicht auf die Frage,

> „*ob* es Recht geben solle, und *ob* man gerade diese Regel aufstellen solle". „Sie kann nur angeben: wenn man den Erfolg will, so ist diese Rechtsregel nach den Normen unseres Rechtsdenkens das geeignete Mittel, ihn zu erreichen" (Weber 1922b: 542; gesperrt wie im Original).

Rationalisierung des Rechts ist eine dem Kapitalismus eng verbundene Erscheinung.

> „Der moderne kapitalistische Betrieb ruht innerlich vor allem auf der *Kalkulation*. Er braucht für seine Existenz eine Justiz und Verwaltung, deren Funktionieren wenigstens im Prinzip ebenso an festen generellen Normen *rational kalkuliert* werden kann, wie man die voraussichtliche Leistung *einer Maschine* kalkuliert" (Weber 1921: 142; gesperrt wie im Original).

So führte die von Kapitalinteressen mächtig beförderte Rationalisierung des Rechts und der Rechtsanwendung entweder, wie in England, zur Bindung der Richter an „'Präzedenzfälle'" und so zu einer „an *berechenbare* Schemata gebundenen Rechtsprechung" (Weber 1921: 142; gesperrt wie im Original). Oder sie führte, wie in Deutschland, zum „bürokratischen Staat mit seinen rationalen Gesetzen", wo der Richter „mehr oder minder ein Paragraphen-Automat ist" (Weber 1921: 142). Das bedeutet, dass seine Arbeit unter Gesichtspunkten der Effektivierung und der Berechenbarkeit technisiert wird. So bekam Subsumtion als Technik ebenso ihren Stellenwert und ihre funktionale Begründung wie die in Norddeutschland im Zentrum der Referendarausbildung stehende Relationstechnik bzw. ihre süddeutschen Pendants.

Rationalisierung betrifft Recht und Rechtsanwendung gleichermaßen. In beiderlei Hinsicht beobachtete Weber auch noch eine Sonderentwicklung, deren Träger die Rechtswissenschaftler waren. Sie betrieben zum Teil Rationalisierung um ihrer selbst willen. Das „auf sich ruhende Rechtsdenken" kann geradezu ein erhebliches Desinteresse gegenüber den Erwartungen der Interessenten in der Praxis aufweisen. Das ist eine „unvermeidliche Folge der Disparatheit *logischer* Eigengesetzlichkeiten jedes formalen Rechtsdenkens überhaupt gegenüber den auf *ökonomischen* Effekt" zielenden Erwartungen der Umwelt (Weber 1922c: 505; gesperrt wie im Original). Die Disparatheit gilt vor allem dann, wenn das Rechtsdenken an *formaler* Rationalität orientiert ist. Denn dann äußert sich das juristische Denken als Konzentration auf die Rechts*form*, arbeitet vor allem an der Klärung von Begriffen und an der Systematisierung des Normenbestandes und verliert darüber unter Umständen *jeden* Bezug zu praktischen Erfordernissen. So wurde zu Webers Zeit zum Teil die sog. „Begriffsjurisprudenz" betrieben, eine aus dem Geist formaler Rationalität entstandene Dogmatik (Krawietz 1971), die damals als der eigentliche Zulieferer für den „Paragraphen-Automaten" fungierte.

Die formalrationale Rationalisierung des Rechts fand, wir hörten es schon, zu Webers Zeiten bei einigen Richtern wenig Sympathie, weil diese sich dadurch in ihrem „Standeswürdegefühl(.)" gekränkt sahen. Sie befürchteten eine „Deklassierung", wenn Rechtsordnung und Rechtsanwendung als bloße 'Technik'" verstanden werden. Sie verlangten nach „Erhöhung" ihres „Machtbewußtseins" und strebten danach, „schöpferisch" mit dem Recht umzugehen, „königlich" geradezu wie der englische Richter (Weber 1922c: 505-508). So folgte die Praxis dem Subsumtionsmodell nur noch partiell: am ehesten in ihren Darstellungs-, weniger in den Herstellungsformen, am ehesten in Routinefällen, weniger in neuartigen Problemfällen.

Parallel zur formalen Rationalisierung beobachtete Weber die materiale. Beide stehen im Verhältnis eines „unaustragbaren Gegensatzes" zueinander (Weber 1922c: 511). Das Recht ist, wie andere „Kulturgebiet(e)" auch, gekennzeichnet durch den „Kampf der formalen mit der materialen Rationalität". Beim Recht kommt der Kampf zum Ausdruck in „dem Streit zwischen formaler Rechtsanwendung und materialem Gerechtigkeitsgefühl" (Weber 1923: 15). Materiale Rationalität bezieht Zwecke und Werte in die vernunftgeleiteten Überlegungen ein. Sie rechnet mit Zwecken, Mitteln und Nebenfolgen, kalkuliert mögliche Zwecke gegeneinander und trifft schließlich eine wertende Zweckwahl. Materiale Rationalität kann aber auch nur die Frage betreffen, welche Konsequenzen dieser oder jener Wert, dieses oder jenes Postulat vernünftigerweise hat (Weber 1922c: 12 f.), nicht dagegen die Frage nach dem Wert des Werts oder des Postulats.

Weber ließ keinen Zweifel daran, dass die formale Rationalität und also die formale Rationalisierung des Rechts für ihn die Höchstform der abendländischen Entwicklung darstellten (Weber 1922c: 503 f.). Zugleich liegt es in der Logik der von ihm zu Beginn des letzten Jahrhunderts betriebenen Bestandsaufnahme (Weber 1922c: 502-512), dass formale Rationalität an Bedeutung verliert, materiale dagegen an Bedeutung gewinnt und dass Mischformen die weitere Entwicklung bestimmen. Das hat damit zu tun, dass Gesetzgebung und Rechtsanwendung in Deutschland seit dem ersten Weltkrieg mit politischen und ökonomischen Problemen konfrontiert wurden, für die es an Routinelösungen fehlte. Bei der Suche nach Problemlösungen bekamen „Gerechtigkeitsgefühle" ein erhebliches Gewicht. Das hat auch damit zu tun, dass das Bürgertum als Trägerschicht der formalen Rationalität an Bedeutung verlor und dass mit der Arbeiterschaft eine Schicht politisch an Bedeutung gewann, die sich von materialer Rationalität mehr Vorteile versprach als von formaler. In jedem Fall führte die forcierte Indienstnahme des Rechts als Problemlösungsmittel zur Rücknahme seiner Eigenlogik. Das hat auch Weber bereits gesehen.

Mit Gewissheit hat Weber prognostiziert, dass man das Recht zunehmend verstehen und behandeln werde als einen „rationalen, daher jederzeit zweckrational umzuschaffenden, jeder inhaltlichen Heiligkeit entbehrenden, technischen Apparat(.)" (Weber 1922c: 511 f.). Diese Charakterisierung, auf die am Schluss zurückzukommen sein wird (8.), bedeutet im Kern die zweckrationale Instrumentalisierung des Rechts, an der alle für das Schicksal des Rechts wesentlichen Instanzen beteiligt sind: Gesetzgeber, Politik, Rechtswissenschaft, die juristischen Berufe, Rechtsprechung und Verwaltung, Interessenten in Wirtschaft und Gesellschaft. Die instrumentelle Grundhaltung bedeutet, dass das Recht dem jeweils favorisierten Zweck sowohl generell (also durch die Gesetzgebung) als auch im Einzelfall (also durch Rechtsprechung und Verwaltung) nutzbar gemacht wird. So wird das Recht als Mittel den jeweiligen Bedürfnissen angepasst. Die instrumentelle Nutzung des Rechts äußert sich unter anderem in ständigen Rechtsänderungen im Wege der Gesetzgebung. Gesetze sind von nun an bevorzugt „Reformgesetze". Die berühmt-berüchtigten „Nachbesserungen" sind symptomatisch. Aber auch die Rechtsprechung ist ständig mit Rechtsänderungen befasst („Richterrecht"). Ob dabei formalrationaler oder materialrationaler Rechtsgebrauch im Mittelpunkt steht, wird selbst zu einer Frage der Zweckmäßigkeit. Insgesamt sorgt die Indienstnahme des Rechts für wechselnde Zwecke und Werte für eine ständige Aufwertung materialen Rechts. Das kann sich auch darin äußern, dass es zu partikularem Recht in Form von Sonderrecht kommt. Beispiele sind oder waren im bürgerlichen Recht die sonderrechtlichen Regelungen im Arbeits-, Miet- und Verbraucherrecht. Die Favorisierung materialrationalen Rechts äußert sich ferner in verstärkter Nutzung von wertungsgeladenen Generalklauseln (frühe und anfangs wenig genutzte Beispiele sind §§ 138, 242 BGB) und in der Überformung des einfachen Rechts durch die Grundrechte. Dabei wird die Formstrenge im Umgang mit dem Recht immer weiter aufgeweicht.

Im Zeichen formaler Rationalität und einer von Logik, Methodik und Systematik beherrschten Darstellungskultur hat der Jurist nur eine begrenzte Auswahl von Begründungsfiguren für die Durchsetzung seines Ergebniswunsches zur Verfügung. Unter Umständen scheitert der Ergebniswunsch daran. Im Zeichen materialer Rationalität und einer von Wertung und Abwägung beherrschten Darstellungskultur erweitert sich die Auswahl von Begründungsfiguren erheblich. Dass ein Ergebniswunsch an mangelnden Begründungsmöglichkeiten scheitert, wird sehr unwahrscheinlich. Ist es Ausdruck formaler Rechtskultur, dass der Richter das Recht nur so anzuwenden vermag, wie er es in strenger Bindung an Logik und Methodik zu denken gelernt hat, so ist es Ausdruck aktueller Rechtskultur, dass der Richter das Recht so zu denken vermag, wie es das gewünschte Ergebnis verlangt. War die viel zitierte Entscheidung des Reichsgerichts zum Stromdiebstahl (RGSt 32: 165), die mit einem Freispruch endete, weil der unbefugte Stromgebrauch nicht als Diebstahl *gedacht* werden konnte, ein Ausdruck der Herrschaft der formalen Rationalität jedenfalls in der Begründungskultur der Juristen der vorletzten Jahrhundertwende, so spiegelt sich die heute herrschende Ergebnisorientierung in nahezu jeder Leitentscheidung der oberen Gerichte, weil nahezu jede eine Entscheidung um des Ergebnisses willen ist und weil nahezu jede Entscheidung demonstriert, dass und wie das Denken dem Ergebnis angepasst werden kann. Als Beispiele mögen hier genügen der Salzsäurefall, bei dem ein Salzsäureattentat als schwerer Raub nach § 250 StGB bestraft wurde, weil Salzsäure als „Waffe" gedacht werden konnte (BGH St 1, S. 1 ff.). Ferner gehört hierher der Wein-Glykol-Fall, bei dem ein massiver Eingriff in einen Gewerbebetrieb mit Hilfe der Veröffentlichung glykolhaltiger Weine und ihrer Hersteller durch das Bundesgesundheitsamt gerechtfertigt wurde, weil dem Grundgesetz die ungeschriebene Aufgabe der Information der Bevölkerung durch die Bundesregierung entnommen und weil die Grundrechte als Schutzpflichten gedacht werden konnten (BVerwG JZ 1991, S. 624 ff.). Schließlich ist die Bürgschaftsentscheidung des Bundesverfassungsgerichts zu nennen, die eine Bürgin von ihren Zahlungsverpflichtungen freistellte, weil der Bürgschaftsvertrag im Lichte der Verfassung geprüft und weil der Verfassung der Auftrag an die Zivilgerichte entnommen werden konnte, die Verbindlichkeiten von Verträgen von der „Verhandlungsstärke" der Parteien und den Auswirkungen auf die Lebensführungschancen des Schuldners abhängig zu machen (BVerfGE 89, 214 ff.). Das Denken wird um so weicher, je härter die Zwecke und je gewichtiger die Werte werden, um die es geht.

Bleibt schließlich im Hinblick auf das Webersche Maschinenmodell noch kurz der „bürokratische Staat" zu erläutern (mehr dazu unter 6.), weil Weber darunter auch die Rechtsprechung gefasst hat, die in der Tat zu Webers Zeit noch nicht den Sonderstatus hatte, den sie heute genießt. Kennzeichen des modernen Staats war für Weber der bürokratische Charakter seiner Stäbe, also auch der Rechtsprechung. Wesentliche Elemente des bürokratischen Charakters sind Arbeitsteilung „nach rein sachlichen Gesichtspunkten" und eine hierarchische Struktur, die dafür sorgt, dass der Apparat von der Spitze gesteuert werden kann. Ferner sind bestimmend für den bürokratischen Charakter die fachliche Schulung und Spezialisierung der Angehörigen. Sie sorgen dafür, dass die Stabsangehörigen ihre Aufgaben „streng sachlich" erledigen, „`entmenschlicht'" geradezu, unter Ausschaltung von allen „irrationalen (...) Empfindungselementen aus der Erledigung der Amtsgeschäfte" (Weber 1922c: 662). So kommt für die Rechtsprechung, wenn sie als Bürokratie verstanden wird, erneut das Maschinenmodell zum Tragen. Die Bürokratie, gekennzeichnet durch „Spezialisierung der geschulten Facharbeit", „Abgrenzung der Kompetenzen", „Reglements" und „hierarchisch abgestufte(.) Gehorsamsverhältnisse(.)" (Weber 1922c: 128 ff.; 650 ff.), war für Max Weber eine „*lebende Maschine*", und eine lebende Maschine „ist *geronnener Geist*" (Weber 1921: 151; gesperrt wie im Original). So, als Maschine und als geronnener Geist, können die Stäbe im bürokratischen Staat von der politischen Führung genutzt werden für welchen Zweck auch immer.

Webers Maschinenmodell hat im Verlauf des letzten Jahrhunderts an Aktualität eingebüßt in dem Maße, in dem es in der Analyse den Besonderheiten der vorletzten Jahrhundertwende verhaftet war. Das gilt vor allem im Hinblick auf die vom Blick auf das Ergebnis nicht irritierte Bindung der Rechtsprechung an Logik, Methodik und formalrational operierende Dogmatik. Jherings Satz:

> „In der Civilrechtspflege verlangen wir die unverbrüchliche Anwendung der Gesetze und nehmen die etwaigen Härten und Unbilligkeiten mit in den Kauf" (Jhering 1893: 434),

findet sich so oder sinngemäß in keiner aktuellen Zivilrechtslehre. Problematisch wird die Verwendung von Webers Maschinenmodell auch im Hinblick auf die Qualität des geltenden Rechts. Es ist vom Prinzip der Lückenlosigkeit des Rechts immer weiter entfernt, und seine Regelungen büßen an Präzision immer mehr ein. Forcierte Ergebnisorientierung bestimmt heute gleichermaßen die Praxis der Gesetzgebung und der Stäbe. Entsprechend sind „entmenschlichte" Apparate disfunktional. Die Stabsangehörigen bringen sich heute in ihre berufliche Praxis mit mancherlei Eigenheiten ihres Menschseins ein. Sie wollen Ergebnisse um des Wertes willen, den sie dem Ergebnis beilegen, oder um der Zwecke willen, die sie verwirklichen wollen. Zugleich wollen sie sich vom Arbeitsdruck entlasten und beschäftigen sich angelegentlich damit, ihre Arbeit zu standardisieren, zu normalisieren und zu routinisieren. Über die derart „vermenschlichte" Praxis der Rechtsprechung ist inzwischen aus empirischen Untersuchungen einiges mehr bekannt als zur Weber-Zeit.

5.4   Richtersoziologie als Handlungssoziologie

Aktuelle handlungstheoretisch orientierte rechtssoziologische Beiträge, für die hier beispielhaft die Arbeiten von Lautmann (1972), Rottleuthner (1984) und Schmid/Drosdeck/Koch (1997) stehen sollen, sind im Hinblick auf die richterliche Entscheidung von vornherein an der Unterscheidung von „Herstellung" und „Darstellung" der Entscheidung orientiert. Im Hinblick auf den Entscheidungsprozess arbeiten sie mit der Unterscheidung von „Sachverhaltsarbeit" und „Normarbeit". Die Untersuchungen haben vor allem die unterschiedlichen Strategien herausgearbeitet, die Herstellung und Darstellung der Entscheidung anleiten. Die Strategien sorgen dafür, dass die Darstellung, also der Text der richterlichen Entscheidung, die Herstellung nicht abbildet. Die Herstellung wird durch die Darstellung geradezu abgedunkelt. Das hat seine Parallele am Bild eines Malers, das, wenn es nach langen Suchprozessen fertig gestellt der Öffentlichkeit präsentiert wird, die Spuren der Herstellung nicht zu erkennen gibt. Herstellung und Darstellung können beim Urteil wie beim Bild auch gar nicht übereinstimmen, weil sie unterschiedlichen Funktionen dienen. Das ist oben (1.) bereits angedeutet worden und soll jetzt vertieft werden.

Die *Herstellung* der Entscheidung ist modellhaft gedacht als ein Suchprozess, der für eine Weile von Unsicherheit und Zweifel über das Ergebnis bestimmt ist und der idealiter auf Steigerung der Komplexität des Falles und seiner Lösungsmöglichkeiten gerichtet ist. Realiter wird der Suchprozess, dem von Anfang an ein vom Richter für wünschenswert gehaltenes Ergebnis vorschwebt, je und je von den Kalkülen beherrscht, die das individuelle richterliche Handeln aktuell gerade ausmachen. Das mag im Hinblick auf Selbstbild und Selbsterwartungen – ich aktiviere hier das oben unter 2.1. vorgestellte Handlungsmodell – im Einzelfall ein vor allem auf Zeitersparnis und Aufwand-Minimierung gerichtetes Kalkül sein. Dann läuft es auf Vereinfachung und Routinisierung der Suchvorgänge hinaus. Das schließt Aufwandsteigerung nicht aus, wenn „irgendetwas" am Fall den bearbeitenden Richter dazu veranlasst, die eingefahrenen Bahnen zu verlassen und nach neuen Lösungen zu suchen. Diesem „Irgendetwas" und seiner Operationsweise ist mit Hilfe psychoanalytischer Modelle Michael Bihler (1979) nachgegangen. In das Kalkül des Richters mag im Hinblick auf Fremdbild und Fremderwartungen Karrierestreben eingehen, das zur Anpassung an vermutete Fremderwartungen führt. Dabei kann das Kalkül zu unterschiedlichem Suchverhalten führen, je nachdem, ob das Fremdbild bei der nächsthöheren Instanz, bei der Justizbürokratie, bei regierenden Parteien, einflussreichen Verbänden oder bei den selbsternannten Wächtern in den Medien festgemacht wird, die sich gelegentlich mit heftiger Urteilsschelte öffentlich hervortun und die offenbar vor allem „politische Korrektheit" einfordern.

Die *Darstellung* der Entscheidung dagegen, die als Rechenschaft über den Suchprozess daherkommt, ist vor allem auf die Aufgabe bezogen, die gefundene Entscheidung als eine richtige, ja, als die einzig richtige nachzuweisen. So soll für die Akzeptanz der Entscheidung in der Umwelt geworben werden, aus der der Fall kam und in die die Falllösung zurückgegeben wird. Gleichzeitig soll die Entscheidung der oberen Instanz, die sie möglicherweise zu kontrollieren hat, als juristisch korrekte Entscheidung präsentiert werden. Der Richtigkeitsnachweis wird vor allem in rationaler Normarbeit verankert, während die Entscheidung tatsächlich ihren Kern eher in der Sachverhaltsarbeit hat und im Ergebniswunsch.

Darin, dass sie die Differenzen zwischen Herstellung und Darstellung sowie in der Gewichtung von Norm- und Sachverhaltsarbeit aufgedeckt hat, liegt ein besonderes Verdienst der handlungstheoretisch orientierten Richtersoziologie der letzten Jahrzehnte. Ebenso verdienstvoll ist sie im Hinblick auf die handlungsleitenden Faktoren, die den richterlichen Entscheidungsprozess tatsächlich steuern. Besonders konsequent hat Rüdiger Lautmann (1972) die Trennung von Herstellung und Darstellung und die Geheimnisse der internen Praxis zum Thema gemacht, indem er sich als verdeckt teilnehmender Beobachter an der internen Praxis beteiligte.

5.5 Richtersoziologie als Bestandteil der Klassentheorie

Sofern die rechtssoziologischen Beiträge an einem größeren makrosoziologischen Rahmen orientiert sind, hatten sie in den sechziger und siebziger Jahren wie teils schon zu Beginn des letzten Jahrhunderts einen ihrer Schwerpunkte in klassentheoretischen Annahmen (als Übersicht Röhl 1987: 355 ff.). Sie haben für die klassentheoretische Ausgangsfrage wenig erbracht. Es gelang jedenfalls in den sechziger und siebziger Jahren des letzten Jahrhunderts nicht, Klassenzugehörigkeit als bestimmende Determinante der Rechtsprechung nachzuweisen. Umso ergiebiger waren die Untersuchungen, sofern sie sich von der klassentheoretischen Zuspitzung frei machten und auf Faktoren als mögliche Einflussfaktoren für die Rechtsprechung ausgedehnt wurden, die auch sonst als Bestimmungsgrößen für den individuellen Lebensführungsstil in Betracht kommen. Als solche Faktoren kommen in Frage und wurden untersucht das Alter und das Geschlecht, die Wohnortgröße, Parteipräferenz, soziale Herkunft, Konfessionszugehörigkeit und Stellung in der Hierarchie (Fraenkel 1968; Opp/Peuckert 1971; Richter 1973; Streng 1984). Alle Untersuchungen (auch die zu Beginn von 5.4. genannten) zeigen deutlich die zunehmende Varianz dieser Faktoren in der Richterschaft. Die Richterschaft ist im Hinblick auf die ge-

nannten Faktoren zunehmend pluraler zusammengesetzt und kommt dabei zunehmend der gesamtgesellschaftlichen Pluralität näher. Das ist eine Folge vor
allem der Bildungsreformen der sechziger/siebziger Jahre des letzten Jahrhun-
derts und des Massenansturms auf die Universitäten, der auch die juristischen
Fakultäten erfasst hat. Zu Webers Zeit war die Richterschaft eine nach Herkunft,
Geschlecht, Schichtzugehörigkeit, Sozialisation und Mentalität homogene
Gruppierung. Inzwischen ist sie deutlich heterogener verfasst. Wohl im Zusammenhang damit ist die Rechtsprechung auch im Ergebnis pluraler geworden.
Berechenbarkeit und Vorhersehbarkeit ihrer Ergebnisse, das, worauf es nach
Weber für Staat und Wirtschaft vor allem ankommt, gehen dadurch aber nicht
verloren. Einerseits werden sie nach wie vor durch Verfahren und Hierarchisierung der Rechtsprechung erleichtert. Andererseits kann man, wenn man nur
beharrlich genug einzelne Richter oder auch einzelne Spruchkörper in ihrer
Entscheidungspraxis beobachtet, auch weiterhin Wahrscheinlichkeitsaussagen
machen über die Abhängigkeit ihrer Praxis von einzelnen Faktoren und so auch
über den Ausgang künftiger Rechtsstreitigkeiten. Solche beharrlichen Beobachtungen findet man hierzulande am ehesten unter Rechtsanwälten, die mit
zunehmender Dauer der Beobachtung richterlicher Praxis auch zunehmend
gewisser werden in der Prognose des Ausgangs von Rechtsstreitigkeiten. Anders als in den USA, wo der „legal realism" es geradezu zur Aufgabe der Forschung erklärt hat, Prognosen zur Entscheidungspraxis der Gerichte zu entwik-
keln (Röhl 1987: 53), hat die Rechtssoziologie in Deutschland Ansätze zu einem
solchen prognostisch orientierten Vorgehen bisher nicht entwickelt.

5.6   Das Professionsmodell

Das Professionsmodell (dazu bereits 1.4.) ist vor allem von Niklas Luhmann in
die rechtssoziologische Beschäftigung mit der Rechtsprechung eingebracht
worden (Luhmann 1976; 1981a: 173 ff.). Dabei hat er die Frage der „Einheit der
Profession" zweifach in den Mittelpunkt gestellt: einmal in Bezug auf die Richter (1976), zum anderen in Bezug auf alle Juristen (1981a). Ich beschäftige mich
zunächst mit seinem Beitrag zur Profession der Richter.
       In Bezug auf die Richter sieht Luhmann die „Einheit der Profession" gefähr-
det durch die vielfache strukturell bedingte Differenzierung der Richterschaft
nach Gerichtszweigen und Status in der Hierarchie sowie durch die zunehmende
Varianz der personbezogenen Daten der Richter – davon war unter 5.5. gerade
die Rede. Von jedem beliebigen Richter kann nur deshalb, weil er eben Richter
ist, nicht angenommen werden, dass er *reine Rechtsanwendung* treibt, wenn er
einen Fall entscheidet. Es kann also nicht ausgeschlossen werden, dass er statt-

dessen Politik treibt oder beispielsweise Sozialarbeit. Luhmann hat die „zunehmende Varianz der personbezogenen Daten" vor allem an der Varianz der Parteipräferenzen festgemacht. Besonders auffällig sind in diesem Zusammenhang auch die bereits erwähnte zunehmende Feminisierung des Richterberufs und die allmähliche Pluralisierung der Herkunftsschichten der Richter. Die Frage nach der „Einheit der Profession" lässt Luhmann schließlich offen. Seine wachsende Skepsis gegenüber ihrer Bejahung ist allerdings unverkennbar. Das wird schon deutlich, wenn Luhmann als „Handwerkszeug aller Juristen", das „die Einheit der Profession symbolisieren" könnte, die „Auslegungsmethoden" anspricht (Luhmann 1976: 67 f.). Diese Charakterisierung ist deutlich vergangenheitsorientiert. Aktuell sieht Luhmann „alle theoretisch fassbaren Konturen" „verschwimmen". Insbesondere werden „die Grenzen von Rechtsetzung und Rechtsanwendung durch die Rechtsprechung selbst ausgehöhlt" (Luhmann 1976: 67 f.). Noch deutlicher wird die Skepsis, wenn die Frage aufgeworfen wird, ob die Einheit der Profession wenigstens im Hinblick auf „gesellschaftliche Funktion" und „soziale Verantwortung" gesichert sei und ob die Funktion der Richter generell und einheitlich als Rechtsprechung durch Rechtsanwendung begriffen werden kann (Luhmann 1976: 68).

Gleichwohl will Luhmann im Hinblick auf die Richterschaft am Professionsmodell festhalten. Nach wie vor treffen viele der für alle Professionen typischen Merkmale auch für die Richter zu. Sie sind mit einer kognitiv anspruchsvollen Problembearbeitung betraut. Sie verfügen über eine Spezialausbildung. Sie leisten Hilfe für Personen, die sich in akuten Problemlagen befinden („people processing"). Sie stehen bei alledem unter einem Zeitdruck, der die volle Ausschöpfung aller Wissensquellen nicht erlaubt. Deshalb sind sie angewiesen auf Kooperation und belastet mit dem Risiko des Misserfolgs. Notwendig folgt daraus Autonomie als weiteres Merkmal (Luhmann 1976: 68). Autonomie ist freilich aktuell hoch gefährdet, weil sie bisher methodisch begründet war und weil die überlieferte Methodengewissheit im Schwinden begriffen ist. Über die Arbeitsmethodik sind die Autonomie des einzelnen Richters und die Einheit der Profession aktuell am wenigsten zu sichern. Luhmann sucht stattdessen Autonomie und Einheit der richterlichen Profession durch eine spezifisch juristische Rationalität im Umgang mit den Problemen der Klientel neu zu begründen, die bei der Klientel zur „Wiederherstellung der Freiheit einer nicht durch Rechtskonflikte präokkupierten und belasteten Lebensführung" führen soll (Luhmann 1976: 71). Das ist sehr abstrakt formuliert und lässt auch nicht erkennen, worauf die neue spezifisch juristische Rationalität gegründet werden soll. Am wenigsten können damit jedenfalls die bereits erwähnten „Schlüsselqualifikationen" gemeint sein, deren Vermittlung im rechtswissenschaftlichen Studium durch die jüngste Novelle zum Juristenausbildungsrecht vorgeschrieben wird und die in fröhlicher Unbekümmertheit umschrieben werden mit „Verhandlungsmanagement, Gesprächsführung, Rhetorik, Streitschlichtung, Mediation, Vernehmungslehre und Kommunikationsfähigkeit" (§ 5a Abs. 3 S. 1 DRiG; dazu Hesse 2002b).

In Bezug auf alle Juristen hält Luhmann die „Einheit der Profession" erst recht für gefährdet. Zur Begründung werden erneut die „jahrzehntelangen Kontroversen über Begriffe und Methoden" angeführt. Sie sind ein Beleg für eine Krise der juristischen Dogmatik, in der allmählich bewusst wird, „wie wenig der Anspruch der Jurisprudenz auf strenge Wissenschaftlichkeit gedeckt ist" (Luhmann 1981a: 187). Die Krise der juristischen Dogmatik ist zugleich professionsintern und professionsextern angelegt. Intern ist die Krise dadurch begründet, dass der überlieferte Wissenschaftsanspruch ins Wanken geraten ist. Extern ist die Krise durch das Anwachsen politischer Ansprüche an die juristische Profession ausgelöst: „Demokratie und Wohlfahrtsstaat sind bei uns heute politische Konzepte ohne Gegner, und beiden wohnt eine Tendenz inne zur Auflösung formalistischer Legalität und begrifflicher Könnerschaft" (Luhmann 1981a: 190).

5.7   Das Experte-Laie-Modell

Für das von mir entwickelte Experte-Laie-Modell (Hesse 1991; 1998b; 2000a) ist der Bezug auf die Interaktion des Richters mit den Personen zentral, um deren problematisch gewordene Lebenssituation es im Rechtsstreit geht. Ich rekonstruiere die im Rechtsstreit angelegte Beziehung des Richters zu der oder den jeweiligen Partei(en) als Experte-Laie-Beziehung und verlege eben diese Beziehung zugleich in das Innere des Richters. Sein inneres Selbst wird aufgespaltet in ein Experten- und ein Laien-Selbst, die miteinander interagieren, miteinander an der Lösung arbeiten. Damit nehme ich alte und weit verbreitete Vorstellungen aus der rechtsinternen Debatte auf, konturiere sie neu mit Hilfe soziologischer Theorie, die den Experten und die Experte-Laie-Beziehung betrifft, und konkretisiere sie ebenfalls neu mit Hilfe der oben referierten Erkenntnisse der empirischen Richtersoziologie (5.4. u. 5.5.).

Der Richter ist intern wie extern insofern Experte, als ihm ein Monopol auf Problemlösungen und Streitentscheidungen mit Hilfe des Rechts zugesichert ist. Das Monopol dient extern zugleich zur Rechtfertigung für die asymmetrische Verteilung von Macht, Autonomie und Prestige zu Gunsten des Richters und zu Ungunsten der Partei, die sich zur Lösung ihrer Probleme nolens volens in die Interaktion mit dem Richter begibt. Zur Begründung für die Sonderstellung dient das Sonderwissen, über das der Richter exklusiv verfügt. Die laienhafte

Partei ist negativ primär durch das Fehlen dieses Sonderwissens charakterisiert. Die funktionale Begründung für die Privilegierung des Richters und für die Diskriminierung der Partei im Laien-Status ist die Problemlösungs*eignung* des Sonderwissens des Richters.

Das auf Rechtskenntnisse, auf Herstellungs- und vor allem auf Darstellungstechniken bezogene Sonderwissen des Richters hat inzwischen einen prekären Status bekommen. Es ist sowohl internem wie externem Druck ausgesetzt. Dass der Richter sein Sonderwissen für die *Darstellung* seiner Entscheidung nutzt, ist bekannt – auch wenn viele Routinebegründungen kaum Spuren solcher Normarbeit aufweisen. Wieweit der Richter sein juristisches Sonderwissen zur *Herstellung* seiner Entscheidung nutzt, lässt sich mit letzter Gewissheit nicht sagen. Die Entscheidungsfindung soll unter Ausschluss der Öffentlichkeit stattfinden. Der Öffentlichkeit gegenüber ist sie sodann zu begründen. Immerhin sind der Richtersoziologie inzwischen viele Einblicke in diese „black box" der Entscheidungsfindung geglückt (vgl. 5.4. und 5.5.).

So kann man inzwischen sagen, dass die Normarbeit im Rahmen der Entscheidungsfindung rein als Rechtstechnik bzw. als angewandte Rechtswissenschaft nicht verstanden werden kann. Das scheitert bereits an den Defiziten juristischer Logik und Methodik und an der mangelnden Eignung des aktuellen Normapparats. Das scheitert auch an der Komplexität richterlichen Handelns. Entscheidungsfindung ist wie alles richterliche Handeln soziales Handeln. Als solches ist es strategisch bestimmt und abhängig von individuellen Dispositionen wie von Selbst- und Fremdeinschätzungen (vgl. 2.1.). Die individuellen Dispositionen des Richters umschließen neben seinem juristischen Sonderwissen in dieser oder jener Quantität und Qualität nicht-juristische Wissensbestände von ebenfalls unterschiedlicher Quantität und Qualität. Sie sind intentional oder funktional angeeignet im Verlauf von Lebens- und Berufsbiographie. Hinzu kommen die Emotionalität des Richters und seine Urteilskraft. Von den nicht-juristischen Beständen macht der Richter Gebrauch bei dem, was die Profession Sachverhaltsarbeit und Untersatzbildung nennt. Zugleich leiten sie ihn an bei der Ergebnissuche. Das gilt für einen Wald- und Wiesen-Fall ebenso wie für exzeptionelle Fälle, in denen über die Genehmigung von Atomanlagen zu entscheiden ist oder über den Einsatz deutscher Soldaten „out of area". Bei alledem, also im Jargon gesprochen: bei Sachverhaltsarbeit, Untersatzbildung und Ergebnissuche, verfügt der Richter über Laien-Konzepte, nicht über sein universitär erworbenes Fachwissen. Er arbeitet mit Beständen, von denen von vornherein nicht angenommen werden kann, dass die laienhafte Partei nicht darüber verfügt. Der Richter hat der Partei allerdings seine Routine voraus. Von vornherein kann auch nicht angenommen werden, dass der jeweilige Richter im Hinblick auf die innere Ausstattung mit auf den Fall bezogenem Sach- und

Fachwissen der jeweiligen Partei überlegen wäre. Vielfach ist das Gegenteil der Fall. Die Möglichkeit, Sachverständige zu hören, privilegiert den Richter in diesem Kontext auch nicht gegenüber der Partei. Das Sachverständigenwissen wird nicht zum Geheimwissen des Richters. Es steht der Partei ebenso zur Verfügung.

Betrachtet man mit diesen Vorannahmen die innere Aufspaltung des Richters in ein Laien-Selbst und in ein Experten-Selbst und versteht man die Entscheidungsfindung als Ergebnis von innerer Kommunikation und Kooperation, so lässt sich der innere Ablauf der Entscheidungsbildung, soweit er durch empirische Untersuchungen, aber auch durch Selbstdarstellungen von Richtern dokumentiert ist, am besten rekonstruieren, wenn man der laienhaften Ausstattung des Richters dabei die Führungsrolle zugesteht. Das Fachprogramm hat vor allem die Aufgabe, die Arbeit des Laienprogramms zu rationalisieren. Das ist nicht wenig, aber es ist nicht alles, und es ist offenbar nicht das Entscheidende.

In den internen Debatten unter Juristen bis hinein in Methodenlehren hat sich im Hinblick auf die nicht-juristische innere Disposition des Richters als übergreifende Sammelbezeichnung der Begriff „Rechtsgefühl" eingebürgert oder der Begriff „Judiz". Dem so bezeichneten inneren Programm wird in den internen Debatten teils schon seit langem die Führungsrolle bei der Entscheidungsfindung zugesprochen, teils aber jedenfalls eine Kontrollfunktion gegenüber Arbeitsweise und -ergebnis des juristischen Fachprogramms (Hesse 1982). Normativ gewendet bestehen Rechtstheorie und offizielle Ausbildungsprogramme allerdings bis heute darauf, dass Diskrepanzen zwischen den beiden Programmen schließlich zu Gunsten des Fachprogramms zu lösen seien. Das ist auch die Erwartung der Justizbürokratie. Dabei nimmt die Gewissheit im Verlauf der letzten 100 Jahre zu, dass solche Diskrepanzen auch durch nicht sonderlich schwierige Korrekturen an der Arbeit des Fachprogramms aufgelöst werden können. Das normativ vorherrschende Beharren auf der Dominanz des Fachprogramms ist vor allem berufs-, standes- und justizpolitisch begründet. An den empirischen Befunden findet es keinen Anhalt. Empirisch ist im Blick auf die intrapersonale Konstellation für den Regelfall von der Führerrolle des Laienprogramms des Richters bei der Entscheidungsfindung auszugehen. Nur in Routinefällen ist das Laienprogramm nicht führend. Dann wird die Entscheidungsfindung vom Routineprogramm gesteuert. Umso deutlicher ist die Führerrolle des Laienprogramms, wenn über „neue" Fälle zu entscheiden ist oder über „brisante" Fälle, sei es, dass die Brisanz sich politischer, sei es, dass sie sich ökonomischer, technischer, wissenschaftlicher, kultureller Aufladung verdankt.

Dass es in der Außendarstellung bislang bei der privilegierten Stellung des Fachprogramms bleibt, beruht auf politisch gewollter Setzung und auf den zahlreichen Mechanismen, die dafür sorgen, dass der Richter in seiner Urteilsbegründung den „wahren" Hergang der Entscheidungsbildung verschleiern und so die privilegierte Position des rein fachlich orientierten Experten einnehmen kann. Die privilegierte Stellung des Richters beruht nicht zuletzt darauf, dass die Profession die alten Geschichten von Rationalität, Logik und Methodik vor sich her trägt, deren Glaubwürdigkeit sie in den Urteilsgründen zu demonstrieren sucht, und dass das laienhafte Publikum bereit ist, die Geschichten hinzunehmen.

Intern wie extern wachsen inzwischen die Zweifel an der Glaubwürdigkeit dieser Geschichten. Auch die politische Stützung der privilegierten Richterstellung wird unsicher. Verschiedentlich wird von einflussreichen Politikern bereits die Ablösung des Rechtsstreits durch „kommunikative Formen der Streitschlichtung" propagiert. Hier und da werden solche Formen, meist als Mediation bezeichnet, an den Gerichten auch bereits praktiziert. Angeblich wird damit „Kälte" durch „Wärme" abgelöst. Der weitere Verlauf der Entwicklung ist ungewiss. Sie gewinnt jedenfalls dadurch, dass auch Kostenersparnis für „kommunikative Streitschlichtung" ins Feld geführt wird, erheblich an Gewicht. Vor den allfälligen Idyllisierungen muss jedenfalls gewarnt werden. Die interne wie die externe Experte-Laie-Interaktion ist nicht der Ort für die gemeinsame Suche nach Wahrheit und Gerechtigkeit. Dadurch, dass man den Rechtsexperten ersetzt durch einen in Rhetorik und anderen „soft skills" geschulten Experten für Kommunikation, ändert sich nichts an der Struktur der Interaktion. Sie bleibt asymmetrisch in Bezug auf Wissen und Macht. Die Beziehung ist und bleibt ferner intern wie extern *strategisch* orientiert. Die Ziele der Beteiligten divergieren. Daran sind die einzelnen Kommunikationsbeiträge orientiert. Das wird beispielsweise hinreichend deutlich, wenn, wie mehr und mehr üblich, Richter und Prozessparteien vor der eigentlichen Verhandlung informale Gespräche führen. Diese informalen Gespräche sind nicht auf Wahrheit oder Gerechtigkeit aus, sondern auf Beschleunigung. Wer mit Habermas den gerichtlichen Rechtsstreit oder die jetzt anstehenden Alternativen zu Orten einer gelingenden, weil unverzerrten Wahrheitssuche macht, verkennt den notwendig strategischen Charakter jeder Suche nach Streitlösungen. Wer andererseits mit Luhmann den Rechtsstreit oder alternative Formen nur unter der Funktion betrachtet, die Erwartungen der Parteien umzustrukturieren und sie so bereit zu machen, jedes Ergebnis zu akzeptieren, verkürzt den Möglichkeitsspielraum des Rechtsstreits ohne Not.

5.8 Schlussbetrachtung zur Praxis der Rechtsprechung

Die Rechtsprechung ist besonders ausführlich auch deshalb behandelt worden, weil zahlreiche Erkenntnisse auf andere Sparten juristischer Praxis übertragbar sind. Dem Transfer gelten die abschließenden Bemerkungen. Zugleich geht es wiederum um eine Konkretisierung der Grob-Skizze aus 2.2.1.f).

Die Gesetze werden vager und lückenhafter. Die Subjektivismen nehmen zu. Die Standards juristischer Arbeit sind im Fluss. Die Praxis in den Stäben wird von „Handlungs- und Wertungsspielräumen" bestimmt. Notwendig wächst der politische Gehalt. Bevorzugte Themen der rechtsinternen und der -externen Theoriedebatten sowie von Selbstdarstellungen einzelner Juristen sind Irrationalismen wie Rechtsgefühl und Judiz, Berufs- und Lebenserfahrung, Intuition, Gewohnheit und Routine. Sie werden heute eher auf- als abgewertet. Ein zentraler Topos ist „Abwägung" geworden, notwendig verknüpft mit Ergebniskontrollen und so teils an Zwecken, teils an Werten orientiert. Die Schwierigkeiten der Sachverhaltsarbeit wachsen. Vielfach fehlt es den Juristen an der dafür benötigten Fachkompetenz. So wachsen der Anteil und das Gewicht der Fragen, zu deren Klärung Sachverständige herangezogen werden, ohne dass der Jurist sich der Qualität des von ihnen eingebrachten Fachwissens sicher sein könnte. Wenn etwas die Arbeit des Juristen trägt, dann sind es die in Rechtsgefühl und Routine zusammengefassten Laien-Konzepte. Sie tragen freilich nur begrenzt. So bekommen die „besonderen Umstände des Einzelfalls" immer mehr Gewicht, und der Trend zur „Einzelfall-Gerechtigkeit" nimmt zu. Dieser Befund gilt vor allem für die heute im Blickpunkt stehenden „schwierigen Fälle". Daneben gibt es nach wie vor eine standardisierte, normalisierte und routinisierte Praxis, für die der Befund nicht gilt. Sie könnte nach wie vor mit Hilfe des Maschinenmodells rekonstruiert werden. Ob das zweckmäßig ist, wird später zu diskutieren sein (8.).

Die Einheit der Profession wird durch die zunehmende Pluralisierung der Rekrutierung ebenso bedroht wie durch die zunehmende Ausdifferenzierung professioneller Praxis. Die immer weiter streuenden persongebundenen Faktoren, die auf die Ergebnissuche und die Untersatzbildung einwirken, werden im Kontext von Ausbildung und Sozialisation nicht mehr länger durch eine für alle einheitliche und verbindliche Fachkultur kontrolliert und zusammengehalten. Der „ Glaube(.) an die Heiligkeit des rein sachlichen Rechtsformalismus" (Weber 1922c: 511) ist ebenso abhanden gekommen, wie es üblich geworden ist, „zu `werten'" (Weber 1922c: 511). Diese bereits vor 100 Jahren beobachtete Tendenz hat sich im weiteren Verlauf erheblich verschärft. Damit tun sich in der juristischen Arbeit Spielräume auf, an deren Schließung im Herstellungsprozess sowohl intern als auch extern mehr oder weniger private und partikulare Interessen und Ideen ansetzen können. Letzten Endes schließen sich die Spielräume oft erst mit der Erschöpfung des Instanzenzuges, wobei der Gang zum Bundesverfassungsgericht als einer Art Super-Instanz mitgedacht ist. Mit der wachsenden Fülle der Probleme, für die juristische Bearbeitung verlangt wird, mit der „Krisenhaftigkeit" zumal, die den Problemen zugesprochen wird, wird der Bedarf größer für *elastische* Reaktionsweisen. Materiale Rationalität ist elastischer als formale; Irrationalismen sind noch elastischer. Die Streckung der Entscheidung über mehrere Instanzen und die Etablierung einer inoffiziellen Praxis neben der offiziellen statten das Entscheidungsverfahren mit zusätzlicher Elastizität aus. Sie dient dazu, aus Reaktionen auf Entscheidungsvorschläge und auf Entscheidungen zu lernen. Über die Fülle der im Normprogramm wie im Verfahren angelegten Elastizitäten weitet sich der Rahmen „professionell vertretbaren" Handelns erheblich aus. In der juristischen Praxis wie auch zuvor schon in der Ausbildung geht es nicht mehr um „juristische Wahrheit", sondern um „Vertretbarkeit" der Ergebnisse.

Ernsthaft in Frage gestellt ist die Autonomie der Profession. Es wird prinzipiell möglich, die Richter als abhängige Variable in übergreifenden, sei es politischen, sei es ökonomischen Zusammenhängen zu kalkulieren. Aktuell sind die Richter widerstandslos unter den vom „Diktat der leeren Haushaltskassen" bestimmten Rationalisierungsdruck der Justizbürokratie geraten. Sie arbeiten mit an der Kürzung und Straffung der Verfahren und beteiligen sich am Vordringen „informaler" Praktiken bis hin zur Etablierung sogenannter „alternativer Erledigungsformen" (als Fallstudie aus dem Strafrecht informativ Ludwig-Mayerhofer 1998). Längst hat sich bei der Besetzung leitender Stellen eine von bürokratischen und von parteipolitischen Interessen bestimmte Praxis etabliert, für die das Interesse der Profession an Selbstrekrutierung sekundär ist. Die Autonomie der Profession war allerdings immer schon eine mehrfach bedingte (Simon 1975); soweit sie als unbedingte behauptet wurde, handelte es sich um Legendenbildung.

Wie die Standards der Arbeit in Fluss geraten und wie die Spielräume wachsen, so kommt auch die Juristenausbildung in Fluss (dazu bereits unter 1.1. u. 5.6.). Sie ist insofern auf die Einheit der Profession verpflichtet, als sie als Einheitsausbildung für alle juristischen Berufe angelegt ist, jedenfalls für die sogenannten „Voll-Juristen" (Hesse 2002a). Für die Semi-Juristen, von denen oben die Rede war, gilt das Prinzip nicht. Die Einheitsausbildung ist als universitäre Ausbildung zugleich auf die in der Wissenschaftlichkeit des Studiums begründete Rationalität ausgerichtet. Darin sei, so meint man, zugleich die Autonomie des beruflichen Handelns verankert. Die Juristenausbildung könnte sich daher zur Gegensteuerung anbieten. Statt zur Gegensteuerung wird sie dazu benutzt, die herrschenden Tendenzen zu verstärken.

Die Juristenausbildung der letzten hundert Jahre ist zum Objekt einer auf Dauer gestellten Ausbildungsreformpolitik geworden, die nur ausnahmsweise und dann auch nur kurzfristig die fachlich-professionellen Standards und darüber zugleich Autonomie und Einheit der Profession zu sichern bestimmt ist. Durchweg kommt die Ausbildungspolitik als kurzfristiges „Krisenmanagement" daher. In jüngster Zeit ist sie nur noch als Ausdruck einer Politik zu verstehen, die das Studium bürokratisiert, um es so umso leichter den Verwertungsinteressen der Politik und der Wirtschaft unterwerfen zu können (Hesse 1997; 2000a; 2000b; 2000c; 2002a; 2002b). Darüber hinaus ist die Juristenausbildung in ihrer Verkoppelung von universitärem Studium und praktischer Ausbildung (dem Referendariat) als Sozialisationsprozess offen für das Erlebnis ständigen Anpassungsdrucks, der durch Verschärfung des Prüfungsdrucks und durch eine vom Angebotsüberdruck bestimmte Arbeitsmarktlage in jüngster Zeit noch weiter verstärkt wurde. Zeit und Gelegenheit dafür, den *Eigenwert* fachlich-professionellen Handelns zu erkennen und Selbständigkeit gegenüber fremden wie eigenen Ergebniswünschen zu entwickeln, werden mehr und mehr beschnitten.

Auch die Propagierung von Leitbildern ist Ausdruck der herrschenden Tendenz. Im Blick auf die Richter hat sich eine intensive Leitbilddebatte entwickelt. Sie hat nicht zu einem einheitlichen Richterleitbild geführt. Stattdessen nimmt sie die Pluralisierung der Staatsaufgaben und der „Ordnung" (dazu zuletzt 4.5. am Ende) auf, wendet sie normativ und bestätigt so die Pluralisierung, Politisierung und Ökonomisierung des Berufs. So werden als Leitbilder nebeneinander gehandelt der weiterhin vertretene „Rechtsprechungsautomat", der Richter als „Schützer und Helfer", als „Sozialingenieur" oder „Sozialarbeiter", als „politischer Richter", als „Billigkeitsrichter" und als „Dienstleister" (Kauffmann 2003). Dem letztgenannten Typ gehören gegenwärtig deutlich die Sympathien der Justizbürokratie.

Weiterführende Literatur

Weber, Max 1922c: Teil 2, Kap. VII; Lautmann, Rüdiger 1972; Hartwieg/Hesse 1981; Hesse, Hans Albrecht 1982; Kaufmann, Arthur 1999.

6 Die Verwaltung

Den Staat sieht die Verfassung nicht als eine geschlossene Einheit, sondern als eine Art „Vielheit in der Einheit" (4.4.). Eine Staatsvariante stellt der Staat als rechtlich kontrollierter „Gewaltmonopolist" dar, den der Respekt vor der Lebensführungsfreiheit der Bürger kennzeichnet. Eine andere Variante ist der Staat als „Veranstaltung zur Garantie einer materiellen Mindestausstattung der individuellen Lebensführung". Eine dritte ist der Staat als „Veranstaltung für den Schutz der Lebensführung". Eine weitere von der Politik propagierte und von weiten Teilen des Publikums erwartete Variante sieht den Staat als „Veranstaltung zur Sicherung und Vermehrung des Komforts der Lebensführung" („Wohlfahrt"; „Glück"). Sie findet in der Verfassung den geringsten Anhalt. Staatliche Verwaltung ist auf alle diese Ziele und Aufgaben gleichermaßen bezogen.

Die rechtsstaatlichen Anteile der Verfassung sind am Staat als „Gewaltmonopolist" entwickelt worden. Sie sind an dem Ziel orientiert, die Gewalt zu bändigen. Wieweit sie nach den Vorstellungen der Verfassung in ihren Grundzügen auch für den sozial- und schutzstaatlichen Staat gelten sollen, ist bereits ausgeführt (4.4.). Um der Bändigung der Staatsgewalt willen konstruiert die Verfassung den Staat unter der leitenden Vorstellung der „Gewaltenteilung". Weil es sich dabei um ein *zentrales* Strukturprinzip handelt, muss davon immer wieder die Rede sein. Bekanntlich soll danach die Staatsgewalt auf drei „Organe" aufgeteilt werden, die sich wechselseitig kontrollieren sollen (Art. 20 Abs. 2 S. 2 GG). Eins der drei Organe ist die Verwaltung. Kontrolliert werden soll sie sowohl vom Parlament als auch von der Rechtsprechung. Hinter dem Parlament steckt als kontrollierende Instanz „das Volk". Repräsentiert wird es im Alltag am ehesten von den Medien. Sie werden deshalb auch als „vierte Gewalt" bezeichnet.

6.1 Die „vollziehende Gewalt"

Wenn die Verwaltung in Art 20 Abs. 2 GG nicht unter dieser Bezeichnung aufgeführt wird, sondern als „vollziehende Gewalt", dann wird daran das verfassungsrechtliche Konzept der Verwaltung hinreichend deutlich: Verwaltung soll „Gesetzesvollzug" sein. An diesem verfassungsrechtlichen Konzept setzt die rechtssoziologische Betrachtung der Verwaltung an. Die Forschung leitet hier nicht anders als sonst in der Rechtssoziologie die Frage, wieweit die Praxis der normativen Vorgabe entspricht, wieweit also die Verwaltungspraxis als Gesetzesvollzug angemessen beschrieben werden kann. Hier wie auch sonst gilt als Basis-Hypothese die Annahme, dass die Diskrepanzen zwischen dem, was sein soll, und dem, was ist, erheblich sind. Eine Fülle von empirischen Untersuchungen der Verwaltungspraxis ist mit der Ermittlung und Beschreibung der Diskrepanzen befasst. Sie werden unterschiedlichen Ansätzen zugeordnet und werden danach entweder der „Implementationsforschung" zugerechnet oder der „Evaluationsforschung" oder der „Effektivitätsforschung" oder der „Rechtswirkungsforschung" (Blankenburg 1986; 1987; Treiber 1990; Hof/Lübbe-Wolff 1999; Hill/Hof 2000). Die Untersuchungen sind in aller Regel nicht darauf angelegt, die „Effektivität" oder die „Wirksamkeit" von Art. 20 Abs. 2 GG zu messen. Vielmehr beschäftigen sie sich mit einzelnen Gesetzen und mit ihren „Vollzugsdefiziten". Den eigentlichen verfassungstheoretischen Hintergrund bildet gleichwohl Art. 20 Abs. 2 GG. Wenn die Staatsgewalt von Verfassungs wegen so gewollt ist, dass sie sich aufspaltet in ein Gesetzgebung genanntes Organ, in dem der Abschluss des *(partei-)politischen* Willensbildungsprozesses in Gesetzen zum Ausdruck kommen soll, und in ein davon unabhängiges Organ, das den im Gesetz festgestellten Willen als *staatlichen* Willen zu „vollziehen" hat, dann ist die Art und Weise des Vollzugs von hoher verfassungsrechtlicher Relevanz. Dann sind Defizite, die beim Vollzug eines einzelnen Gesetzes auftreten, zugleich Defizite des Verfassungsvollzugs. Außerdem wird angesichts dieses verfassungsrechtlichen Konzepts von Verwaltung die bereits erwähnte Neigung der Verwaltung zur „Kooperation" bis hin zu „gesetzesfreier" Praxis problematisch. Man kann natürlich auch in rechtspolitischen Debatten das Konzept der Gewaltenteilung und des Gesetzesvollzugs für problematisch erklären.

Das Interesse an der Verwaltungswirklichkeit ist nicht nur in der Rechtssoziologie fachlich verankert, sondern zugleich in der Politikwissenschaft und in der Verwaltungswissenschaft. Dort gerät es in die für diese Disziplinen typischen Theoriezusammenhänge und kann darüber die Verbindung zu Verfassungsprogrammen verlieren. Für viele rechtssoziologische Studien gilt das ebenso. Das rechtssoziologische Interesse an der Verwaltungswirklichkeit kommt teils als ein „bürokratietheoretisches" Interesse daher, teils als ein „organisationstheoretisches", teils als ein „steuerungstheoretisches" (Schuppert 2000). Zuerst hat es aber ein verfassungstheoretisches zu sein. Verwaltungssoziologie ist, auch wenn sie das nicht in jeder Einzelstudie reflektiert, in ihrem Kern angewandte Verfassungssoziologie.

6.2   Max Webers Bürokratiemodell

Webers Bürokratiemodell (Weber 1922c: 650 ff.) war lange Zeit ein Standard-Modell für die Soziologie der Verwaltung. Man kann es verstehen als eine Zuspitzung auf die wesentlichen Elemente der in Art. 20 Abs. 2 GG enthaltenen normativen Vorgabe. Natürlich konnte Weber bei seiner Modellbildung den Text von Art. 20 Abs. 2 GG nicht vor Augen haben. Wohl aber hatte er das darin verkörperte rechtsstaatliche Konzept im Blick. So kann man Webers Bürokratiemodell lesen als eine Anleitung für rechtssoziologische Untersuchungen, die auf Diskrepanzen zwischen dem zielen, was unter rechtsstaatlichen Gesichtspunkten gewollt ist, und dem, was in der Praxis der Fall ist. Die Praxis freilich untersteht heute vielen normativen Vorgaben. Außerdem hat die „Vielheit" der Verwaltungsaufgaben in den letzten 100 Jahren ebenso massiv zugenommen, wie die Vollzugseignung der Gesetze abgenommen hat. Schließlich haben Struktur und Personal der Verwaltung sich dramatisch verändert. Das alles macht die Nutzung des Weberschen Modells für die aktuelle Forschungspraxis von vornherein problematisch. So soll es, wenn es hier vorgestellt wird, in erster Linie als eine Art Hintergrundfolie dienen, vor der die Besonderheiten der Gegenwart zutage treten sollen.

In Webers Bürokratiemodell erscheint die Verwaltung, wie das schon bei der Rechtsprechung gezeigt wurde (5.), als „Apparat", als eine „lebende Maschine". Als „lebende Maschine" setzt die Regierung mit der Verwaltung als Unterbau die vom Parlament beschlossenen Gesetze ohne jede Irritation um – „eins zu eins", um aktuellen politischen Jargon aufzugreifen. Dass es sich dabei um eine Zuspitzung handelt, die den Blick auf die tatsächlichen Abweichungen schärfen soll, braucht hier nur noch erinnert zu werden. Es ist offensichtlich, dass eine solche Vollzugsvorstellung bestimmten Interessen dient, von denen auch das Rechtsstaatskonzept getragen ist. Gewaltausübung durch die Verwaltung soll danach über Gesetze begrenzt und kontrollierbar gemacht werden. Verwaltungswillkür soll unterbunden werden. So sollen dem Einzelnen schließlich Freiheit der Lebensführung und Gleichheit in der Konfrontation mit der Staatsgewalt als Kalkulierbarkeit der Lebensführung gesichert werden. Übertragbar ist dieses Konzept aus dem rechtsstaatlichen mit Modifikationen auch auf den sozialstaatlichen und im Prinzip auch auf den schutzstaatlichen Kontext. Wenn es dort auch bekanntlich weniger um die Zähmung der staatlichen Gewalt als um die Garantie staatlicher Leistungen oder um Schutz und Sicherheit geht, so sollen auch dabei Kalkulierbarkeit und Gleichheit vor dem Gesetz gesichert sein – jedenfalls im Prinzip. Wie leicht allerdings im sozial- und mehr noch im schutzstaatlichen Zusammenhang dieses Prinzip bereits in Politiker-Verheißungen und in Publikumserwartungen suspendiert werden kann, wird hinreichend deutlich, wenn in den alltäglich gewordenen Krisen- und Katastrophengeschichten „unbürokratische" Lösungen sowohl versprochen als auch gefordert werden. Denn „unbürokratisch" heißt nichts anderes als Lockerung oder Suspendierung der üblichen Standards des Gesetzesvollzugs.

Wie die rechtsstaatlichen Vollzugsvorstellungen bestimmten Interessen dienen, so ist ihre Realisierung an bestimmte Voraussetzungen gebunden. Die gesetzesvollziehende Verwaltung ist für Max Weber gekennzeichnet durch eine Struktur, die dafür sorgt, dass der Apparat nach dem Muster von Befehl und Gehorsam gelenkt werden kann. Wichtige Strukturelemente sind im Begriff der „Behörde" und des „Betriebs" zusammengefasst. Wesentlich sind dafür die auf Dauer festgelegte Aufgabenverteilung und die hierarchische Ordnung.

Die gesetzesvollziehende Verwaltung ist ferner gekennzeichnet durch ein Personal, das fachlich geschult ist. Vor allem verfügt es über die Kompetenz, normative Vorgaben zu verstehen und auf praktische Fälle anzuwenden. Vor allem ist es also juristisch geschult. Der typische Stabsangehörige ist der Jurist. Hinzukommen sollen Fachleute, die das in der Sache je und je benötigte Fachwissen besitzen. Oftmals fehlen sie. Das Personal steht unter dem Postulat, sich im Dienst zu „entmenschlichen". Das kam bereits zur Sprache (5.). Je vollkommener die Bürokratie dieses Postulat realisiert, je vollkommener es ihr gelingt, alles rein Persönliche, alle Sympathien und Antipathien, *überhaupt alles Irrationale* aus „der Erledigung der Amtsgeschäfte" auszuschalten, desto besser funktioniert sie. Dazu gehört auch, dass die Tätigkeit als „Amt" aufgefasst wird – zur Illustration mag Oberst Wrangel in Schillers „Wallensteins Tod" dienen: „Ich hab´ hier bloß ein Amt und keine Meinung". Zu den personalen Voraussetzungen des Modells gehört ferner, dass die Tätigkeit als „Beruf" aufgefasst wird. Das äußert sich unter anderem darin, dass die Tätigkeit mit Dienst- und Treuepflichten verbunden wird, die insbesondere in lutherischer Tradition auch noch religiös überhöht sein konnten (Hesse 1972). Ferner gehört dazu, dass die Anstellung auf Lebenszeit erfolgt, dass sie in „Laufbahnen" organisiert ist und dass über ein festes Gehalt und eine Pension lebenslänglich Erwerb und Versorgung gesichert sind.

Struktur- und Personalmerkmale sollen sicherstellen, dass der Beitrag des einzelnen Stabsangehörigen zum Gesetzesvollzug von oben wie von unten *ohne jede Irritation* rein als Einzelvollzug kalkuliert werden kann. Sichergestellt werden soll also zum Beispiel, dass die irritierenden Verlockungen der Korruption keine Rolle spielen. Dadurch soll zugleich gesichert werden, dass die Behördenspitze den Gesetzesvollzug auch als Gesamtvollzug ohne Irritation rein als Vollzug kalkulieren kann.

Ein „menschlicher Rest" verbleibt natürlich dem einzelnen Angehörigen des Personals bei allen entmenschlichenden Tendenzen. Zum Teil wird er auch ausdrücklich zugestanden, etwa in dem bekannten Ausspruch von Friedrich dem Großen, wonach den Soldaten bis zum General der „Gehorsam" prägt, während beim General die „Verantwortung" anfängt. Im Übrigen findet der „menschliche Rest" seinen Ausdruck in den Vorhaltungen, die der Einzelne gegenüber einem Befehl oder einer Anweisung vorbringen kann. Ist er damit erfolglos, kann er aus dem Amt scheiden.

6.3   Verwaltung im Wandel: Das Befehl-Gehorsam-Modell

Ich demonstriere den im Verlauf der letzten 100 Jahre eingetretenen Wandel im Hinblick auf das Befehl-Gehorsam-Modell, den personalen Kern des Weberschen Modells. Der radikale Wandel beginnt damit, dass die Gesetze, die die Verwaltung zu vollziehen hat, mehr und mehr ihren Befehlscharakter verlieren. Konditionalprogramme werden abgelöst durch Finalprogramme (dazu bereits unter 1.6.). Diese beschränken sich darauf, Ziele vorzugeben, und überlassen der Verwaltung die Auswahl der Mittel. Das gilt für den sozialstaatlichen Zusammenhang und mehr noch für den schutzstaatlichen, wenn hier nicht überhaupt darauf verzichtet wird, den politischen Willen über das Gesetz zu transportieren. Soweit das Gesetz genutzt wird, lässt es sich immer seltener als eine Anweisung verstehen, die formal-rechenhaft zu vollziehen ist. Stattdessen setzt der Vollzug „Wertung" und „Abwägung" voraus. Teils begnügt sich der Gesetzgeber auch mit formelhaft-allgemeinen Vorgaben und überlässt der Verwaltung die Normgebung im Einzelnen. So verwischen sich mehr und mehr die Grenzen zwischen Gesetzgebung und Vollzug. So ist die Normgebungspraxis mit dem Gewaltenteilungskonzept immer weniger in Einklang zu bringen. Der Befehlscharakter des öffentlichen Rechts wird ferner dadurch beeinträchtigt, dass das Recht zugleich an Quantität zu- und an Normqualität abnimmt. Gemeint ist mit Normqualität Klarheit und Präzision der Texte und deren systematischer Zusammenhang. Indem die Normqualität abnimmt, geht die Eignung der Gesetze zurück, als Befehle wahrgenommen und ausgeführt zu werden (Beispiele dafür bei Dose 1995; Weingarten 1995). Ein Befehl, dessen Sinn sich auch bei hartnäckigen Bemühungen nicht eindeutig klären lässt, ist kein Befehl.

Die Veränderung setzt sich fort mit der Gehorsamsbereitschaft. Sie kann im Zeichen einer von Individualitäts- und Identitätsidealen geprägten Kultur immer weniger vorausgesetzt werden und muss stattdessen im Einzelfall häufig überhaupt erst hergestellt und gepflegt werden, und zwar nicht als Gehorsams-, sondern als Vollzugsbereitschaft. Dass Vollzugsbereitschaft hergestellt werden muss, gilt nicht nur im Hinblick auf die Stabsangehörigen als primäre Adressaten, sondern häufig auch für die Bevölkerung als sekundäre Adressaten. Sowohl stabsintern als -extern soll es weniger darauf ankommen, dass der Stabsangehörige eindrucksvoll Befehle zu geben vermag. Vielmehr soll es jetzt darauf ankommen, dass er zu verhandeln, zu überreden und zu überzeugen vermag. Das setzt voraus, dass er selbst Vollzugsspielräume hat. Dafür ist die Materialisierung des Rechts funktional adäquat. Das tradierte Amtsverständnis ist den Stabsangehörigen inzwischen ebenso abhanden gekommen wie das tradierte Berufsverständnis, das den Beruf primär unter Pflichtgesichtspunkten wahrnahm. Die religiöse Überhöhung dieser Auffassungen ist ebenfalls dahin. Nur noch als „Gespenst ehemals religiöser Glaubensinhalte" sah Weber schon zu seiner Zeit den Gedanken der „Berufspflicht" im Leben umgehen (Weber 1922a: 204). So wird „Personalführung" ebenso zu einer neuen Aufgabe und Qualifikation wie die Pflege der „Kooperationsbereitschaft" der Adressaten.

Zur Absicherung der Gehorsamsbereitschaft der Stabsangehörigen diente zu Webers Zeit auch das Institut des „besonderen Gewaltverhältnisses" (Luthe 1989). Diese Erfindung des Verwaltungsrechts sorgte bis in die zweite Hälfte des 20. Jahrhunderts dafür, dass Beamte und Soldaten in „besonderer" Nähe zur Staatsgewalt gehalten werden konnten – die Richter wurden dabei anfangs ebenfalls zu den Beamten gezählt. Die „besondere Nähe" wurde darin praktisch, dass den Stabsangehörigen Abwehrrechte vorenthalten wurden, die dem Bürger im „allgemeinen" Gewaltverhältnis zustehen und mit deren Hilfe er die Staatsgewalt auf Distanz halten kann. Subjektive Rechte, die als Abwehrrechte gegen die Staatsgewalt fungieren, sollen dem Bürger gegen die Staatsgewalt seine Lebensführungsfreiheit sichern, also etwa, um an Schillers Oberst Wrangel anzuknüpfen, seine Meinungsfreiheit. Auf die Stabsangehörigen dagegen, denen die Abwehrrechte vorenthalten wurden, konnte die Staatsgewalt unvermittelt durchgreifen. Dass sie mit Hilfe des Konzepts auch durchgriff auf Schüler, auf Gefängnisinsassen und auf Patienten in der staatlichen Psychiatrie, soll hier lediglich erwähnt, aber nicht weiter verfolgt werden. Inzwischen wird das Verhältnis der Stabsangehörigen zum Staat nicht mehr als „besonderes Gewaltverhältnis" aufgefasst. Inzwischen werden auch den Stabsangehörigen die Grundrechte als unveräußerliche Rechte zuerkannt mit der Folge, dass ihnen im Prinzip auch die dadurch garantierten Freiheiten zustehen. Beim Soldatenstatus war das nach 1945 besonders deutlich, als der Soldat im Zeichen der „Wiederbewaffnung" als „Bürger in Uniform" öffentlich dargestellt wurde. Freilich werden die neuen Freiheiten der Stabsangehörigen jetzt dadurch relativiert, dass sie zum Ausgleich gebracht werden mit betrieblich-behördlichen Zwecken und Zwängen und mit der „Effektivität der Verwaltungspraxis". So genießen Beamte Vereinsfreiheit und können Berufsvereinigungen und Gewerkschaften angehören. Ein Streikrecht dagegen haben sie nach herrschender Auffassung nicht. Auch das Mitbestimmungsrecht soll den Angehörigen des öffentlichen

Dienstes nur sehr eingeschränkt zustehen (BVerfGE 93, S. 1 ff.), und ob Erscheinungen des modernen Arbeitsrechts wie die sog. Einstellungsteilzeit oder
die Rotation in Führungspositionen auf Stabsangehörige anwendbar sind, ist
sehr umstritten.

Angesichts solcher radikalen Veränderungen kann man an Webers Bürokratiemodell nur festhalten, wenn man bei dem Bild von der „lebenden Maschine"
den Ton pointiert auf „lebend" legt. Dadurch wird es aber überstrapaziert. Zwar
waren im Bild von der „lebenden Maschine" immer schon Dissonanzen angelegt. Deutlich liegt der Ton dabei aber auf dem Maschinenhaften. Das Maschi-
nenhafte steht bei Weber für Exaktheit der Arbeit als Voraussetzung ihrer Berechenbarkeit, für einen Arbeitsvollzug „ohne Spiel". Je mehr man den Ton auf
das Merkmal „lebend" legt, umso mehr geht das verloren. Je mehr „Spielräume"
eine Maschine hat, umso weniger erfüllt sie die Funktionen, die ihr in Webers
Modell zugedacht sind. Welche Bedeutung die Spielräume in der Praxis bekommen haben, zeigen die folgenden Abschnitte.

6.4   Die Ressourcenfrage

„Verwalten ereignet sich in aller Regel nach Maßgabe der vorhandenen Ressourcen" (Ellwein 1995: 55). Knapper heißt es bei Luhmann: „Was sich ereig-
nen kann, hängt ab von den Beständen" (Luhmann 1970b: 115). So wird das
Muster von Befehl und Gehorsam relativiert. Das Sollen muss auf das Können
abgestimmt werden. Bei der Auswertung von Akten der örtlichen Verwaltung
(Kommunen, Landkreise) aus dem 19. Jahrhundert ist Ellwein vielfach auf Spuren solcher Abstimmungsvorgänge gestoßen. In ihnen spiegelt sich u.a. die
Ressourcenknappheit, die für die Bürokratie des 19. Jahrhunderts offenbar vielfach bereits ähnlich spürbar war, wie sie heute allenthalben spürbar ist. Jeden-
falls galt damals schon, was heute noch viel mehr gilt: „es wurde (...) stets mehr
angeordnet, als vollzogen werden konnte" (Ellwein 1995: 55). Die Abstimmung
des Sollens auf das Können hat Ellweins Studien zufolge auf der kommunalen
Ebene typischerweise zu „kooperativem Handeln" geführt. Im Umgang der
Behörden mit dem Publikum wurde der Gesetzesvollzug häufig suspendiert zu
Gunsten von drei Formen kooperativen Handelns: dem Hinausschieben des
Gesetzesvollzugs, der lediglich teilweisen Durchsetzung des Rechts und
schließlich der „eindeutige(n) Nichtanwendung von Recht" (Ellwein 1995: 58).
Nicht suspendiert wurde das Muster von Befehl und Gehorsam als verwal-
tungsinternes Muster. Immer wieder finden sich in den Akten Aufforderungen
der Aufsichtsinstanz zur Durchsetzung von Rechtsvorschriften. Aber anders als
heute, so meint Ellwein, war die Verwaltung des 19. Jahrhunderts vor allem

Verwaltung auf der örtlichen Ebene. Ihre bürokratische Verflechtung mit höheren Ebenen war schwach. Umso stärker war die Einbindung des Personals in die örtlichen Gegebenheiten. Umso größer war die Neigung des Personals, mit den sekundären Adressaten im Hinblick auf den Gesetzesvollzug zu „paktieren". Behördenintern brach sich daran schließlich das Muster von Befehl und Gehorsam. Der Befehl läuft leer, wenn seine Ausführung nicht eine Frage der Gehorsamsbereitschaft, sondern eine Frage der verfügbaren Ressourcen und der Rücksichtnahme auf die „örtlichen Gegebenheiten" ist.

Auch in aktuellen Studien wird der Einfluss der Ressourcen auf den Gesetzesvollzug deutlich. Ein Forschungsprojekt, das sich mit der Ressourcenfrage am Beispiel der Finanzverwaltung beschäftigt hat (Weingarten 1995), soll kurz vorgestellt werden, weil es eine auch für andere Verwaltungsbereiche typische Reaktion auf Ressourcenknappheit behandelt.

Die Finanzverwaltung ist seit längerem dadurch gekennzeichnet, dass die Steuerfälle wie auch die Zahl der Rechtsbehelfe zunehmen, während die Personalausstattung gleich bleibt oder zurückgeht. Vor allem qualifiziertes Personal wandert in den Privatsektor ab. Dies mag auch auf andere Verwaltungszweige zutreffen. Andere mögen auch im Gegenteil durch Personalüberhang gekennzeichnet sein.

Auf die für die Finanzverwaltung charakteristische Personalmisere hat die Verwaltungsspitze mit Appellen zur Ressourcenvermehrung reagiert. Sie waren an Regierung und Parlament gerichtet und haben nichts bewirkt. Wirksamer waren dagegen Bewältigungsstrategien der Verwaltungsspitze und der einzelnen Sachbearbeiter. Dazu gehört, wie in anderen Verwaltungszweigen auch, die „Computerisierung" der Arbeit. Sie hat den „Erledigungsdruck" allerdings nur kurzfristig vermindert. Längerfristig erwies sich als probates Mittel die Ersetzung des „Einzelvollzugs" durch den „Gesamtvollzug". Konkret bedeutet das, dass der Arbeit der Sachbearbeiter ein die Einzelfallbearbeitung scharf limitierender zeitlicher Rahmen gesetzt wird. Er ist an dem Ziel orientiert, die Bearbeitung der Eingänge eines Jahres – die Untersuchung war auf Lohn- und Einkommensteuer bezogen – möglichst bis zum Jahresende vollständig abzuschließen. Diese Vorgabe haben die Finanzämter im Wesentlichen eingehalten. Bis Ende September betrug im Untersuchungszeitraum die Erledigungsquote 85 %, bis zum Jahresende stieg sie auf nahezu 100 % (Weingarten 1995: 154).

Die Orientierung am Gesamtvollzug hat gravierende Konsequenzen für den Einzelvollzug, für die Arbeit des Sachbearbeiters am Einzelfall, die verfassungstheoretisch rein als Gesetzesvollzug gedacht ist. Die Gründlichkeit der Einzelfallarbeit wird um des Gesamtvollzugs willen zurückgenommen. Die drastischen Konsequenzen für die Arbeit am Einzelfall zeigen sich sowohl bei der Sachverhalts- wie bei der Normarbeit.

Die Sachverhaltsarbeit der Finanzämter bei der Lohn- und Einkommensteuer ist dadurch gekennzeichnet, dass die Aufgabe, die für die Besteuerung notwendigen Daten zu sammeln, weitgehend dem Steuerpflichtigen zur Erledigung aufgegeben ist. So wird die für den Gesetzesvollzug notwendige Sachverhaltsarbeit der Behörde zu einem erheblichen Teil auf den Bürger verlagert. In vielen anderen Lebensbereichen wird ebenso verfahren. Für die Sicherheit des Autoverkehrs beispielsweise sorgt die zuständige Behörde, indem sie die Zulassung eines Kraftfahrzeugs zum Straßenverkehr abhängig macht von Sicherheitskontrollen, die der Kraftfahrzeughalter selbst zu veranlassen hat.

Die Rechtmäßigkeit des Gesetzesvollzugs setzt die Richtigkeit des dem Vollzug zugrunde gelegten Sachverhalts voraus. Sie setzt also, wenn die Sachverhaltsarbeit weitgehend dem Bürger überantwortet worden ist, die Kontrolle seiner Angaben voraus. Der zur Kompensation fehlender Ressourcen angeordnete Gesamtvollzug bedeutet eine drastische Reduzierung dieser Kontrollaufgabe. Sie kommt darin zum Ausdruck, dass die Kontrolle der Angaben des Steuerpflichtigen ersetzt wird durch die Annahme, „dass die Angaben des Steuerpflichtigen in der Steuererklärung vollständig und richtig sind". Mit dieser absurden Annahme zu arbeiten, ist den Finanzämtern durch einen Erlass des Bundesministers der Finanzen von 1987 ausdrücklich nahe gelegt worden (Weingarten 1995: 160). Es darf vermutet werden, dass von der Spitze des Ministeriums bis zur Sachbearbeiterebene Klarheit herrscht über den fiktiven Gehalt der Annahme.

Erheblich sind die Rückwirkungen des angeordneten Gesamtvollzugs auch auf die Normarbeit. Sie ist bestimmt durch drastische Vereinfachung und Entproblematisierung des Rechtsstoffs. Zur Klärung von Rechtsfragen dient dem Sachbearbeiter in der Finanzverwaltung in erster Linie das leicht zu handhabende „Sparkassenbuch", eine von den Sparkassen jährlich an Kunden ausgegebene Anleitung zur Abfassung der Steuererklärung (Weingarten 1995: 160-165).

Wenn der Gesamtvollzug an die Stelle des Einzelvollzuges tritt, verliert für den Einzelvollzug das anzuwendende Gesetz viel von seinem Befehlscharakter. Entsprechend wachsen die Spielräume. Sie führen in einem Fall zu besonders großzügiger Kontrolle der Angaben des Steuerpflichtigen, im anderen zu besonders strenger Kontrolle. Sie führen dazu, dass sich Verhandlungsspielräume öffnen, die der eine Steuerpflichtige ungenutzt lässt, während sie der andere, zumal wenn er durch einen Steuerberater vertreten ist, zu nutzen versteht. Am Schluss solcher Verhandlungen steht dann oft der Erlass von Steuerschulden im Wege eines Vergleichs. Alles in allem führen die im Rahmen des Gesamtvollzugs eröffneten Verhandlungsspielräume im Ergebnis dazu, dass die rechtsstaatlich normierte Gleichheit vor dem Gesetz zur Ungleichheit im Gesetzesvollzug wird (Weingarten 1995: 177).

Das Steuerrecht ist eine besonders typische Materie des vom Gewaltmonopol bestimmten Staates. Die Finanzverwaltung wird entsprechend besonders streng als „reine" Gesetzesvollzugsverwaltung gesehen. Dass selbst im Kernbereich des Gewaltmonopols die Vollzugsstrenge der Verwaltung aufgeweicht wird, ist nicht auf das Steuerrecht beschränkt. Auch in der Polizeiarbeit führt, wie Untersuchungen zeigen, der Ressourcenmangel zu Aufweichungen der Vollzugsstrenge. Auch Polizeiarbeit wird in der Theorie besonders streng dem rechtsstaatlichen Vollzugskonzept unterworfen. Für viele ist sie noch vor der Steuererhebung der Musterfall einer Verwaltung, die das Gewaltmonopol exekutiert. Entsprechend streng gilt um der Lebensführungsfreiheit der Bürger und um der Gleichheit vor dem Gesetz willen das Postulat der Arbeit als „reiner" Vollzug. Die Praxis bleibt dahinter spürbar zurück.

Auch die Polizeiarbeit ist gekennzeichnet durch eine wachsende Diskrepanz zwischen der stetig wachsenden Zahl der übertragenen Aufgaben und der stagnierenden bzw. rückläufigen personellen und sachlichen Ausstattung (Pitschas 2000). Die Konsequenzen sind von der Kriminalsoziologie der sechziger und siebziger Jahre des letzten Jahrhunderts auf der Basis klassen- beziehungsweise schichttheoretischer Annahmen vor allem unter der Fragestellung bearbeitet worden, wieweit die Polizei mit ihren Strategien zur Bewältigung der „disparate(n) Arbeitssituation" (Pitschas 2000: 21) klassen- oder schichtspezifisch ansetzt, wieweit es dadurch typisch zu Privilegierungen der einen und zu Diskriminierungen der anderen kommt. Besonders untersucht wurden in diesem Zusammenhang als Abweichungen vom strengen Vollzugsprinzip die „Bagatellisierung" von Delikten (Feest 1975) und die „Definitionsmacht der Polizei bei der Definition von Kriminalität" (Blankenburg 1995: 15). In beiderlei Hinsicht zeigten sich Strategien des Abweichens vom „reinen" Vollzug und des Ausweichens in eine Praxis, die als „informale" beschrieben wurde und die sich ähnlich systematisieren lässt, wie Ellwein das für die von ihm als „kooperativ" bezeichnete Praxis beschrieben hat. Damit setzt sich die polizeiliche Praxis über den Befehlscharakter von Straf- und Polizeirecht hinweg. Zum Teil befolgt der Polizeibeamte dabei entsprechende Weisungen der Behördenspitze oder der in der Regierung versammelten politischen Führung (bekannt etwa das Auf und Ab (partei-)politischer Initiativen zur „Bagatellisierung" des Ladendiebstahls). Zum Teil findet sich aber auch die behördeninterne Praxis, die Ellwein schon an der von ihm untersuchten Verwaltungspraxis des 19. Jahrhunderts aufgefallen war. Sie betont den Befehlscharakter der Normen und die *Vollzugspflicht* der Behörden vor Ort (Feest 1975: 68 ff.), dringt damit aber letztlich nicht durch. Auch im 20. und im 21. Jahrhundert gilt, dass die behördeninternen Befehle partiell leer laufen, wenn die Polizei vor Ort das Sollen auf das Können abstimmt. Von den damit eröffneten Spielräumen „informaler Praxis" profitieren die einen mehr

und die anderen weniger. Dieses Mehr oder Weniger verteilt sich u. a. nach
schichtspezifischen Merkmalen (Blankenburg 1995: 9 ff.). Das Abstimmen des
Sollens auf das Können setzt sich im Durchgang durch die der polizeilichen
Praxis zeitlich nachgeordnete Praxis der Staatsanwaltschaft und der Strafge-
richte fort, vor allem über die „Einstellung des Verfahrens" und/oder die Bevor-
zugung sozialpädagogischer Maßnahmen anstelle der strafrechtlichen Sanktion.
So bleibt im Ergebnis der staatliche Strafanspruch bei vielen Delikten mehr oder
weniger auf der Strecke (Ludwig-Mayerhofer 1998). Im Bild vom „Strafrechts-
trichter" hat Blankenburg dem Vorgang einen anschaulichen Ausdruck gegeben
(Blankenburg 1995: 9 ff.). Im „Strafrechtstrichter" verdünnt sich permanent die
Zahl der strafbaren Handlungen, bis schließlich aus 100 entdeckten Straftaten 45
Tatverdächtige und aus 45 Tatverdächtigen 15 Angeklagte und aus 15 Ange-
klagten 10 Verurteilte werden, von denen 3 zu Freiheitsstrafen verurteilt wer-
den, davon 1 schließlich ohne Bewährung. Das Dunkelfeld der nicht entdeckten
Straftaten muss man noch hinzufügen. Dadurch erweitert sich jedenfalls die
Trichteröffnung. Man kann freilich nur schätzen, wie sehr sie das tut.

6.5   Die Privatisierung der Erledigung der Staatsaufgaben

Die Heranziehung der sekundären Gesetzesadressaten bei der Sachverhaltsarbeit
ist am Beispiel der Steuererklärung gerade behandelt worden. Mit der Privatisierung der Staatsaufgaben ist etwas anderes gemeint. Gemeint ist damit, dass die
Erfüllung von Staatsaufgaben auf private Dienstleister verlagert wird. Das geschieht inzwischen selbst bei der Polizeiarbeit. Hier wird, wie in anderen Verwaltungsbereichen auch, die Verlagerung der Arbeit auf Private teils bereits
praktiziert, und hier wird, wie auch in anderen Bereichen, in rechtspolitischen
Beiträgen eine noch weiter gehende Verlagerung diskutiert (Pitschas 2000).
Dabei kommt es zu typischen Formen der Kooperation zwischen Polizei und
privatem Sicherheitsgewerbe. Sie wurden in den sechziger und siebziger Jahren
des letzten Jahrhunderts noch überwiegend kritisch gesehen. Inzwischen sind sie
eine fest etablierte Realität, und ihre Ausweitung steht zu erwarten (Pitschas
2000). Einem Zeitungsbericht vom Juli 2003 zufolge sollen einige Bundesländer
vorgeschlagen haben, „Schornsteinfeger, Hausverwalter und Mitarbeiter von
Schlüsseldiensten" beim Abhören von Wohnungen „mitwirken" zu lassen (FAZ
vom 09.07.2003). Faktisch nimmt damit eine Partnerschaft zwischen dem Staat
und Privaten die Stelle des staatlichen Gewaltmonopols ein. Diskutiert wird die
Partnerschaft allerdings lieber als „Verantwortungspartnerschaft" (Pitschas
2000: 147) oder als „Verantwortungsstufung" (Schuppert 2000: 236 ff.) und
nicht als „Gewaltpartnerschaft". So kann man in der Theorie am staatlichen

Gewaltmonopol festhalten, kann in der Praxis seine Relevanz für den Gesetzesvollzug reduzieren und kann zugleich mit der Vorstellung von der „Verantwortungspartnerschaft" den teilweisen staatlichen Gewaltverzicht zu Gunsten von Privaten zu entproblematisieren suchen.

Als verfassungsrechtlich weniger problematisch wird die „Entstaatlichung" der Staatsaufgaben im Bereich der leistenden und erst recht der sonstigen Verwaltung angesehen. Sozialpolitik beispielsweise hat immer schon auf die Kooperation der staatlichen Verwaltung mit privaten Trägern gesetzt, also etwa mit den Verbänden der freien Wohlfahrtspflege. Wenn Schuppert daneben „Städtebaurecht", „Strukturpolitik" und „Umweltpolitik" als weitere Beispiele für eine *„Vielzahl von Kooperationsbeziehungen"* (gesperrt wie im Original) zwischen staatlichen und privaten Dienstleistungsanbietern benennt (Schuppert 2000: 233), so sind dies nur besonders auffällige Beispiele. Der Trend, Staatsaufgaben an Private abzugeben oder in Kooperation durchzuführen, ist allgemein geworden. Ebenso allgemein ist damit das Problem geworden, dass privates Erwerbs und Gewinnkalkül in die Erledigung von Aufgaben eindringt, die als Staatsaufgaben definiert sind. Der „reine Vollzug" war als Mittel zur Sicherung der Rationalität der Verwaltungspraxis im Interesse ihrer Kalkulierbarkeit von oben wie von unten gedacht. Es ist zu erwarten, dass mit den mannigfaltigen Formen der Aufweichung des „reinen Vollzugs" Rationalitätsdefizite verbunden sein werden, die auf die Postulate von Freiheit und Gleichheit durchschlagen. Der Gesetzesvollzug ebenso wie die gesetzesfreie Verwaltungspraxis bleiben zwar kalkulierbar, wenn die als „entmenschlicht" gedachte Verwaltungspraxis aufgeweicht und zum Teil auf Private verlagert wird. Wie man mit dem Streben nach Geld, Macht, Prestige und Sex bei Privaten in Grenzen kalkulieren kann, so kann man auch mit entsprechenden Bestrebungen von Stabsangehörigen kalkulieren. Nur verfügen über die Mittel, die dann zur Steuerung der Verwaltungspraxis in Frage kommen, die einen mehr und die anderen weniger.

6.6   Zur Rationalität der Sachverhaltsarbeit

Wenn in Webers Maschinenmodell die Arbeit der Verwaltung zugespitzt wird auf den Moment, wo die Akten in die Maschine eingegeben werden, dann handelt es sich um eine Momentaufnahme, bei der ein wesentlicher Teil der Arbeit ausgeblendet wird. Die Akten, um im Bild zu bleiben, müssen ja erst einmal angelegt werden, der Sachverhalt, auf den das Gesetz angewandt werden soll, muss erst einmal ermittelt werden. Dass die Maschine auch mit dem geltenden Normbestand programmiert sein muss, kommt hinzu, wird hier aber nicht weiter verfolgt. Webers Modell betrifft implizit auch die vorbereitende Arbeit. Auch bei der Sammlung der für den Gesetzesvollzug benötigten Daten soll die Arbeit der Behörde und des Personals *rationale* Arbeit sein. Die Arbeit am Sachverhalt soll bestimmt sein von Logik und Methodik, frei von Emotion, von Intuition, frei auch von Programmen, die die Arbeit privaten Zweckvorstellungen des jeweiligen Bearbeiters unterwerfen und/oder für externe Interessenten verfügbar machen. Diese Vorstellung entspricht vor allem, aber nicht nur, dem Rechtsstaatspostulat. Dahinter steht die Erwartung, so am besten Freiheit und Gleichheit sichern zu können. Das ist natürlich auch für den sozial- und schutzstaatlichen Gesetzesvollzug relevant. Wie arbeitet Verwaltung am Sachverhalt tatsächlich?

Verwaltung arbeitet zu einem guten Teil *routineorientiert* auf der Basis von „Erfahrungswissen", das auch als „Dienstwissen" bezeichnet wird. Damit erreicht die Arbeit die Stufe der „empirischen Rationalität" und erfüllt als solche grundsätzlich Bedingungen für ihre Kalkulierbarkeit. Wie sachangemessen sie verläuft und wieweit die zugrunde liegende Normauswahl als richtig betrachtet werden kann, ist abhängig von der Qualität der Arbeit, die am Anfang des Routinisierungsprozesses gestanden hat. Jede Routine verweist zurück auf einen Anfang, der durch Offenheit und Ungewissheit gekennzeichnet ist. Insofern enthält Routinepraxis, wenn auch verhüllt, die Probleme, die alle Arbeit im Zeichen von Offenheit und Ungewissheit kennzeichnen. Sie nehmen im Übergang vom Rechtsstaat auf den Sozialstaat und mehr noch auf den Schutzstaat zu, weil in diesen Übergängen mehr und mehr Offenheit und Ungewissheit die Sachverhalte kennzeichnen. Arbeit als zweckorientierte Arbeit und als Vollzug von Schutz- und Sicherheitsversprechen verweist in eine offene Zukunft. Empirische Rationalität steht dafür immer weniger zur Verfügung. Oft fällt auch die Wahrscheinlichkeitsrechnung als Hilfsmittel zur Kalkulation von Zukunft aus. Damit bekommt die Sachverhaltsarbeit eine neue Qualität.

Die Höchstform des Sachwissens als Grundlage rationaler Arbeit stellt das wissenschaftlich organisierte Fachwissen dar (Hesse 1998b). Im Blick auf die von ihnen zu verwaltenden Sachverhalte ist es bei den Behörden deutlich unterrepräsentiert. Dem Juristen, der oben (6.2.) als typischer Stabsangehöriger bezeichnet wurde, fehlt es weithin. Er ist allein als Experte für Fragen des Normverstehens und der Normanwendung qualifiziert. Über Sachwissen verfügt er, soweit er es sich im Dienst oder privat angeeignet hat. Neben den Juristen gehören Fachleute verschiedener Disziplinen den Behörden an. In ihrer Summe repräsentieren sie nicht die Höchstform des verfügbaren Fachwissens. Zum Teil ist das eine Folge der Ressourcenknappheit, zum Teil ist es strukturell bedingt. Probate Mittel, die Höchstform des Sach- und Fachwissens für den behördlichen Gesetzesvollzug verfügbar zu machen, sind die Beauftragung von Sachverständigen, die Einholung von Gutachten und die Bestellung von Sachverständigenkommissionen als Dauereinrichtung. Diese Mittel sind umso häufiger anzutreffen, je gefährlicher oder riskanter die Entscheidungen sind oder zu sein scheinen, die die Behörde zu treffen hat, je größer die Schadenspotentiale sind oder zu sein scheinen, die sie verwaltet und die von der Entscheidung berührt sind.

Ein Beispiel für solcherart Sachverhaltsarbeit stellt die Technikkontrolle dar, sei es im Rahmen eines Genehmigungsverfahrens, sei es parallel zum laufenden Betrieb. Techniküberwachung ist allein mit behördeninternem Fachwissen nicht zu bewältigen. Sie stellt ein typisches Beispiel für den Rückgriff der Behörden auf externes Fachwissen dar. Bei der Techniküberwachung geht es primär um den Schutz von Leben und Gesundheit und um Natur- und Umweltschutz. Dabei geht es im Kern darum, das Potential an fachlichem Wissen, das die Entwicklung der Technik vorantreibt, zugleich für ihre Kontrolle zu mobilisieren. Im Kern geht es also darum, das Rationalitätspotential, das für die Entwicklung von Wissenschaft und Technik verantwortlich ist, zugleich zur Kontrolle dieser Entwicklung und gegebenenfalls zum Verbot der weiteren Entwicklung zu nutzen.

In leichter Modifizierung einer treffenden Kennzeichnung von Julien Freund ist die staatliche Technikkontrolle „die Konsequenz einer Rationalisierung, die sich intellektuell gegen sich selbst wendet" (Freund 1987: 10). Für Lebensmittelkontrolle, für Arzneimittelkontrolle, um andere aktuelle Gebiete zu benennen, gilt nichts anderes. Die Rationalisierung wendet sich freilich nicht von selbst gegen sich selbst. Die Rückwendung der Rationalisierung auf sich selbst ist kein „Selbstläufer". Sie ist abhängig von privaten Schutzinteressen, die über Bewegungen und Initiativen Einfluss auf die politische Willensbildung nehmen, und von einem politischen Willen, der in Gesetzgebungsverfahren zu seinem Abschluss kommt und der sich dann in Kontrollaufträgen an die Verwaltung äußert. Schließlich ist die gegen sich selbst gewendete Rationalisierung abhängig von Kontrollwille und Kontrollkapazität in der Verwaltung.

Der Fortgang der wissenschaftlich-technischen Entwicklung und der damit verbundenen Chancen und Gefahren ruht auf den Beständen von Wissenschaft und Ökonomie und auf dem darin enthaltenen Innovationspotential. Nimmt man die Interessiertheiten der Akteure hinzu, wie sie dem Modell sozialen Handelns zugrunde liegen, so kommt der Fortgang einem „Selbstläufer" vergleichsweise nahe. Technikkontrolle als Rückwendung der Rationalisierung auf sich selbst ist dagegen eine mehrfach bedingte Variable. Das in dieser Struktur angelegte Ungleichgewicht zugunsten der Technikentwicklung und zum Nachteil der Technikkontrolle kann nur von Fall zu Fall durch besondere Anstrengungen ausgeglichen werden. Prinzipiell ist es nicht zu beseitigen. So verfügt in vielen Fragen der Technikkontrolle die zuständige Behörde nicht über die Kompetenzen, über die Technikentwickler und Technikanwender verfügen. So verfügt die

Behörde auch nicht über die erforderliche Kontrollkapazität. Sie begnügt sich dann damit, den Betreibern der zu kontrollierenden Technik den Nachweis aufzugeben, dass die gesetzlich vorgeschriebenen Maßnahmen der Technikkontrolle durchgeführt und dass sie nach den vorgeschriebenen Standards erfolgt sind. Sie gibt ihnen auf, Vorfälle zu melden, die gemessen an den Standards als „Störfälle" gelten. Die Standards schreibt der Gesetzgeber freilich nur in allgemeinen Wendungen vor. Sie reichen von der „guten Praxis", der „guten Laborpraxis", der „guten fachlichen Praxis" und den „guten Management-Praktiken" als niedrigsten Standards über die „Regeln der Technik", den „Stand der Technik", den „Stand von Wissenschaft und Technik" bis zum „Stand der Wissenschaft" oder „Stand der wissenschaftlichen Erkenntnis" als höchstem Standard (Schulte 1999: 44 f.). Gesetze, die nur mit diesen Formeln ausgestattet sind, sind nicht vollzugsfähig. Die als Gesetzesvollzug gedachte Verwaltung muss deshalb das Programm im Wesentlichen selbst erarbeiten, das sie vollziehen soll. Das ist Tatsachenarbeit im Rahmen der Normkonkretisierung. So tauchen auch bei der Normarbeit die Probleme auf, die hier als Probleme der Sachverhaltsarbeit behandelt werden. Für die Konkretisierung der normativ vorgegebenen Standards reichen die intern verfügbaren Kompetenzen oft nicht aus. So ist die Verwaltung auf die Mitarbeit von externen Sachverständigen zweifach angewiesen. Einerseits benötigt sie die Experten zur Konkretisierung der Formeln, die der Gesetzgeber der Technikkontrolle vorgibt. Sodann benötigt sie die Experten für die Überwachung der Anlagen und für die Auswertung der Berichte, die die Betreiber im Rahmen der verordneten Selbstkontrolle anfertigen. Dabei trifft die Verwaltung vielfach auf den inzwischen selbst dem Alltagsbewusstsein vertrauten Experten-Dissens (Hesse 1998b). Seine Auflösung folgt unter Umständen politischem Kalkül. Ob damit die Höchstform der verfügbaren Experten-Kompetenz gesichert wird, ist eine Frage des Einzelfalls.

Die als rationaler Gesetzesvollzug gedachte Verwaltung bedient sich also bereits bei der sachlichen Konkretisierung der Normprogramme externer Hilfe. Sie verlagert ferner die Sachverhaltsarbeit im Einzelfall in erheblichem Maße nach außen und zieht nicht zuletzt diejenigen dazu heran, die sie kontrollieren soll. Schließlich steht sie überall bei der Technikkontrolle – wie auch sonst in vielen Fällen – vor dem Problem, dass der Sachverhalt nicht vollständig zu klären ist. Bei der Kontrolle von Technik als Schadenspotential geht es um *künftige* Entwicklungen und Ereignisse, die weder von den Stabsangehörigen noch von den Eliten der jeweils zuständigen Fachdisziplinen mit Gewissheit prognostiziert werden können. Für die Technik*entwicklung* kann ein derart ungewisses Wissen offenbar ausreichend sein. Für eine strenge Technik*kontrolle* darf es nicht ausreichend sein. In diesem Dilemma werden verschiedene Wege ausprobiert, die hier im Einzelnen nicht darzustellen sind (Einzelheiten bei Koch

(2002) und Schulte (1999)). In jedem Fall wird deutlich, dass der Gesetzesvollzug in diesem Bereich bei allem Bemühen um Sachaufklärung den Charakter
einer *Entscheidung* hat und nicht den einer Erkenntnis. Abschätzungen, Abwä-
gungen und Wertungen bilden den Kern und nicht eine nach dem Muster rationalen Handelns vorgehende Praxis.

Wenn neue Entwicklungen, vor allem in Wissenschaft und Technik, durch
die Verwaltung zu bearbeiten sind, und wenn dabei der bearbeitende Blick mehr
in die Zukunft gerichtet ist als in die Vergangenheit, dann geht es der Verwaltung nicht anders, als es auch der Gesetzgebung und der Rechtsprechung in
solchen Fällen geht. Sie verlässt das Vertraute und begibt sich ins Ungewisse.
Nicht anders geht es bei der privaten Lebensführung in solchen Fällen zu.

Einer interessanten Mischung von Vertrautem und Ungewissem begegnet
die Kriminalpolizei bei ihrer Arbeit. Diese Arbeit ist auf ihren Rationalitätsgehalt untersucht worden. Die Ergebnisse sollen ihres Transferwertes halber kurz
referiert werden. Sie machen in Umrissen eine Antwort auf die Frage sichtbar,
wie Verwaltung „das Ungewisse" bearbeitet.

Polizeiarbeit, insbesondere die der Kriminalpolizei, ist hochgradig techni-
sierte und computerisierte Arbeit. Der Einsatz der Technik zur Datengewinnung
und von Computern zur Verwaltung der Daten nimmt ständig zu. Das Ziel der
Technisierung der Arbeit geht darüber inzwischen, wie auch anderswo, hinaus.
Ziel ist der Aufbau von „Expertensystemen" bei der Sachverhaltsarbeit. Fernziel
ist die Nutzung von „künstlicher Intelligenz". „Expertensysteme" sind in der
Lage, Schlüsse zu ziehen aus gespeicherten Daten nach Regeln, die ihnen von
Experten eingegeben worden sind. Ziel der Entwicklung von „künstlicher Intel-
ligenz" sind Apparate, die auch die Regeln selbst generieren (als Kurz-
Einführung unter juristischen Aspekten Kardasiadou 1998).

Am Anfang der Bemühungen um weitergehende Technisierung der Arbeit
stehen empirische Bestandsaufnahmen, die auf die Frage gerichtet sind, nach
welchen Regeln die Praxis tatsächlich vorgeht. Was dazu am Beispiel der Kriminalpolizei bei der Mordaufklärung empirisch ermittelt wurde (Reichertz
1991; 1993; 1994), ist unter dem hier herausgestellten Aspekt des Vorstoßens
ins Ungewisse auf andere Verwaltungszweige übertragbar.

Die Polizei arbeitet, wie andere Verwaltungszweige auch, teils auf der Basis
von „explizitem Wissen". Dazu zählen Daten, die zur Fallaufklärung gesammelt
werden, und solche, die „fallunspezifisch" anfallen. Sie arbeitet ferner auf der
Basis von „Hintergrundwissen". Hintergrundwissen läuft im Zuge der täglichen
Arbeit in allen Verwaltungszweigen wie von selbst auf. Es lässt sich auch als
„Dienstwissen" kategorisieren. Hinzu kommt das „private Wissen" des einzelnen Stabsangehörigen. Kriminalpolizisten erwerben im Verlaufe ihres Berufsle-
bens eine „generelle Haltung des systematischen Verdachts" (im Original ge-

sperrt), die sie auch außerdienstlich nicht ablegen (Reichertz 1994: 202). So wird sie zur Quelle von privatem Wissen. Das Eindringen privat erworbenen Wissens in die Arbeit der Stabsangehörigen findet sich überall in Verwaltung und Rechtsprechung. Es kann zum Teil als „personales Geheimnis" vom „betrieblichen Geheimnis" (dazu unter 1.) unterschieden sein. Im Rechtsstaats-Kontext wird es mit guten Gründen problematisiert. In den Kontexten des Sozial- und des Schutzstaats dagegen sowie im Rahmen wohlfahrtspolitischer Beglückungsvorhaben wird es eher mit funktionalen Argumenten gerechtfertigt.

Polizeiarbeit wird gesteuert über „Regelwissen". Darunter wird ein fallunspezifisches Wissen davon verstanden, wie man die Arbeit vorantreibt. Nach solchem Wissen strebt jeder, sei er Stabsangehöriger oder Privater. Nichts kennzeichnet zum Beispiel den durchschnittlichen Jura-Studenten der Gegenwart mehr als sein Hunger nach „Schemata", die ihn bei seiner mühevollen Arbeit anleiten. Sie werden ihm entsprechend auch allenthalben angeboten. Natürlich erleichtern sie die Arbeit auch von Hochschullehrern und Prüfern. Nach nichts verlangen Lehrer in der Fortbildung mehr als nach „Rezepten" für die Gestaltung ihrer Unterrichtsstunden. Je knapper die Zeit wird, die für die Fallbearbeitung zur Verfügung steht – aparterweise wird sie überall immer knapper –, umso stärker wird bei allen Stabsangehörigen das Verlangen nach solchem „Regelwissen". Umso größer wird auch das Risiko, dass das Besondere am zu bearbeitenden Fall dabei verloren geht. Das tangiert dann das Rationalitätspostulat – und im Hintergrund die Postulate von Freiheit und Gleichheit – zentral.

Gegen das Risiko von fehlsteuerndem Regelwissen sind „Metaregeln" gerichtet, die den Gebrauch des Regelwissens steuern sollen. Sie machen von Fall zu Fall den Weg problematisch, den das Regelwissen vorschreibt. Reichertz verankert sie in der „individuellen (und diffusen) *Lebens- und Berufserfahrung*" (Reichertz 1994: 203; gesperrt wie im Original). Sie mögen auch im „Gefühl" oder im „Instinkt" oder in der „Phantasie" verankert sein oder in dem, was Juristen früher den „Takt" nannten und was sie heute, sofern sie sich darüber Gedanken machen, vielleicht unter „Judiz" zu fassen suchen (vgl. dazu bereits unter 5.7.). Wenn die Arbeit einer Behörde zur Effektivierung der Verwandlung von Input in Output rationalisiert wird oder wenn der einzelne Stabsangehörige von sich aus seine Arbeit unter diesem Gesichtspunkt rationalisiert – und sei es, um so seinen Freizeitanteil zu erhöhen –, dann sind solche Metaregeln nicht sonderlich beliebt. Ihre Verlässlichkeit ist im Übrigen problematisch; das versteht sich von selbst. Gleichwohl sind sie unverzichtbar.

Schließlich spielt „Wissen um die Regeln logischen Urteilens" (Reichertz 1994: 203; im Original gesperrt) eine Rolle. Für das Maschinenmodell sind die Regeln logischen Schließens zentral. Webers Apparat findet seine Entscheidung mit Hilfe der „Deduktion". Die Deduktion – am Beispiel des Totschlags war oben davon die Rede (5.2.1.) – setzt das Vorhandensein einer *allgemeinen* Regel voraus und eines darauf in seinen tatsächlichen Merkmalen *passenden Einzelfalls*. Zur Sachverhaltsarbeit trägt sie wenig bei. Sie schwebt über der Arbeit am Sachverhalt, wenn der Sachverhalt passend gemacht werden soll für die Subsumtion unter den Obersatz. Im Übrigen aber ist die Deduktion nicht geeignet für die Sachverhaltsarbeit. Diese ist vor allem dann, wenn der Gesetzesvollzug in die Zukunft verweist, der Suche der Kriminalpolizei nach dem Täter vergleichbar. Es geht im Kern darum, Neues zu entdecken und das vorhandene Wissen zu erweitern. Mit Hilfe deduktiver Logik ist das nicht möglich. Hier kommen eher „Induktion" und „Abduktion" in Frage, wenn man nicht auf „Analogie" oder auf „Intuition" verfällt. Dann verlässt man freilich den Bereich regelgeleiteten Schließens.

„Induktion" schließt vom Einzelnen auf das Allgemeine, benutzt dazu unter Umständen Wahrscheinlichkeitsregeln und ist so prinzipiell geeignet, unsere Erkenntnis zu erweitern. Ebenso ist sie prinzipiell irrtumsgefährdet. Das gilt auch für die „Abduktion", von der aktuell bei Rechtstheoretikern häufiger die Rede ist (Kaufmann 1999: 51 ff.; 91 ff.). Sie bietet sich besonders an für den Vorstoß ins Ungewisse, weil sie den Schluss von einer bekannten Wirkung auf die unbekannte Ursache anleiten soll (Heede 1971). Auch wenn sie als regelgeleiteter Vorgang verstanden werden kann, so ändert das nichts daran, dass abduktives Vorgehen „allein kognitiv und rational" nicht zu fundieren ist (Reichertz 1994: 205). Mehr noch als bei der Induktion bleibt ein „irrationaler Rest" übrig, den der einzelne Sachbearbeiter und die einzelne Behörde auf je eigene Weise verarbeiten. Dabei wird im Zweifel das Bemühen eine Rolle spielen, die Arbeit so anzulegen, dass sie wenigstens im Nachhinein als eine rational gestaltete Arbeit dargestellt werden kann. Das ist dann eine Fernwirkung der über der Darstellung herrschenden deduktiven Logik. Die Rationalität der Darstellung kann aber Fehler, die im Zusammenhang induktiven oder abduktiven Vorgehens oder bei Anwendung der unter Juristen beliebten Analogie gemacht worden sind, im Nachhinein nicht kompensieren. Die Rationalitäts-Verheißung der Arbeit der Verwaltung bleibt also beim Vorstoß ins Ungewisse begrenzt. Das Maschinenmodell bildet die Sachverhaltsarbeit in diesen Fällen nicht mehr angemessen ab und täuscht, so es zur Darstellung der Arbeit doch benutzt wird, Rationalität nur noch vor. Für die Arbeit der Verwaltung im Umgang mit dem Ungewissen ist eher die „Hypothesen bildende Forschung" zur Veranschaulichung geeignet und als eins ihrer Mittel das „Experiment". In der Tat bedient die Verwaltung sich inzwischen gelegentlich, wenn auch noch etwas unbeholfen, eines experimentellen Vorgehens zur Gewinnung des für den Vollzug benötigten Sachwissens. Auch der Gesetzgeber erlässt Gesetze inzwischen dazu, Experimente zur Gewinnung von Erkenntnissen zu inszenieren (Hummel 2003).

6.7 Schlussbetrachtung: Verwaltung als „politisches System"?

Die Arbeit der Verwaltung kann angesichts der ständigen Forcierung von in die Zukunft gerichteten Entscheidungen – dazu gehören beispielsweise auch die hier nicht weiter verfolgten Planungsentscheidungen – mit dem Maschinenmodell nur noch partiell erfasst werden. Auch der aktuellen Normqualität wird das Maschinenmodell nicht ohne weiteres mehr gerecht. Es taugt deshalb nur noch bedingt dazu, die Praxis in ihrer Differenz zu den Normen und Postulaten zu erfassen, die sie zu bestimmen gedacht sind. Der Rationalitätsgehalt vor allem der in die Zukunft weisenden Entscheidungen der Verwaltung wird heute anders gesichert als mit Hilfe einer Logik, die von Bekanntem auf Bekanntes schließt. Das aber ist die Logik der Weberschen Maschine. So hat zur Erforschung der Vollzugspraxis der Verwaltungsstäbe das Maschinenmodell mit seinem inkorporierten Befehl-Gehorsam-Modell verwaltungsintern wie -extern an Reiz verloren. Gefragt ist bei den primären wie bei den sekundären Gesetzesadressaten eben das Maß an Kreativität, Phantasie und Selbständigkeit, das vom Befehl-Gehorsam-Modell *ausgeschlossen* werden soll. Bei alledem verliert der im Maschinenmodell angelegte Ausschluss von privaten und partikularen Interessiertheiten und Befangenheiten nichts von seiner Dringlichkeit. Im Übrigen bleibt das Maschinenmodell auch weiterhin partiell anwendbar auf die Fülle der in Standardisierung, Normalisierung und Routinisierung aufgehenden Alltagsarbeit. Diese ist freilich auch ohne die Hilfe des Maschinenmodells verständlich. Darauf wird abschließend zurückzukommen sein (8.).

Verwaltung ist, auch wenn es nicht um Zukunftsgestaltung geht, als reiner Gesetzesvollzug nicht mehr angemessen zu verstehen, weder in der Form des Gesamtvollzugs noch in der des Einzelvollzugs. Das gilt noch am wenigsten für die reine Ordnungsverwaltung, obwohl auch da erhebliche strukturelle Veränderungen zu beobachten sind. Besonders deutlich sind die Veränderungen gerade in den Verwaltungsbereichen, die aktuell im Vordergrund stehende Aufgaben des Sozialstaats und des Schutzstaats repräsentieren. Es heißt gleichwohl das Kind mit dem Bade auszuschütten, wenn man, wie Luhmann dies empfiehlt, von der Vorstellung einer gesetzesvollziehenden Verwaltung *gänzlich* Abschied nimmt und stattdessen „Regierung und Verwaltung von oben bis unten" rein und ausschließlich als „eine Organisation des politischen Systems" versteht (Luhmann 1993: 431). Die normative Ebene wird mit dieser Auffassung offensichtlich verfehlt. Weder in der Verfassungstheorie noch in der Verfassungspraxis wird die Verwaltung des Sozialstaats oder des Schutzstaats von der Gesetzesbindung suspendiert. Für die Verwaltungspraxis des Rechtsstaats versteht sich das erst recht. Dass das Bundesverfassungsgericht die Suspendierung der Gesetzesbindung im Hinblick auf die Informationspolitik des Schutzstaats gera-

de, wie oben erwähnt (4.5.), zu begründen versucht hat, darf vorläufig noch als
eine Ausnahmeentscheidung verstanden werden. Im Übrigen hat es die Verwaltung damit auch auf diesem Gebiet nicht rechtsfrei gestellt. Vielmehr hat es
sie als mehr oder weniger unmittelbaren Verfassungsvollzug zu verstehen versucht. So ist es nach wie vor unter forschungsstrategischen Gesichtspunkten für
die Rechtssoziologie ratsam, die Verwaltung auf die Frage hin zu beobachten,
wieweit sie in ihrer Praxis als Gesetzes- oder gegebenenfalls als Verfassungsvollzug verstanden werden kann. Dabei ist allerdings in Rechnung zu setzen,
dass die Verwaltung unter den Bedingungen der Gegenwart ihre Arbeit überlieferten Rationalitätsmustern vielfach nicht mehr unterstellen kann. Offenbar sind
die Paradigmen der Verwaltungspraxis im Fluss (Mayntz 1997: 66 ff.). Offenbar
ist aber auch, dass die Gesetzesbindung bei alledem mehr bedeuten soll als das
bekannte Taktieren und Paktieren „im Schatten des Rechts". Offenbar ist auch,
dass die Verwaltungspraxis mit ihrem viel verhandelten „Vollzugs-Defizit" und
dem ebenso vielfach diskutierten Ausweichen ins Informale, wofür hier zentrale
Erklärungsansätze vorgeführt wurden und das im nächsten Kapitel erneut thematisiert werden soll (7.3.), in erheblichem Maße vom verfassungsrechtlich
fundierten Konzept von Verwaltung abweicht. Offenbar ist auch, dass Verwaltungsrecht und Verwaltungspraxis nach wie vor unter dem Rationalitätspostulat
stehen, und zugleich, dass sie sich auf durchaus neue Weise dazu zu verhalten
suchen.

Weiterführende Literatur

Weber, Max 1922c: 3. Teil, Kap. 6; Dose/Voigt (Hg.) 1995; Mayntz, Renate
1997; Hill/Hof (Hg.) 2000.

7   Recht und Wirtschaft

Das Spektrum des auf die Wirtschaft bezogenen Rechts ist breit gefächert. Das Zivilrecht gehört in weiten Bereichen ebenso dazu wie das öffentliche Recht. Auch das Strafrecht ist relevant für wirtschaftliches Handeln. Auf dem begrenzten Raum, der im Rahmen einer Einführung für eine rechtssoziologische Erörterung der Bezüge zwischen Recht und Wirtschaft zur Verfügung steht, lässt sich das Thema nur dadurch bewältigen, dass wenige Unterthemen gebildet werden und dass an ihnen das spezifisch rechtssoziologische Interesse am Thema Recht und Wirtschaft verdeutlicht wird.

Rechtssoziologie, die sich mit den Bezügen zwischen Recht und Wirtschaft beschäftigt, folgt verschlungenen Pfaden. Zum Teil folgen die Pfade intrinsischer Neugier der Rechtssoziologen. Zum Teil sind sie abhängig von Verwertungsinteressen derjenigen, die aufwendige Empirie zu finanzieren bereit sind. Viele Pfade sind darauf angelegt, die Wege noch einmal zu gehen, die die angelsächsische, vor allem die US-amerikanische Soziologie, gerade gegangen ist. Manche Wege enden damit, dass sie an Grenzen stoßen, hinter denen benachbarte Fächer sich eingerichtet haben: die Kriminologie etwa oder die Verwaltungswissenschaft oder die Politikwissenschaft. Vielfach bewegen sich die Pfade im Kreis. Das hat eher mit der Konstanz der Themen zu tun und weniger mit mangelnder Modernität des Fachs. Veteranen des Fachs beschert es gelegentlich Dejà-vu-Erlebnisse (Rottleuthner 2001).

Recht wird hier bekanntlich durchgängig als ein Medium verstanden, mit dessen Hilfe Politik auf soziales Handeln Einfluss zu nehmen sucht (1.5.). Das gilt auch für den Zusammenhang von Recht und Wirtschaft. In seiner Eigenschaft als Mittel der Politik kann Recht prinzipiell darauf ausgerichtet sein, wirtschaftliches Handeln zu fördern und Handlungs- und Durchsetzungschancen einzelner Akteure zu stützen. Ebenso kann es prinzipiell dazu benutzt werden, wirtschaftliches Handeln zu kontrollieren, zu begrenzen oder zu verhindern. In der Praxis geht es, auch wenn die besonders prinzipienorientiert auftretende Partei der Grünen an der Regierung beteiligt ist, weniger um prinzipielle, sondern mehr um eine pragmatische Misch-Politik, um „policy-mix" und um „muddling-through" (4.5.). So findet sich in wirtschaftspolitischen Fragen eine bunte Gemengelage von förderndem und begrenzendem Recht. Hinzu kommt das Eigen-Interesse der Politik. Politiker, die mit dem Recht auf die Wirtschaft einwirken, haben auch die Staatsfinanzen im Blick, wollen damit auch ihr Image pflegen, wollen der Klientel ihrer Partei nützen und so künftiges Wahlverhalten beeinflussen. Dieses Eigen-Interesse läuft immer mit. Im Extremfall kann es so stark sein, dass wirtschaftsrechtliche Initiativen *nur* politischen Eigeninteressen dienen sollen. Manche sprechen dann von „symbolischer Politik".

Wirtschaftliches Handeln ist bestimmt von Bedürfnissen und Interessen. Im Mittelpunkt steht Geld als abstraktes Symbol für die Güter und Dienstleistungen, die mit seiner Hilfe erworben und veräußert werden (Luhmann 1993: 452 f.), ein „absolutes Mittel", dessen Wert ausschließlich in dem Zweck liegt, den es erfüllen soll (Heinemann 1987: 326). Wie das Recht nach dem Willen der Politik auf den Wirtschaftsverkehr einzuwirken sucht, ist das Thema der folgenden Abschnitte, die dem Privatrecht (7.1.), dem Strafrecht (7.2.) und dem öffentlichen Recht (7.3.) gewidmet sind. Beispiele für symbolische Politik finden sich in allen drei Rechtsgebieten. Deshalb wird dafür ein eigener Unterabschnitt gebildet, der quer zur Systematik nach Rechtsgebieten liegt (7.4.) Wenige Schlussbemerkungen gelten der „Schattenwirtschaft". Als Reaktion auf die politische Einwirkung auf die Wirtschaft gehört sie hierher (7.5.).

7.1 Die Verrechtlichung von Handlungschancen im Wirtschaftsverkehr durch das Privatrecht

Im wirtschaftlichen Verkehr sind Handlungschancen typisch verknüpft mit der Nutzung von Gütern und von Qualifikationen. Je begehrter und knapper Güter und Qualifikationen sind, umso größer sind die Chancen, die sie im Wirtschaftsverkehr eröffnen. Das Privatrecht fördert die Handlungschancen, indem es den Bestand der Güter und Qualifikationen sowie ihre Verwertung *sichert*. Manche gehen im Blick auf diese Funktion so weit, das Recht als „vierten Produktionsfaktor" neben „Arbeit, Boden und Kapital" zu bezeichnen (Meyer 1987: 97). Elementar für die *Garantie* von Bestand und Verwertung sind Eigentum und Vertrag (dazu bereits unter 2.2.1.d)).

Das Recht aus Eigentum oder aus Vertrag macht den, der es innehat, potentiell selbstsicherer im Umgang mit Gütern und in der Nutzung von Qualifikationen, und es aktiviert potentiell Fügsamkeitsbereitschaft bei dem, gegen den es geltend gemacht wird. Wenn aber im faktischen Geschehen Fügsamkeitsbereitschaft fehlt, wenn Güter und Nutzungen von Qualifikationen trotz rechtlicher Sicherung doch in Frage gestellt werden, wenn Güter angegriffen, verletzt oder zerstört werden, wenn Erwartungen nicht erfüllt werden, diese oder jene Leistung schlecht oder gar nicht erbracht wird, dann kann der vom Privatrecht Begünstigte den staatlichen Zwangsapparat für sich in Anspruch nehmen, um Angriffe abzuwehren oder um die Gegenleistung zu erzwingen. Eventuell kann er Ersatzansprüche geltend machen für die Verluste, die er erleiden musste. „Der faktisch im Besitz der Verfügungsgewalt über eine Sache oder eine Person Befindliche gewinnt also durch die Rechtsgarantie eine spezifische Sicherheit für deren Dauer; derjenige, welchem etwas versprochen ist, dafür, dass die Vereinbarung auch erfüllt werde. Dies sind in der Tat die elementarsten Beziehungen zwischen Recht und Wirtschaft" (Weber 1922c: 412). Eigentum und Vertrag sind die Rechtsinstitute, auf denen Weber in diesem Zitat das wirtschaftende Handeln aufruhen lässt. Mit Hilfe von Eigentums- und Vertragsrecht sollen faktische Bestände gesichert, sollen die damit verbundenen Handlungschancen „garantiert" werden. Auch Luhmann stellt die Diskussion der Beziehung zwischen Wirtschaft und Recht auf Eigentums- und Vertragsrecht ab (Luhmann 1993: 452-468). Im Eigentums- und Vertragsrecht schafft die Politik „objektives" Recht und stellt es zugleich für Interessenten, die über Besitz oder über eine nutzenswerte Qualifikation verfügen, für privaten Gebrauch zur Verfügung. Das so bereitgestellte Recht beinhaltet in letzter Konsequenz die Chance, den staatlichen Zwangsapparat für private Interessen zu mobilisieren.

Das privat genutzte Recht ist umso sicherer, je weniger es in seinem Bestand berührt wird von mitlaufenden Pflichten oder von Gegenrechten oder von widerstreitenden Konzepten, die das Recht zum Beispiel an der Idee der Gerechtigkeit oder der Menschenwürde messen, jenen „pathetische(n) sittliche(n) Postulate(n)", durch die für Weber der „Formalismus des Rechts grundsätzlich in Frage" gestellt wird (Weber 1922c: 506), je weniger also es daraufhin befragt wird, ob es „gerechtes" oder „ungerechtes Recht" ist (Luhmann 1970a: 325). Je mehr der Formalismus des Rechts abgeschwächt wird, desto unsicherer wird die sichernde Funktion der privaten Rechte aus Eigentum oder Vertrag.

Die Sicherung der auf Besitz und Qualifikation beruhenden Handlungschancen durch Eigentums- und Vertragsrecht erfolgte am entschiedensten um 1900. Im weiteren Verlauf hat sich diese Art der Förderung von Handlungschancen kontinuierlich abgeschwächt. Das ist in den Grundzügen oben bereits abgehandelt worden (2.2.1.d.). Daran wird hier angeknüpft.

a) Eigentum als subjektives Recht

Besonders eindrucksvoll markiert § 903 BGB die weitreichende Sicherung von Gütern mit Hilfe des Eigentums, wie sie um 1900 politisch gewollt war. „Der Eigentümer einer Sache", so heißt es seit 1900 unverändert in § 903 BGB, „kann, soweit nicht das Gesetz oder Rechte Dritter entgegenstehen, mit der Sache nach Belieben verfahren und andere von jeder Einwirkung ausschließen."

Damit wird im Grundsatz die volle Verfügungs- und Verwertungsfreiheit garantiert. Während der Wortlaut von § 903 BGB seit 1900 unverändert geblieben ist, hat sich die Bedeutung erheblich geändert. Der anfängliche Grundsatz der Verfügungs- und Verwertungsfreiheit ist in der Folge kontinuierlich dadurch relativiert worden, dass die im „Soweit- Satz" vorgesehenen Ausnahmen mehr und mehr aktiviert wurden. Das geschah teils durch Gesetz, teils durch Richterrecht, teils im Wege der Begründung von Pflichten, teils durch Begründung von Rechten Dritter. Dabei zeichnet die Entwicklung die für die Epoche wesentlichen technisch-wirtschaftlichen Veränderungen nach. Zugleich zeichnet sie politische und ideologische Veränderungen nach und folgt dabei den jeweiligen politischen Machtverhältnissen. So gibt es auf- und abschwellende Tendenzen, durch die Interessen der Eigentümer teils ab- und die Interessen von Nicht-Eigentümern eher aufgewertet werden. Teils wiederum werden Eigentümer-Interessen eher gefördert und Gegeninteressen eher zurückgenommen, und sei es, um dadurch technische Innovationen zu fördern, wirtschaftliches Wachstum zu sichern oder Arbeitsplätze zu erhalten. Teils sind für die Epoche auch Interessenkollisionen unter Eigentümern typisch. Sie brechen beispielsweise auf, wenn das Interesse an der gewerblichen Nutzung eines Fabrikgrundstücks kollidiert mit dem Interesse an der landwirtschaftlichen Nutzung eines benachbarten Grundstücks. Die Epoche wird insgesamt stark geprägt von der auch politisch gewollten und geförderten Industrialisierung. In dem Zusammenhang müssen immer wieder die von der Politik der Technik- und Industrieförderung begünstigten Interessen austariert werden mit den Interessen derjenigen, die außerhalb von Technik und Industrie agieren – in der Landwirtschaft etwa oder im Mittelstand. Sie beanspruchen ebenfalls politische Förderung, und teils bekommen sie sie auch.

Im Auf und Ab der Entwicklung wird das in § 903 BGB angelegte Regel-Ausnahme-Verhältnis allmählich in ein im Zeitverlauf variierendes Spannungsverhältnis überführt.

Im Einzelnen sind die die Sachherrschaft stützenden subjektiven Rechte dadurch kontinuierlich relativiert worden, dass die durch § 903 BGB gesicherten Handlungschancen verstärkt mit privat- oder öffentlichrechtlich begründeten *Pflichten* verbunden und darüber kontrolliert wurden. Das geschah und geschieht teils durch Gesetz, teils durch Richterrecht. Als Beispiel für gesetzliche Einschränkungen mag das Straßenverkehrsgesetz (StVG) dienen. Es normiert eine Fülle von Pflichten für den Halter eines Kraftfahrzeugs, von der Prüfpflicht bis zur Haftpflicht. So steht es beispielhaft für eine Fülle von Gesetzen, die auf technische Innovationen bezogen sind. Sie sichern dem Eigentümer oder auch dem Nutzer solcher Innovationen den Gebrauch und beschränken ihn zugleich im Gebrauch. Außerdem machen sie ihn für Schäden haftbar, die aus der Nutzung resultieren. Ersatzpflichtig kann der Eigentümer inzwischen selbst dann sein, wenn er keine Pflichten verletzt und sein Eigentum *rechtmäßig* genutzt hat. Dafür ist das Institut der „Gefährdungshaftung" erfunden und in vielen Gesetzen verankert worden. Luhmann hat sich damit mehrfach kritisch auseinander gesetzt (Luhmann 1993: 171 f.; 360 ff.; 488).

Als Beispiel für Einschränkungen des Eigentums durch Richterrecht ist oben bereits die „Verkehrssicherungspflicht" behandelt worden (2.2.1.d). Mit Hilfe des Grundsatzes, dass jeder, der einen Verkehr eröffnet, für die dadurch begründeten Gefahren zu haften habe, ist eine Fülle von Pflichten entwickelt worden, die den Eigentümer einer Sache, also etwa Grundstückseigentümer und Geschäftsinhaber, treffen. Vor allem schränken sie das Eigentum dadurch ein, dass sie es mit zunehmend opferfreundlich konstruierten Haftpflichten belegen. Die Entwicklung solcher Pflichten folgt technischen Veränderungen und dem Wandel der Formen, in denen sich der Wirtschaftsverkehr abspielt. Sie spiegelt zugleich deutlich den Wandel vom Rechtsstaat über den Sozialstaat zum Schutzstaat (4.4.). Man kann das vielfach beobachten, beispielsweise an der Regulierung der Schadensfälle, die mit dem Aufkommen der großen Kaufhäuser oder mit der Umstellung des Handels auf Selbstbedienung verbunden sind. Sie werden von den auf Schadensersatz angerufenen Gerichten durchgehend zum Anlass für die Entwicklung von immer neuen und immer spezielleren Verkehrssicherungspflichten genommen, wobei die „Pflichten" immer weniger moralisch begründet werden können und immer deutlicher als Konstrukte hervortreten, die allein dazu erfunden werden, den Ersatzanspruch zu fundieren (Meder 1993; Hesse 1994: 163 ff.; 169 ff.). Ein weiteres Feld für die Entwicklung von Pflichten stellen Konflikte unter Nachbarn dar, in denen es um die Reichweite des Eigentums geht. Um sie besänftigen zu können, wurde das stark ideologieanfällige Institut des „nachbarlichen Gemeinschaftsverhältnisses" erfunden. Mit seiner Hilfe betrieb die Rechtsprechung lange Zeit den Ausgleich der Interessen. Inzwischen sind zu diesem Zweck von den Ländern Nachbarrechtsgesetze erlassen worden.

Die Relativierung der subjektiven Rechte erfolgt ferner durch die Stärkung der Rechte derjenigen, auf die der Eigentümer in der Nutzung seines Eigentums typisch verwiesen ist. Ein eindrucksvolles Beispiel dafür war und ist die Ausstattung von Arbeitnehmern mit Gegenrechten, die darauf zielen, die wirtschaftliche und soziale Macht des Unternehmers, die zum Teil auf der Verfügungsmacht über die Produktionsmittel beruht, einzuschränken. Starke Gegenrechte, die an der Arbeitskraftverwertungschance ansetzen und die Arbeitnehmer im Kollektiv stärken, sind durch das Betriebsverfassungsrecht und das Recht auf Mitbestimmung (dazu Raiser 1999b) geschaffen worden. Ein anderes Beispiel ist die Stärkung der Position der Abnehmer und der Nutzer von Produkten, die der Eigentümer in Ausübung seiner Handlungschancen herstellt und vertreibt (dazu am Beispiel der Arzneimittel Hart/Kemmnitz 2001).

Vielfach geschieht die Einschränkung subjektiver Rechte aus Eigentum auch durch Normen, die dem Umweltschutz dienen sollen. Ein eher kurioses Beispiel dafür aus jüngerer Zeit sind kommunale Baumschutzsatzungen, die Eigentümer in ihrer Freiheit beschränken, Bäume auf ihren Grundstücken zu fällen. Überhaupt bildet der Schutz von Umwelt und Natur das wichtigste Anwendungsfeld für Einschränkungen der subjektiven Rechte aus Eigentum durch objektives Recht, das nicht zugleich Gegenrechte begründet. Rechtstechnisch wäre es durchaus denkbar, die Relativierung auch hier durch den Aufbau von Gegenrechten zu betreiben. Es ist rechtstechnisch nicht unmöglich, auch Pflanzen und Tiere mit Rechten auszustatten. Vielleicht lässt sich das auch bei Landschaften praktizieren. Derzeit erwartet die Natur- und Umweltschutz betreibende Politik die Aktivierung der das Eigentum einschränkenden Gesetze aber nicht von Gegenrechten, sondern davon, dass bestimmten Verbänden Klagebefugnisse eingeräumt werden. Im übrigen soll Strafrecht helfen. So geschieht die Aktivierung von Natur- und Umweltschutzrecht häufig auch dadurch, dass sich im Gefolge solcher Gesetze das aus polizeistaatlichen Verhältnissen wohlbekannte Denunziantentum breit macht (Marßolek 2001). Trotz allem bleibt die Aktivierung gerade des natur- und umweltschützenden Rechts hinter den politischen Erwartungen oft erheblich zurück. So findet sich gerade hier nicht selten das bereits erwähnte „symbolische Recht".

Gesamtwirtschaftliche Rücksichten können ebenfalls zur Abschwächung subjektiver Rechte aus Eigentum führen. Auch das politische Interesse, die Staatseinnahmen durch die Besteuerung der wirtschaftlichen Bestände und des wirtschaftlichen Verkehrs zu sichern, belastet die Handlungschancen aus Eigentum, soweit das Steuerrecht greift. Das Greifen des Steuerrechts ist, wie bereits behandelt, von mancherlei Faktoren abhängig und nicht selbstverständlich.

Die subjektiven Rechte aus Eigentum und Besitz sind typisch im einfachen Recht verankert und hier vor allem im Privatrecht. Einschränkende Pflichten und Gegenrechte haben ihren Ort teils im Privatrecht, teils im öffentlichen Recht. Auch die in der Verfassung verankerten Grundrechte stellen objektives Recht dar, das zu privater Nutzung offen steht. Auch sie lassen sich im privaten Interesse vor Gericht geltend machen. Auch hier entwickelt sich alsbald das Spiel von Rechten, Pflichten und Gegenrechten. So lässt sich der Wandel der subjektiven Rechte aus Eigentum und Besitz auch an den Grundrechten demonstrieren. Sie werden hier mitbehandelt, weil sie inzwischen nachdrücklich zur Konkretisierung des Privatrechts genutzt werden.

Art. 14 GG gewährleistet Eigentum und Erbrecht im ersten Satz des ersten Absatzes, enthält im zweiten Satz des ersten Absatzes die Befugnis, „Inhalt und Schranken durch die Gesetze" zu bestimmen, und proklamiert im zweiten Absatz, dass „Eigentum verpflichtet": „sein Gebrauch soll zugleich dem Wohle der Allgemeinheit dienen". In dieser Doppelung von Gewährleistung und Bindung zeichnet Art 14 GG die Entwicklung seit 1900 nach, die im Durchgang durch das privatrechtliche Eigentumsrecht demonstriert wurde. Die Periode beginnt mit starker Gewährleistung und schwacher Bindung. Ihr Verlauf ist gekennzeichnet durch Abschwächung der Gewährleistung und Stärkung der Bindung. Die Entwicklung wird verfestigt durch das Konzept der „Sozialbindung des Eigentums". Es gewährleistet das subjektive Recht aus Eigentum, indem es das Eigentum zugleich einschränkt. Das geschieht teils zugunsten des Umwelt- oder des Natur- oder des Landschaftsschutzes. Dann soll von „ökologisch eingeschränktem" oder einfacher von „ökologischem Eigentum" die Rede sein. Im Zeichen wirtschaftlicher Not geschehen die Eigentumseinschränkungen zugunsten von Menschen, denen auf diese Weise geholfen werden soll. So erfolgten in der Vergangenheit Eigentumseinschränkungen etwa im Wege von Landreformen, um „Siedlungsland" zu schaffen. Ein anderes Beispiel ist der Mieterschutz. In solchen Fällen soll von „sozial eingeschränktem" oder von „sozialem Eigentum" die Rede sein. An der in Art. 14 GG enthaltenen Eigentumsgarantie ist in Verfahren vor dem Bundesverfassungsgericht auch die auf dem Eigentum und seiner Nutzung liegende Steuer- und Abgabenlast gemessen worden. Sie ist bisher im Wesentlichen bestätigt worden. Zuletzt hat das Bundesverfassungsgericht eine steuerliche Gesamtbelastung „in der Nähe einer hälftigen Teilung zwischen privater und öffentlicher Hand" verfassungsrechtlich noch für zulässig (BVerfGE 93, S. 121 ff.; 138) erklärt. Insoweit soll hier von „etatistisch eingeschränktem" oder von „etatistischem Eigentum" die Rede sein.

b) Rechte aus Vertrag

Wie die Eigentumsfreiheit der vorletzten Jahrhundertwende zunehmend durch „soziales", „ökologisches" und „etatistisches Eigentum" eingeholt und eingehegt wurde, so wurde aus der Vertragsfreiheit der vorletzten Jahrhundertwende das „soziale Vertragsrecht" der Gegenwart. Wiederum ist die Verwandlung das gemeinsame Werk von Gesetzgebung und Rechtsprechung. In Ansätzen zeichnet sich inzwischen auch ein „ökologisches Vertragsrecht" ab. Auch hat inzwischen die Besteuerung einiger Verkehrsgeschäfte ein solches Ausmaß erreicht, dass der dadurch veranlasste Preis das Angebot von Waren und Dienstleistungen spürbar verteuert (als Beispiele genügen die Tabak- und die sog. „Öko-

Steuer"). In solchen Fällen könnte man auch von „etatistischem Vertragsrecht" sprechen. Rechtssoziologie hat an der Entwicklung des Vertragsrechts stärker Anteil genommen als an der Entwicklung des Eigentums. Die Beiträge waren durchgehend bestimmt von der Kritik am formalen Verständnis der Vertragsfreiheit (Röhl 2000: 61 ff.).

Am Anfang der Entwicklung steht wiederum das BGB in der Fassung von 1900, das als betont formal orientiertes Recht Vertragsfreiheit und damit die Freiheit sicherte, an den verschiedenen Märkten mit Hilfe von Verträgen nach Gutdünken zu agieren. Die Einschränkung dieser Freiheit war anfangs gering (§§ 138, 242 BGB). Die alsbald einsetzende Verstärkung dieser Einschränkungen zielte anfangs darauf, für bestimmte Positionen Schwächen im Wirtschaftsverkehr auszugleichen. So war der Aufbau des sozialen Vertragsrechts anfangs vor allem dadurch gekennzeichnet, dass die Position von Arbeitnehmern am Arbeitsmarkt über Schutzpflichten und mit Hilfe von Gegenrechten gestärkt wurde. Daneben ist im Verlauf mehr und mehr die Stärkung des Verbrauchers durch Schutzpflichten und Gegenrechte getreten (zum Verbraucherschutz am Beispiel der privaten Überschuldung Backert/Brock 1999). Teils ist inzwischen die Rechtsstellung des Verbrauchers attraktiver ausgestattet als die des Arbeitnehmers. Kurzerhand ist daraufhin im Zuge der im Jahre 2002 vollzogenen Schuldrechtsreform eine Definition des Verbrauchers eingeführt worden (§ 13 BGB), die es erlaubt, die Verbraucherrechte auch dem Arbeitnehmer in seinen Beziehungen zum Arbeitgeber zugute kommen zu lassen. Diese Auslegung von § 13 BGB ist allerdings noch umstritten (Hümmerich 2002). Die Tendenz, Verbraucherrechte darüber hinaus auch Unternehmern zugute kommen zu lassen, ist unverkennbar (Hesse/Hinsch/Kauffmann/Meyer/Oldenburger-Miltz 1999; Hümmerich 2002). Allmählich wird „der Verbraucher" so zu einem weit gespannten rechtstechnischen Konstrukt zur Einschränkung der Vertragsfreiheit. Parallel zum sozialen Vertragsrecht entwickelt sich in jüngster Zeit zur Relativierung der Vertragsfreiheit „ökologisches Vertragsrecht". Davon soll beispielsweise die Rede sein, wenn Händler oder Produzenten durch Gesetz zur Rücknahme von Verpackungen oder zur Pfandnahme bei Dosen oder zur Rücknahme und Verschrottung abgenutzter Produkte verpflichtet werden und wenn dies mit dem Schutz von Umwelt und Natur begründet wird (zur Verpackungsrücknahme Brand 1999).

Die politisch mit Hilfe von Rechtsreformen und durch richterrechtliche Innovationen betriebene Einschränkung der Vertragsfreiheit braucht hier in weiteren Einzelheiten nicht noch einmal nachgezeichnet zu werden. Jedenfalls ist im Verlauf der letzten 100 Jahre aus der im Wesentlichen formal organisierten Vertragsfreiheit von 1900 ein durch und durch materialisiertes Vertragsrecht geworden. Die Freiheit, mit Hilfe von Verträgen nach Gutdünken eigene Interessen zu verfolgen, ist in ein weit verzweigtes Schutzrecht eingebettet und dadurch erheblich relativiert worden. Mit der „Sicherheit der formalen Gerechtigkeit des Richters", die für Jhering höher stand als „die Vortheile einer unberechenbaren materiellen Gerechtigkeit, hinter der sich nur zu leicht die Willkür verbergen kann" (Jhering 1893: 434), ist es vorbei.

c) Schlussbemerkung zur Entwicklung seit 1900

Hinter der Politik der Stärkung wie der Abschwächung der privat genutzten Rechte aus Eigentum und aus Vertrag stehen teils Parteien, teils gesellschaftliche Interessenten. Letztere sind unter den Bedingungen der Gegenwart vor allem dann stark, wenn sie verbandsmäßig organisiert sind und über eindrucksvolle Kampfmittel verfügen (Offe 1972). Betrieben wurde die Stärkung der privat genutzten Rechte anfangs vom Bürgertum und von den politischen Parteien, in denen es organisiert war. Die Schwächung betrieben die Arbeiterschaft und die mit ihr verbundenen Parteien. Seit Bürgertum und Arbeiterschaft als abgrenzbare Kollektive und die diese Kollektive repräsentierenden Parteien verschwunden sind, wird die Stärkung ebenso wie die Abschwächung der privat genutzten Rechte jeweils ad hoc von – in Verbänden organisierten – Interessenten betrieben, die sich davon Vorteile versprechen. Die politische Reaktion darauf ist eine Politik des Sowohl-als-auch, die mit leichten Varianten von allen Instanzen betrieben wird, die politisch mit dem Recht umgehen. Der Gesetzgeber und die großen Parteien, die sich seiner bedienen, sind daran ebenso beteiligt wie die Gerichte und die Rechtswissenschaft. Das Bundesverfassungsgericht hat die Grundrechte in jüngster Zeit entschieden dazu genutzt, die inhaltliche Kontrolle von Verträgen zu verstärken und Rechte aus Vertrag vor Gericht daran scheitern zu lassen. Das ist am Beispiel der Bürgschafts- und der Ehevertragsrechtsprechung oben behandelt worden (2.2.1.). Daneben betont das Gericht in einer Vielzahl von Entscheidungen die Bedeutung der Grundrechte für die Sicherung von Handlungsfreiheit. Auch die Rechtswissenschaft dient dem Trend, indem sie Rechtsfiguren entwickelt, die Ansprüche aus privat genutzten Rechten stützen, und solche, die dazu dienen, sie ins Leere laufen zu lassen. Die letztgenannten Rechtsfiguren fungieren typisch als Grundlage von Gegenrechten oder als Befugnis für den Richter, die Rechtsgrundlagen von Ansprüchen zu beschneiden oder überhaupt aufzuheben. Ein Beispiel unter vielen ist die in der Inflationszeit nach dem ersten Weltkrieg entwickelte Lehre vom „Wegfall der Geschäftsgrundlage" (Meder 2002: 264).

Auf der Basis von Gesetzgebung, Rechtsprechung und Rechtswissenschaft sind die privat genutzten Rechte inzwischen mit einer stattlichen Zahl von

Schutz-, Sorgfalts- und sonstigen Pflichten eingehegt worden (Schur 2001). Die
Zahl dieser Pflichten wird weiter steigen. Ebenso werden derzeit Vorstellungen
über die „soziale Aufgabe des Privatrechts" (Repgen 2001) weiter forciert. Die
Bemühungen um die weitere Abschwächung der zur Verwertung von Besitz und
Qualifikation dienenden Rechte werden aktuell vor allem mit dem als geboten
betrachteten Ausgleich von „Disparitäten" begründet. Es geht in der groben
Terminologie der Tagespolitik um einen Ausgleich zwischen „den Starken" und
„den Schwachen". Der Europäische Gerichtshof spricht nicht weniger grob von
„Unterlegenenschutz" (EuGH EuZW 2002, S.539). Die Bemühungen werden
außerdem mit dem Ziel begründet, Risiken zu mindern, die mit der privaten
Nutzung von Rechten für Natur und Umwelt verbunden sein können. Die Entwicklung von 1900 bis zur Gegenwart lässt sich ideologisch als Bemühen verstehen, die „Ungerechtigkeit" der privaten Nutzung von Rechten (Luhmann
1970a: 325) abzumildern oder die privaten Rechte „gerechter" zu machen. Der
universalistischen Sprache zum Trotz handelt es sich dabei um partikulare Vorstellungen von „Gerechtigkeit", die miteinander im Streit liegen. Anders ist
Gerechtigkeit unter den Bedingungen der Gegenwart nicht zu haben. Die eigentliche Basis sind Interessenkonflikte. Was jeweils als gerecht zu gelten hat,
wird von konkurrierenden Interessenten auf Zeit und im Kompromisswege
ausgehandelt und dann politisch durchgesetzt. Auch „Disparitäten" zwischen
Vertragsparteien sind nicht von Natur aus, was sie sind. Sie sind Konstrukte
derjenigen, die den Ausgleich betreiben, weil sie ihn für politisch geboten halten. Eben dies gilt auch für die Risiken oder Gefahren, um deren Abwehr es
durchgängig geht. Auch sie stellen Konstrukte dar (Bayerische Rückversicherung 1993; Luhmann 1991). Das Recht als Instrument der Politik zeigt seinen
instrumentellen Charakter besonders deutlich da, wo es dazu dient, politisch
gewollte Konstrukte handlungsrelevant zu machen.

d) Die Haftung der wirtschaftenden Akteure

Das Haftungsrecht, gesehen unter dem hier im Vordergrund stehenden Aspekt
der Verrechtlichung von Handlungschancen, zielt darauf, Schäden auszugleichen, die aus der Nutzung von Besitz oder Qualifikation folgen. Darüber hinaus
verbindet sich mit dem Haftungsrecht die steuerungspolitisch erwünschte Vorstellung einer präventiven Wirkung. Wer das Haftungsrisiko seiner Handlungen
kennt, wird sich, so ist die Erwartung, bemühen, Schäden zu vermeiden. Darauf
ist unten noch zurückzukommen. Das moderne Haftungsrecht hat sich von seinen im BGB fixierten Ursprüngen (§§ 823 ff.) immer weiter entfernt. Schuld-
fragen haben an Bedeutung mehr und mehr eingebüßt. Inzwischen ist selbst die

Rechtswidrigkeit nicht in jedem Fall entscheidend. Das bereits angesprochene Institut der Gefährdungshaftung begründet die Haftung auch für Schäden, die durch rechtmäßiges Handeln verursacht sind. Dann geht es nicht mehr um Schadenszurechnung, sondern um die Verteilung von Schadenspotentialen, die dem Zusammenleben, vor allem in seiner technischen Vermittlung, immanent sind. Ulrich Beck ist mit ihrer Thematisierung über die Fachgrenzen hinaus bekannt geworden (Beck 1986; 1988). Auf die Bewältigung solcher Schadenspotentiale ist das Schadensersatzrecht inzwischen weithin umgestellt worden (Meder 1993; Hesse 1994). Der Jurist, der in einer Jahrhunderte langen Tradition gelernt hatte, die Pflicht zum Schadensersatz von schuldhaft-rechtswidrigem Verhalten abhängig zu machen, hat inzwischen umlernen müssen. Wiederum folgt die Rechtsentwicklung der wirtschaftlich-technischen Entwicklung sowie Veränderungen in den politischen Machtverhältnissen und in herrschenden Ideologien. Schadensfälle, die nicht auf rechtswidrig-schuldhaftes Individualverhalten zurechenbar sind, sind zu alltäglichen Ereignissen geworden. Teils sind sie berechenbar geworden mit Hilfe von Statistik und Wahrscheinlichkeitsrechnung. Dann eröffnen sich Möglichkeiten der Vorsorge und der Versicherung, die besser zur Bewirtschaftung der Schadensfälle geeignet erscheinen als individuelle Zurechnung über Schuld und Rechtswidrigkeit (Ewald 1993). Die Rechtsentwicklung reagiert zugleich darauf, dass die Säkularisierung vielen die Möglichkeit genommen hat, Schadensfälle in religiösen Zusammenhängen mit Sinn zu füllen und sie etwa dadurch erträglicher zu machen, dass sie als „von Gott" oder „vom Schicksal" auferlegte „Prüfung" oder „Strafe" verstanden werden. Schließlich wird die Entwicklung auch beeinflusst durch die nicht unbegründete Erwartung von Politikern, die Rolle als Schützer, Helfer und Retter zur Werbung um Wählerstimmen nutzen zu können. Wieweit das Haftungsrecht tatsächlich dazu dient, Schadensfällen vorzubeugen, ist eine offene Frage. Spürbare Auswirkungen auf die Versicherungspraxis hat es jedenfalls.

Eine andere Wirkung der soeben beschriebenen Instrumentalisierung des Schadensersatzrechts ist ebenfalls deutlich. Das Publikum hält bei allen Veränderungen daran fest, Schadensfälle in der Logik der moralisch aufgeladenen Täter-Opfer-Perspektive zu rekonstruieren. Die Politik unterstützt diese Perspektive nach Kräften. Durch die politischen Reformen des Haftungsrechts, sei es in Form von „Reformgesetzen", sei es in Form von Richterrecht, zieht sich als Konstante das Bemühen, „Opfer" mit Ersatzansprüchen auszustatten, diese Ersatzansprüche auszuweiten und zu erhöhen und ihre Durchsetzung zu erleichtern. Die Selbstwahrnehmung im Publikum wird dadurch verändert. Das ist inzwischen vielfältig beobachtbar, etwa wenn Eltern sich bereit finden, vor Gericht die Geburt eines Kindes als schädigendes Ereignis zu rekonstruieren (BGHZ 151, 133 ff. = NJW 2002, 2636 ff.). Dass Rechtsanwälte sich als „Opfer-Anwälte" gerieren und mit der Erwartung hoher Entschädigungsleistungen erfolgreich für sich werben, ist eine nicht mehr auf die USA beschränkte Erscheinung (4.3.). Raucher verklagen Zigaretten-Produzenten auf Schadensersatz, wenn sie an Krebs erkranken. Ein Richter wurde kürzlich bekannt mit einer Klage gegen Coca-Cola, mit der er Schadensersatz dafür verlangte, dass er, wie er vortrug, durch den jahrelangen Genuss dieses Getränks an Diabetes erkrankt war. Dass der Opfer-Status infolge der geschilderten Tendenzen der Haftungsrechtsmodernisierung und darüber hinaus infolge politischer und anwaltlicher Werbung mit Ersatz, Entschädigung und Hilfe attraktiver geworden ist, dass im Hin und Her von Erwartungen des Publikums und Verheißungen von Politik und Recht Selbstbilder sich ändern, Selbsterwartungen umgestellt werden, scheint mir über die erwähnten Einzelfälle hinaus keine Frage. Die überall lauernden Erwerbs- und Versorgungsinteressen bedienen sich auch des Opfer-Status, wenn er dazu aufbereitet wird. Selbst für Hochstapler ist der Status inzwischen attraktiv (Diekmann/Schoeps 2002). Auf solche Wirkungen von Politik und Recht ist allerdings philosophische Literatur eher eingestellt als rechtssoziologische (Bruckner 1996; Cacciari 1998). Deshalb soll die Frage hier nicht weiter verfolgt werden.

Stattdessen soll die Frage nach der Präventivwirkung des Haftungsrechts wieder aufgenommen werden. Sie gehört, wie alle Wirkungsfragen, zu den bevorzugt behandelten Themen der Rechtssoziologie, natürlich auch der Kriminologie, muss aber als empirisch nicht geklärt betrachtet werden. Immerhin sind in einigen Untersuchungen analytische Kategorien eingesetzt worden, die helfen, die Wirkungsfrage differenzierter und damit aussichtsreicher zu stellen. Das gilt zum Beispiel für das aus amerikanischen Untersuchungen entlehnte Begriffspaar „talk" und „action", mit dessen Hilfe Japp betriebliche Reaktionen auf das Umwelthaftungsgesetz (UmweltHG) untersucht hat (Japp 1997). Durch das UmweltHG sind Betriebe einer Haftung für Umweltschäden unterworfen worden, die als Gefährdungshaftung ausgestaltet ist. Die Haftung, die präventiv wirken soll, löst nach den Untersuchungen von Japp spezifische Reaktionen in den Unternehmen aus, zeigt also insofern Wirkung. Allerdings sind die ausgelösten Wirkungen „talk" anstelle der eigentlich intendierten „action". Damit ist gemeint, dass die Betriebe ihre Rechts- und Versicherungsabteilungen zur Abwehr von Haftungsansprüchen erweitern und dass sie ihre Öffentlichkeitsarbeit verstärken, um in der Öffentlichkeit das Bild eines sicher und schadensfrei agierenden Betriebs zu verbreiten. Dieses Bild wird auch betriebsintern forciert. Als Kehrseite von „talk" wird die unter „action" gefasste betriebliche Produktion unverändert aufrechterhalten, ja, die Abläufe werden, soweit möglich, noch beschleunigt. Diese Reaktion ist das Ergebnis betrieblich-rationaler Kalkulation mit Schadenswahrscheinlichkeiten, Haftpflichtvoraussetzungen, Versicherungspflicht, Obergrenzen und Deckungslücken, auf die hier im Einzelnen nicht einzugehen ist. Die von Japp beschriebene Reaktion lässt sich dahin verallgemeinern, dass der eigentlich intendierten Präventivwirkung des Haftungsrechts viele Faktoren entgegenstehen, die sie insgesamt eher unwahrscheinlich machen. Was bleibt, sind die Ersatzleistungen für den Fall, dass Schäden eingetreten sind oder Ereignisse, die sich als Schadensfälle darstellen lassen. Die Ersatzleistungen werden in Rechtsprechung und Gesetzgebung fortlaufend großzügiger bemessen, insbesondere dann, wenn Versicherungen im Hintergrund stehen. Soweit aber Großschäden eintreten, für die niemand haftbar gemacht werden kann oder für die keine Versicherung eintritt, entwickelt sich mehr und mehr als Reaktion die Bildung von Fonds, die mit Mitteln ausgestattet werden, die potentielle Schadensstifter im Kollektiv aufzubringen haben. Wo auch dieses Mittel versagt, wird der Staat zum Ersatzleistenden. Viele Begehrlichkeiten gehen inzwischen in diese Richtung.

e) Die Durchsetzung des privaten Rechts vor Gericht

Für die Sicherung von Handlungschancen aus Besitz und Qualifikation durch privates Recht und für Ersatzansprüche kommt es schließlich auf den staatlichen Zwangsapparat und auf seine tatsächliche Zwangsgewalt an. Für die Durchsetzung von Pflichten und Gegenrechten gilt das ebenfalls. Die Ressourcenverknappung ist oben am Beispiel der Verwaltung ausführlicher behandelt worden (6.4.). Für die Gerichte gilt sie, wie ebenfalls angesprochen (5.8.), nicht minder. Die Ausstattung der Gerichte wird kontinuierlich zurückgenommen. Die Verfahren werden in immer neuen Anläufen vereinfacht und verkürzt. Schlichtungsversuche werden vorgeschaltet. Der Druck auf die Richter, den Rechtsstreit durch Vergleich zu beenden, nimmt zu. Alternativen zum Recht werden politisch propagiert und erprobt, die so angeboten werden, als fände der wirtschaftliche Verkehr im rechtsfreien Raum statt und als solle er das auch. Wird der Zwangsapparat auf diese Weise geschwächt – ein niedersächsischer Justizminister soll im Blick auf weitere Schwächungsabsichten mit einem gewissen Witz von „kreativem Sparen" gesprochen haben (FAZ vom 05.12.2002) –, so wird auch die Garantie der mit Besitz und Qualifikation verbundenen Handlungschancen geschwächt. Ebenso werden im Prinzip Pflichten und Gegenrechte geschwächt, ebenso werden Ersatzansprüche fraglich. Für die Garantie von Rechten und Gegenrechten und für die Wirksamkeit von Pflichten ist die Berechenbarkeit eines Rechtsstreits bis hin zur vollstreckbaren Entscheidung wesentlich. Sie ist im Lauf der letzten hundert Jahre zunehmend unsicher geworden. Die mehrfach erwähnte „Abwägung" (vgl. etwa 5.2. u. 5.8.), die heute

vielfach im Zentrum steht, wenn über Rechte, Gegenrechte und Pflichten vor
Gericht gestritten wird, orientiert sich primär daran, welches Gewicht der beteiligte Richter den im Streit befindlichen Handlungschancen jeweils „wertend"
zumisst, also an Sachverhalts- und nicht an Rechtsfragen. Auch das beeinträchtigt die Berechenbarkeit. Vorstellbar ist, dass die politisch betriebene Schwächung des Zwangsapparates und die Propagierung von Alternativen ebenso wie
die Selbstermächtigung der Richter zu wertendem Umgang mit dem privaten
Recht von der Erwartung getragen werden, auf diese Weise dem Bemühen um
„gerechtere" subjektive Rechte und um eine „bessere", der „Bürgergesellschaft"
eher angemessene Befriedung von Konflikten größere Spielräume zu eröffnen.
Für eine verlässliche Kontrolle dieser Eindrücke fehlt es freilich an dem erfor-
derlichen empirischen Material.

7.2   Wirtschaftsverkehr und Strafrecht

Das Strafrecht ist nicht unmittelbar auf die Sicherung privater Handlungschancen bezogen. Wenn es darauf angelegt ist, private Rechtsgüter zu schützen, soll
es öffentlichen Interessen dienen, nicht privaten. Die dem öffentlichen Interesse
dienende Schutzwirkung strahlt aber auf private Interessen aus. Wenn der Diebstahl im öffentlichen Interesse an Sicherheit und Ordnung verfolgt wird, profitiert davon im Einzelfall auch der Eigentümer, dem die Präventivwirkung des
Strafrechts zugute kommt, soweit sie denn wirkt. Zumindest wird dem Bestoh-
lenen der Zugriff erleichtert auf denjenigen, den Polizei und Staatsanwaltschaft
in Verfolgung öffentlicher Interessen als Dieb identifiziert haben, soweit denn
Täter als Diebe identifiziert werden. Weber nennt dies eine „bloße 'Reflexwirkung'" der empirischen Geltung einer Norm, die nicht der Garantie privater
Handlungschancen zu dienen bestimmt ist (Weber 1922c: 371). Strafrecht, das
nicht dazu geschaffen ist, private Handlungschancen zu sichern, trägt, soweit es
wirksam ist, „reflexhaft" zu deren Sicherung bei. In diesem Kontext wird es hier
in den Zusammenhang von „Recht und Wirtschaft" einbezogen.

   Materiellrechtlich hat sich das Strafrecht seit 1900 im Hinblick auf seine
reflexhafte Bedeutung für die privaten Rechte aus Eigentum und Vertrag erheblich verändert. Die am Beginn der Periode dominierenden Rechtsstaatskonzepte
hatten unter anderem zur Folge, dass das Strafrecht als ultima ratio der Politik
verstanden wurde. Das schränkte seine politische Nutzung im Wege der
Gesetzgebung ebenso ein, wie es richterrechtliche Innovationen nahezu gänzlich
ausschloss. Der weitere Verlauf, der im Zeichen einer Überlagerung rechtsstaatlicher durch sozial- und schutzstaatliche Konzepte steht (4.4.), ist dadurch
gekennzeichnet, dass die Instrumentalisierung des Rechts für wechselnde

politische Zwecke auch auf das Strafrecht sich auswirkt. Zunehmend wird es mit Hilfe von Gesetz- und Verordnungsrecht als Instrument wirtschafts-, sozial- und umweltpolitischer Absichten genutzt. Gelegentlich beteiligt sich auch die Rechtsprechung daran. So ist beispielsweise im Wege richterrechtlicher Innovation als neuer Straftatbestand die strafrechtliche Produkthaftung entwickelt worden (BGHSt 37, S. 106 ff.). Die neuen Kriminalisierungstendenzen, die merkwürdig kontrastieren zu den Ent-Kriminalisierungsprogrammen, von denen im politischen Raum oft und viel die Rede ist, haben zu einer gewaltigen Ausdehnung des sog. „Nebenstrafrechts" geführt. Zum Teil, etwa im Umwelt- strafrecht, ist aber auch das im StGB versammelte Kern-strafrecht ausgeweitet worden (Naucke 1998: 108 ff.). So hat die Politik mit Hilfe des Strafrechts kontinuierlich viele auf privaten Rechten beruhende Freiheiten, die um 1900 selbstverständlich waren, kriminalisiert und dadurch einzuschränken versucht. Strafrecht wird aber auch dazu herangezogen, den „Missbrauch" des Sozial- staats verhindern zu helfen. Auch für die in jüngster Zeit forcierten Freiheitsein- schränkungen zum Schutz von Natur und Umwelt ist die strafrechtliche Ab- sicherung üblich geworden. Selbstverständlich ist die Steuerpflicht des Bürgers, deren Erfüllung zunehmend als dringlicher empfunden wird, strafrechtlich bewehrt. Selbst die Selbstschutzpflicht, die sich als Mittel des Schutzstaats zur Einschränkung privater Rechte durchgesetzt hat (Hesse 1994: 114 ff.), ist mit strafrechtlichen Sanktionen versehen worden. Ein Autofahrer muss mit Sanktio- nen rechnen, wenn er den Gurt nicht anlegt, wenn er das vorgeschriebene Erste- Hilfe-Material nicht mitführt, ja, selbst wenn er sein Auto unverschlossen abstellt. Viele Erfindungen der Strafrechtswissenschaft haben sich in den Dienst dieser Politik gestellt. So sind Begründungen entwickelt worden für die Tendenz der Politik, die privat genutzten Rechte dadurch zu beeinträchtigen, dass die Eingriffsschwelle vorverlagert wird. Bereits derjenige, der in Wahrnehmung seiner Handlungschancen ein Rechtsgut „abstrakt gefährdet", soll nach dem Willen der Politik strafrechtlich sanktioniert werden. Auch für diese inzwischen in das Strafrecht eingeführte Variante, die um 1900 undenkbar war, hat sich ein strafrechtliches Theoriekonzept gefunden, das sie denkbar gemacht hat (Herzog 1991; Prittwitz 1993).

Wiederum kontrastiert die Ausweitung des materiellen Strafrechts mit der Knappheit und der tendenziellen Verringerung der zur Durchsetzung erforderli- chen Ressourcen. Das ist besonders problematisch im Zusammenhang neuer sozial- und umweltstaatlicher Strafrechtsvorschriften. Schon für viele sozial- staatliche, mehr noch für die neuesten Strafvorschriften zum Schutz von Um- welt und Natur gilt, dass ihnen in der Bevölkerung ein entsprechendes Un- rechtsbewusstsein nicht wie von selbst entgegengebracht wird. So werden De- likte wie „Sozialhilfemissbrauch", „ungerechtfertigter Bezug von Arbeitslosengeld und Arbeitslosenhilfe" sowie „Schwarzarbeit" ebenso wie die „Steuerhinterziehung" weithin als „Kavaliersdelikte" eingestuft und damit relativ leicht gegenüber dem strafrechtlichen Verbot gerechtfertigt (Lamneck/Schäfer 2001). Vermutlich gilt das auch für die ebenfalls weit verbreitete und wie alle diese Delikte vom Dunkel des Nicht-Wissens (Popitz 1968) gnädig verhüllte Korruption. Für Leyendecker (2003; vgl. 4.5.) war das fehlende Unrechtsbewusstsein der Beteiligten einer der auffälligsten Befunde seiner Recherche. Ab und zu erhellt das öffentliche Spektakel eines großen Korruptions- oder Steuerstrafprozesses wie ein Blitz das Dunkel, das über den Vorgängen liegt. Ob aber in den einschlägigen Kreisen eher der Blitz wahrgenommen wird und zu Irritationen führt, oder ob der Blitz erst recht das Dunkel verdeutlicht, das er nur kurzfristig erhellt, und ob also der Blitz letzten Endes beruhigend und bestärkend wirkt, ist offen. Ich neige zu der zweiten Variante. Noch geringer scheint das Unrechtsbewusstsein gegenüber dem Umweltstrafrecht zu sein (Kaiser 1999). Offenbar wird hier auch die Durchsetzungsbereitschaft der Rechtsstäbe zusätzlich behindert. Dass Umweltschutz durch die zuständigen Behörden nach dem Willen des Gesetzgebers unter Opportunitätsgesichtspunkten gehandhabt wird, hat häufig zur Folge, dass aufgrund von Ausnahmebewilligungen einige Akteure die Umwelt in großem Stil beeinträchtigen dürfen, während andere für wesentlich geringfügigere Einwirkungen mit Strafe bedroht werden. Der Sanktionstätigkeit der Rechtsstäbe ist das offenbar ebenso wenig förderlich wie der Entstehung des entsprechenden Unrechtsbewusstseins in der Bevölkerung. Wenig förderlich für das Unrechtsbewusstsein ist auch, dass Umweltstrafrecht häufig als Gefährdungsstrafrecht ausgestaltet ist. Dass es dafür, wie erwähnt, strafrechtstheoretische Rechtfertigungen gibt, heißt noch längst nicht, dass sich dafür auch das entsprechende Unrechtsbewusstsein bildet. Auch in Bezug auf das aus rechtsstaatlicher Tradition überkommene Kernstrafrecht, das am ehesten relevant ist für die reflexhafte Sicherung von Handlungschancen, lassen sich Tendenzen beobachten, die als Rücknahme des Wirkungsanspruchs interpretierbar sind. Dazu gehört die im Zusammenhang des „Strafrechtstrichters" bereits erwähnte Praxis der Einstellung von Ermittlungs- oder Strafverfahren durch die Rechtsstäbe (6.4.). Auch die inzwischen eingebürgerte Praxis, Strafverfahren in Ablauf und Ergebnis zum Gegenstand einer „deal" genannten Vor-Verhandlung zwischen Gericht, Staatsanwaltschaft und Verteidigung zu machen, relativiert den Wirkungsanspruch des Strafrechts. Konkurrierend zum Strafrecht breiten sich schließlich sozialpädagogische Reaktionen auf „abweichendes Verhalten" aus. Darüber wird der Richter zum Therapeuten, der Polizist zum Sozialarbeiter.

Die Folgen dieser Entwicklungen für die Reflexwirkung des Strafrechts auf wirtschaftliches Handeln zu bestimmen, ist schwierig. Wiederum ist empirisches Material dafür in ausreichendem Maße nicht vorhanden. Möglich ist, dass die Rücknahme des Wirkungsanspruchs des Strafrechts die Schwächung der tatsächlichen Wirkung des Strafrechts zur Konsequenz hat. Damit ginge auch die reflexhafte Sicherung von Handlungschancen aus Besitz und Qualifikation zurück. Ebenso verlören die zur Begrenzung dieser Handlungschancen begründeten Ge- und Verbote ihren Halt am Strafrecht.

7.3   Die Handlungschancen im Wirtschaftsverkehr und das öffentliche Recht

Noch deutlicher als das Privatrecht und deutlicher auch als das Strafrecht dient das öffentliche Recht dem Transport und der Umsetzung des politischen Willens, der den Wirtschaftsverkehr nach seinen Vorstellungen zu beeinflussen sucht. Die Vorstellungen, die hier zum Tragen kommen, entstammen sozial-, wohlfahrts- und schutzstaatlicher Programmatik; nicht zuletzt folgen sie fiskalischen Bedürfnissen. Die Programme sind in *besonderem Maße* dadurch gekennzeichnet, dass sie die Welt nicht so lassen wollen, wie sie ist. Deshalb werden Fragen nach der „Steuerungskraft des Rechts" in diesen Zusammenhängen dringlicher, wird „Wirkungsforschung" eingefordert und teils auch finanziert. So hat sich hier ein Schwerpunkt auch für die Rechtssoziologie ergeben. Ausgangspunkt ist die Annahme, dass wirtschaftliches Handeln in der Eigenwelt der Wirtschaft um die Erzielung von Gewinnen und die Vermeidung von Verlusten kreist. Darauf kann Politik Einfluss nehmen, indem sie die Steigerung von Einnahmechancen verspricht oder die Verminderung von Verlustrisiken. Ebenso kann Politik in diesem Rahmen auf wirtschaftliches Handeln Einfluss nehmen, indem Gewinnchancen eingeschränkt und Verlustrisiken erhöht werden. Soweit das Recht als Mittel solcher politischen Einflussnahme eingesetzt wird, ist Raum für rechtssoziologische Wirkungs-Untersuchungen oder mindestens für Vorüberlegungen dazu. Ich gebe dazu einige Beispiele.

Subventionen:
Subventionen sind ein besonders prägnantes Mittel der Politik, mit Hilfe der Steigerung von Einnahmechancen Einfluss zu nehmen auf wirtschaftliches Handeln – und zugleich auf das Wählerverhalten. Der Subventionsbegriff ist umstritten; ebenso umstritten ist im Einzelfall die Subsumtion von Maßnahmen unter diesen Begriff. Dass mit Subventionen Finanzhilfen gemeint sein sollen, entweder in Form direkter Zuwendungen oder als Steuervergünstigungen („versteckte Subvention"), ist allgemein konsentiert. Übereinstimmung besteht auch darin, dass Zuwendungen an private Haushalte zur Verbilligung bestimmter Güter als indirekte Finanzhilfe zugunsten eines involvierten Wirtschaftszweigs wirken können (Beispiel „Eigenheimzulage") und dann dem Subventionsbegriff

zuzuordnen sind. Im Einzelfall ist hier vieles streitig. Subventionsgeber sind der
Bund, die Länder und die Gemeinden je für sich. Inzwischen tut sich die Europäische Union ebenfalls mit Subventionen hervor. Gleichzeitig ist sie zur Kontrolle der Beihilfenpraxis der Mitgliedsstaaten verpflichtet. „Eigentlich" sind
nach dem EG-Vertrag Subventionen verboten (Art. 87 Abs. I EG; als Überblick
dazu Kilb 2003). Tatsächlich wird dieses Verbot durch eine Fülle von Ausnah-
meregelungen und Spezialvorschriften erheblich relativiert. Nicht zuletzt wirkt
sich auch hier das Fehlen eines klaren Subventionsbegriffs zu Lasten der Subventionskontrolle aus. Dass im Verfahrensrecht und in der Verfahrenspraxis
weitere Hindernisse für eine effektive Subventionskontrolle aufgebaut sind, ist
nach der weithin herrschenden politischen Logik, die das Eine tun und zugleich
das entgegenstehende Andere nicht lassen will, anzunehmen (vgl. auch Stober
2000: 262). Subventionspolitik erfolgt nicht zuletzt im Rahmen von Strukturpolitik. So wird politisches Handeln bezeichnet, das beispielsweise Regionen oder
Sektoren aufwerten soll oder dem Mittelstand zugute kommen oder technisch-
naturwissenschaftliches Innovationspotential stärken soll. In solchen Fällen
kann die Förderung von individuellen Handlungschancen eine Konsequenz der
primär auf andere Ziele ausgerichteten Politik sein. Es ist aber auch der umgekehrte Zusammenhang möglich.

Das finanzielle Gewicht der Subventionen ist erheblich. Allein für den Bund
wies der Subventionsbericht von 1995 direkte Subventionen in Höhe von rund 9
Milliarden DM und indirekte in Höhe von rund 7 Milliarden DM aus (Jarass
1997: 158). Nach dem 18. Subventionsbericht des Bundes sind die direkten
Subventionen von 1999 bis 2002 von 10,9 Milliarden auf 8,28 Milliarden zu-
rückgegangen, während die indirekten auf 13,2 Milliarden gestiegen sind (Bundesministerium der Finanzen 2001: 12). Das Gesamtvolumen der direkten und
indirekten Subventionen von Bund, Ländern und Gemeinden schwankt nach
dem 18. Subventionsbericht seit 1995 zwischen 55 und 60 Milliarden, wobei die
Zahlen für die Gemeinden geschätzt sind (S. 22). Nach Berechnungen im Institut für Weltwirtschaft der Universität in Kiel belaufen sich die Subventionen
von Bund, Ländern und Gemeinden im Jahr 2003 auf rund 150 Milliarden Euro
(Boss und Rosenschon 2003).

Die rechtliche Regulierung der Subventionspolitik ist dürftig. Mit der Begründung, dass es sich um staatliche Leistungen und nicht um Eingriffe in die
Rechte des Bürgers handelt, wird es bereits für ausreichend gehalten, dass im
Haushaltsgesetz und seinem Anhang, dem Haushaltsplan, die für Subventionen
vorgesehenen Mittelansätze ausgewiesen sind (Jarass 1997: 161). In der Selbst-
verpflichtung zum Subventionsabbau, die die Politik mit dem Gesetz zum Subventionsabbau vom 26.6.1981 eingegangen ist, wird man vermutlich in erster

Linie eine symbolische Geste zu sehen haben; jedenfalls ist nicht zu sehen, wie seine Wirkungen gemessen werden könnten.

Wenn die Politik Geld anbietet, sei es in Form von direkten Zahlungen, sei es in Form von Steuer- oder Abgabenermäßigungen, spricht sie eine Sprache, die wirtschaftende Akteure gut verstehen und auf die sie im Zweifel auch ansprechen. Wie sie darauf ansprechen und wieweit die Politik die Ziele erreicht, die sie mit den Subventionen verfolgt, ist weithin unbekannt und gilt auch als schwer messbar. Zusätzlich wird die Klärung der Frage dadurch behindert, dass es der von Bund, Ländern und Gemeinden sowie der EU jeweils selbständig betriebenen Politik an einer klaren Linie fehlt; die Literatur spricht von „Subventionsdschungel" und von „Kompetenzwirrwarr" (Stober 2000: 257 f.). Nach der Selbsteinschätzung der Ministerialbürokratie zu den Wirkungskontrollproblemen, wie sie im 16. Subventionsbericht dargestellt und im 18. Subventionsbericht wiederholt werden, stehen Wirkungsanalysen staatlicher Eingriffe vor dem Problem, dass kaum zu ermitteln sei, welche Entwicklung der Markt ohne den Eingriff genommen hätte. Es gebe auch keine „allgemeingültigen" Messmethoden. Letztlich sei die Wirkungskontrolle eine Frage politischer Bewertung. Immerhin wird zunehmend Wert darauf gelegt, Subventionsmaßnahmen durch externe Einrichtungen „evaluieren" zu lassen. Rechtssoziologen sind daran nicht beteiligt. Alles in allem kann man nur vermuten, dass die Subventionen teils wirkungslos verpuffen, teils die beabsichtigten, teils unbeabsichtigte Wirkungen erzielen und dass sie teils in Nebenwirkungen neue Probleme aufwerfen, auf die die Politik gegebenenfalls wiederum mit Subventionen oder mit anderen Maßnahmen reagiert.

Finanzielle Einbußen:
Wenn die Politik das Recht dazu benutzt, finanzielle Belastungen und daraus folgende Einbußen einem politisch negativ besetzten Verhalten aufzuerlegen, um es dadurch zu ändern, spricht sie wiederum die Sprache der wirtschaftenden Akteure, kann sie ebenfalls damit rechnen, dass ihre Initiative wahrgenommen wird, weil sie sich leicht in die Logik wirtschaftlichen Handelns einfügt. Eine Möglichkeit, auf negativ besetztes Verhalten in dieser Weise ändernd einzuwirken, bietet das Schadensersatz- und Haftungsrecht. Es wurde, da es dem Privatrecht zugerechnet wird, oben bereits behandelt (7.1.). Das dort am Fall des UmwHG geschilderte betriebliche Verhalten gegenüber dem Haftungsrecht ist auf die Reaktion von wirtschaftenden Akteuren auf öffentlich-rechtliche Abgaben, also Steuern, Sonderabgaben, Gebühren, übertragbar. Die das Handeln finanziell belastende staatliche Initiative wird von den wirtschaftenden Akteuren wahrgenommen und in rationale Kalkulationen eingestellt, die im Zweifel an der Fortsetzung des politisch negativ besetzten Verhaltens orientiert sind. Selten

wird die Auferlegung von Abgaben zur Folge haben, dass das damit belastete Handeln aufgegeben wird. Da der Staat, der die Abgabe auferlegt, auch selbst kassiert, ist es im Zeichen angespannter Haushaltslage auch gar nicht unwahrscheinlich, dass die Abgabe so bemessen wird, dass sie das negativ besetzte Handeln nicht so sehr belastet, dass es aufgegeben wird. Die im Frühjahr 2003 geführten Debatten um die Erhöhung der Tabaksteuer sind ein Beispiel dafür. Schließlich stoßen finanzielle Belastungen, die gezielt darauf gerichtet sind, Handlungschancen, die auf Eigentum beruhen, zu „erdrosseln", auf verfassungsrechtliche Schranken, die das Bundesverfassungsgericht mehrfach gegenüber sog. „Erdrosselungssteuern" betont hat (BVerfG 14, S. 221 ff.; 19, 119 ff.; 82, 159 ff.).

Ausgewählte sonstige Regulierungsmaßnahmen am Beispiel des Umweltschutzes:

In der Zeit seit 1900 ist das anfangs bürgerlich-rechtsstaatlich geprägte Recht von sozialstaatlichem und in jüngster Zeit verstärkt von schutzstaatlichem Recht überlagert worden. Typisch für die jüngste Überlagerung ist das Umweltschutzrecht. Damit soll das ehrgeizige Ziel, das Verhalten der Bevölkerung in kurzer Zeit tiefgreifend zu verändern, realisiert werden. Dass das Ziel mit Hilfe des Rechts nicht erreicht werden kann, liegt auf der Hand. Dem Recht wird in den „großen Hypothesen der Rechtssoziologie" zwar auch die Funktion zugebilligt, Verhalten zu steuern. Primär ist die Funktion nicht. Sie ist darüber vermittelt, dass das Recht ein Hilfsmittel zur Bewertung von Handlungen und Zuständen ist und dass es dazu das Schema „Recht-Unrecht" benutzt. Indem das Recht Handlungsalternativen nach dem Schema „Recht-Unrecht" trennt, bewahrt es sie auf. Das gilt auch für die Unrechtsvariante. Über Fügsamkeitsbereitschaft, Sanktionen und Zwangsgewalt lässt sich zwar mit dem Recht die Erwartung verbinden, dass die als Unrecht bewertete Alternative aufgegeben wird. Prinzipiell bleibt sie aber möglich. Wenn sie eingelebt ist, entspricht sie vermutlich den Interessen des jeweiligen Akteurs. Dass im Zusammenhang ehrgeiziger Umweltschutzprogramme „Vollzugsdefizite" zur Dauererscheinung wurden (Mayntz 1978; Grimm 1990; Lübbe-Wolff 1993; Rehbinder 1996), ist von daher mehr als plausibel. Die Ressourcenprobleme kommen hier wie überall hinzu. Dass die auf Umweltschutz fixierte Politik daraufhin dazu neigt, andere Instrumente verstärkend oder alternativ zum Recht zu nutzen, ist verständlich.

Umweltpolitik arbeitet, soweit sie sich des Rechts bedient, mit den klassischen Materien des Ordnungsrechts und des Strafrechts einschließlich des Rechts der Ordnungswidrigkeiten. Hinzu kommt das Planungsrecht. Die Ineffizienz dieser Rechtsmaterien wird vielfach beklagt. An verlässlichen Wirkungskontrollen herrscht Mangel (Bohne 2000). Darüber, dass die Stäbe nicht so ausgestattet sind, wie es für eine effiziente Kontrolle erforderlich wäre, besteht Übereinstimmung in der Literatur. Weitgehend herrscht Übereinstimmung auch in der Einschätzung, dass das Ordnungsrecht zu starr sei, um den Anforderungen der Umweltschutzpolitik genügen zu können (Volkmann 2001: 522). Das ist sicherlich ein wichtiger Gesichtspunkt; man könnte ihn geradezu in das Zentrum rechtssoziologischer Betrachtung rücken. Recht ist ein potentiell folgenreicher Wertungsmaßstab. Das hat Konsequenzen für Ausgestaltung und Handhabung des Maßstabes. Die Bewertung sozialen Handelns mit Hilfe des Rechts soll folgenreich sein für soziales Handeln, und auf vermittelte Weise ist sie es auch oft. Das legt es nahe, den Maßstab möglichst streng und präzise zu gestalten. Wenn die Akteure im Wirtschaftsverkehr ihr Verhalten am Recht kontrollieren wollen, ist ein präziser und starrer Maßstab hilfreicher als ein vager und weicher. Im Interesse der individuellen Handlungsfreiheiten kommt es ebenso darauf an, dass die Staatsapparate für Beobachtung und Bewertung sozialen Handelns einen präzisen und starren Maßstab benutzen: je starrer und präziser, desto geringer die Möglichkeiten behördlicher oder gerichtlicher Willkür. Diese Überlegungen haben vor allem dem Strafrecht zu Präzision und Starre verholfen, besonders deutlich um 1900. Sie gelten aber auch für andere belastende und auf Verhaltensänderung zielende Materien. Im Umweltschutz wie im Zusammenhang anderer aktueller Schutzpolitik fehlt es häufig an den kognitiven Voraussetzungen für eine genaue Festlegung der Grenze zwischen erlaubtem und verbotenem, rechtmäßigem und rechtswidrigem Verhalten. Dann wird es schwierig, mit dem Recht-Unrecht-Schema zu arbeiten oder jedenfalls die notwendige Präzision einzuhalten. Die Ziele der Umweltpolitik sind teils ebenso neu wie die Schadenspotentiale, um deren Bekämpfung es geht (Atomtechnik als Beispiel oder Gentechnik). Verwertbare Erfahrungen für die Bekämpfung fehlen. Schließlich müssen die neuen Aufgaben in die etablierten Staatsaufgaben eingepasst und irgendwie mit ihnen „harmonisiert" werden. Das ist in Regierungserklärungen noch relativ leicht machbar; vor Ort schafft es konkrete Dilemmata. Dass das Recht, um mit den „modernen Unschärfen" umgehen zu können, selbst „unscharf" werden muss, ist eine allgemein konsentierte Folge. So ist es denn auch auf der Ebene der Gesetzgebung zunehmend weich und vage geworden; davon war mehrfach auch schon die Rede. „Generalklauseln", „unbestimmte Rechtsbegriffe", die Orientierung an Standards, etwa von „Wissenschaft und Technik" (6.6.), beherrschen das Feld. Umso größer sind die Spielräume der Anwendung vor Ort geworden. Umso mehr verliert das Recht gegenüber den Stabsangehörigen wie gegenüber dem Publikum seinen Befehlscharakter. Umso mehr verstärkt sich der Druck, das anzuwendende Recht vor Ort *erst zu finden.* Das wiederum legt es nahe, in den Findungsprozess Betroffene vor Ort einzubeziehen und die Findung als Aushandlung zu organisieren. Mit alledem gerät die Politik an Grenzen, die dem Gebrauch des Rechts gezogen sind.

Was immer hier geschieht und dann zu mehr oder weniger dramatischen Veränderungen im Rechtsverständnis führt – von „Prinzipienwende im Recht" ist bereits die Rede (Volkmann 2001: 522; ähnlich Ladeur 1994) –: den umweltpolitischen Akteuren reicht es nicht aus. So ist eine Reihe weiterer „Regulierungsmaßnahmen" ins Spiel gekommen. Sie machen – wie zum Beispiel „Appell und Suggestion" (Volkmann 2001: 522) – das Arsenal des Staates aus, wie ihn Lindblom als Erster ausführlicher beschrieben hat (1980). Sie sind hier nicht weiter zu erörtern. Wesentlich ist ihnen, und deshalb sind sie im rechtssoziologischen Zusammenhang relevant, dass sie Verhaltensweisen oder Zustände, die politisch negativ besetzt werden, zu *vernichten* ausersehen sind. Davon war am Beispiel des „AIDS-Abwehrkampfes" bereits die Rede (4.5.). Verhalten, das anhand des Recht-Unrecht-Schemas negativ besetzt wird, bleibt im Prinzip auch weiterhin möglich. Was immer an Zwangsgewalt zur Durchsetzung des Rechts mobilisiert wird: mit Hilfe des Rechts ist Politik nicht in der Lage, die Spannung zwischen tatsächlichem Verhalten und seiner Bewertung dadurch aufzulösen, dass die negativ bewertete Alternative aus der Welt geschafft wird. Da die Umweltpolitik dieses Ziel im Blick auf viele Verhaltensweisen und deren Folgen aber hat, muss sie ergänzend zum Recht oder alternativ dazu zu anderen Mitteln greifen. Appell und Suggestion gelten als solche eher geeigneten Mittel, „persuasive Kommunikation" (Buß 1985: 135) ebenfalls. Auch Geld kommt in Betracht und schließlich auch „Kooperation" (Dose/Voigt 1995). Selbst vor öffentlicher „Anprangerung" schreckt Schutzpolitik nicht zurück. Verlässliche Wirkungsstudien gibt es zu diesen neuen Instrumenten bisher nicht. Der Effekt, dass Juristen infolge der als „Prinzipienwende im Recht" nur unzureichend markierten Abkehr der Politik vom Recht in das zweite Glied rücken und dass in die Staatsapparate Spezialisten für Kommunikationsmanagement, für Werbung und Propaganda einrücken, versteht sich von selbst.

7.4   *Der politische Zugriff auf Handlungschancen durch symbolische Politik*

Als symbolisch wird die Verrechtlichung sozialen Handelns bezeichnet, wenn sie in der Praxis wirkungslos verpufft. Das gilt insbesondere dann, wenn Wirkung ohnehin nicht gewollt war, aber auch dann, wenn sie, obwohl gewollt, verfehlt wird. Eine für die Gegenwart typische Konstellation für die Genese symbolischen Rechts ist hier mehrfach schon angesprochen worden. Sie liegt vor, wenn für Verhaltenskontrollen und -änderungen im materiellen Recht die Basis geschaffen wird und begleitende Maßnahmen im Verfahrensrecht und in

der Ressourcenausstattung ausbleiben. Am Beispiel des norwegischen Hausan-
gestelltengesetzes von 1948 hat Vilhelm Aubert die Konstellation empirisch
untersucht. Aus seinem Bericht (Aubert 1967) ist inzwischen so etwas wie ein
rechtssoziologischer Klassiker geworden.

Das Hausangestelltengesetz kam als Kompromiss zustande zwischen einer
Partei, die darin nur die Festschreibung des ohnehin Geltenden sehen wollte,
und einer anderen, die mit seiner Hilfe die bestehende Ordnung zugunsten der
Angestellten verändern wollte. So sollte der Arbeitstag auf zehn Stunden begrenzt werden. Außerdem wurden Mindestlöhne und Ansprüche auf Freizeit
und Urlaub festgeschrieben und durch Strafbestimmungen bewehrt. Offensichtlich hätte sich, wäre das Gesetz wirksam geworden, die Lage der Hausangestellten ebenso wie die der Hausfrauen spürbar zugunsten der Hausangestellten
und zu Ungunsten der Hausfrauen verändert. In seiner Kontrolluntersuchung
stellte Aubert fest, dass das Gesetz die Lage kaum berührt hatte. Den Adressaten
war es wenig bekannt, den Angestellten noch weniger als den Hausfrauen.
Selbstverständlich verstanden sie es nicht, so sie es denn zur Kenntnis bekamen,
am wenigsten die, die durch das Gesetz begünstigt werden sollten. Vermittelnde
und erläuternde Agenturen fehlten; insbesondere fehlten sie den Hausangestellten. Die Gewerkschaften interessierten sich nicht für sie, und die Hausangestellten interessierten sich nicht für die Gewerkschaften. Die Möglichkeiten, die
Rechtsstäbe für die Einhaltung des Gesetzes in Anspruch zu nehmen und eventuell strafrechtliche Sanktionen auszulösen, waren so gestaltet, dass ihre Nutzung durch die Hausangestellten von vornherein praktisch ausgeschlossen war.
Insgesamt konnte so im politischen Raum die eine Seite das Gesetz als politischen Erfolg für sich in Anspruch nehmen, indem sie auf die materiellrechtli-
chen Änderungen verwies, und die andere Seite konnte es als Erfolg für sich in
Anspruch nehmen, indem sie auf die durch Verfahrensrecht und mangelhafte
Implementation gesicherte Unwirksamkeit des Gesetzes verwies. In dieser
Möglichkeit, das Gesetz gleichermaßen für widerstreitende Interessen politisch-
propagandistisch zu nutzen, liegt vielleicht eine Besonderheit des norwegischen
Gesetzes. Im Übrigen aber ist es typisch für symbolische Rechtssetzung, die
sich darin erschöpft, Absichten in Gesetzesform zu bringen, und die zugleich die
Vorkehrungen unterlässt, die notwendig wären, wenn Wirkung erzielt werden
sollte.

7.5   Die „Schattenwirtschaft"

Die privaten Rechte aus Eigentum und Vertrag, deren Status um 1900 den Beginn des Kapitels bildet, sind inzwischen in ein immer dichter geknüpftes Netz

von Steuer- und Abgabepflichten, von privatrechtlich begründeten Gegenrechten, von Verhaltens- und Haftpflichten und von begrenzendem öffentlichen Recht, teils mit strafrechtlichen Sanktionen bewehrt, eingebunden. Das kann zur Erschlaffung von Handlungsinitiativen und zur Destruktion von Handlungspotential führen. In der öffentlichen Diskussion wird dies als Folge der Regulierung oft behauptet. So sollen in den USA infolge verschärfter Haftung technische Innovationen unterblieben, Krankenhausabteilungen geschlossen, bestimmte Facharztberufe aufgegeben sein. Untersuchungen für Deutschland sind mir nicht bekannt. Deutlicher zu beobachten ist, dass Akteure ihre Handlungsinitiativen von den darauf bezogenen rechtlichen Regulierungen abkoppeln. Solche Vorgehensweisen werden inzwischen als weit verbreitete Phänomene betrachtet. Sie werden als „schwarze" oder „graue" Aktivitäten bezeichnet. Zusammengefasst ist von „Schattenwirtschaft" die Rede. Ihre Definition ist in Einzelheiten umstritten. Übereinstimmend wird der „Schwarzarbeit" der Hauptanteil an der Schattenwirtschaft zugeschrieben. Zu ihrer Bekämpfung soll das „Gesetz zur Bekämpfung der Schwarzarbeit" aus dem Jahr 1995 dienen, das im Jahr 2002 durch ein „Gesetz zur Erleichterung der Bekämpfung von illegaler Beschäftigung und Schwarzarbeit" geändert wurde. Nach den Plänen der Bundesregierung soll es von einem „Gesetz zur Bekämpfung der Schwarzarbeit und illegalen Beschäftigung" abgelöst werden, dessen Entwurf Anfang 2004 vom Bundeskabinett verabschiedet wurde (www.bundesfinanzministerium.de).

Wie hoch der Anteil der Schattenwirtschaft an der Gesamtwirtschaft ist, ist wie immer, wenn etwas beobachtet werden soll, was im Verborgenen geschieht, nicht leicht zu ermitteln. Für 2002 wurde in einer überregionalen Tageszeitung der Umsatz der Schattenwirtschaft in Deutschland auf 350 Milliarden Euro geschätzt; das entspräche 16,5 % der gesamten Wirtschaftsleistung (FAZ vom 10.12.2002). Die Bundesregierung geht aktuell von einem Umsatz von 370 Milliarden Euro und also von 17 % des Bruttoinlandsprodukts aus. Die einschlägige Literatur diskutiert ausführlich die Grenzen der bisher bei der Suche nach Ausmaß und Umfang der Schattenwirtschaft angewandten Methoden (Buß 1985; Evers 1987; Schneider/Enste 2002: 51 ff.) und kommt schließlich zu ähnlichen Zahlenangaben (Enste 2003; Schneider/Enste 2002). Die Fachliteratur – das Feld wird von Ökonomen besetzt – geht mit guten Gründen davon aus, dass durch Kombination und Vergleich der bisher im nationalen und mehr noch im internationalen Rahmen erprobten Untersuchungsansätze jedenfalls für empirische Bestands- und Trend*schätzungen* hinreichend Anhalt gegeben ist. Mit den üblichen Umfragetechniken der empirischen Sozialwissenschaft lässt sich außerdem relativ zuverlässig die Einstellung der Bevölkerung zur Schattenwirtschaft ermitteln. So kann man zur Schattenwirtschaft jedenfalls die Feststellung treffen, dass ihr Anteil an der Gesamtwirtschaft im Verlauf der letzten 30 Jahre permanent gestiegen ist – inzwischen auf jedenfalls deutlich mehr als 10 % vom Bruttoinlandsprodukt – und dass parallel dazu in weiten Teilen der Bevölkerung die Neigung gewachsen ist, die mit der Beteiligung an der Schattenwirtschaft verbundenen Normverstöße zu bagatellisieren oder geradezu zu rechtfertigen.

Wenn „Schattenwirtschaft" „die reinste und effizienteste Form des Wirtschaftens" darstellt (M. Friedman, zitiert bei Enste 2003: 1), bedarf es erheblicher Anstrengungen, wenn man ein weniger effizientes Verhalten durchsetzen will. Entsprechend mehrschichtig ist die jüngste Initiative der Bundesregierung angelegt. Sie verschärft zu Gunsten des Steuer- und Abgabenstaats die strafrechtlichen Sanktionen und verheißt den Ausbau „leistungsfähiger" Kontroll- und Vollzugsstäbe. Sie konstruiert eine „Brücke in die Legalität", und sie setzt auf „Information", um das neue Recht auch den sekundären Adressaten zur Kenntnis zu bringen und um bei ihnen „ein neues Unrechtsbewusstsein" zu stiften. Damit wird das Selbstbild der Akteure ebenso angesprochen wie ihr Fremdbild (dazu unter 2.1.). Einerseits setzt das Vorhaben darauf, die Handlungsrelevanz des Legalitätsglaubens oder gar des Legitimitätsglaubens zu stärken. Andererseits bekommt das angezielte „neue Unrechtsbewusstsein" u. U. Handlungsrelevanz, wenn es vom Akteur seiner relevanten Umwelt zugeschrieben wird, insbesondere, wenn es mit der Vorstellung einer anzeigebereiten Umwelt und von leistungskräftigen Stäben verbunden wird.

Das permanente Wachstum der Schattenwirtschaft ist die Kehrseite einer Regulierung von Wirtschaft und Gesellschaft, die die Umwandlung von Eigentums- und Vertragsfreiheit zu sozialem, ökologischem und etatistischem Eigentum und Vertrag im Verlauf der letzten hundert Jahre ständig forciert hat. Besonders eklatant geschah dies in den beiden großen Kriegen und der jeweils anschließenden Nachkriegszeit. In der langen Periode, die uns inzwischen vom 2. Weltkrieg trennt, hat das Interesse der Politik an der Bewirtschaftung des Zusammenlebens mit Hilfe des Staates eher noch zugenommen. Wie ein Gärtner, der nicht müde wird, gestaltend in den „ihm anvertrauten" Garten einzugreifen, so findet die Politik immer neue Anlässe, gestaltend auf das „ihr anvertraute" Zusammenleben der Menschen einzuwirken (zum Staat als Gärtner Bauman 1992). Wie die Landschaft, in der wir leben, in den letzten Jahrhunderten forciert bearbeitet worden ist mit dem Ziel, ihr die letzten Reste von Wildheit und Wildwuchs auszutreiben (exemplarisch Beck 2003), so sind auch die Strukturen und Muster des Zusammenlebens forciert bearbeitet und den jeweils favorisierten Staatsaufgaben und Strukturprinzipien immer feiner und detaillierter angepasst worden. Angeblich korrespondiert diesen über den Staat, d. h. über Recht, Geld und Information vermittelten politischen Aktivitäten ein Bewusstsein der Menschen, die

„ein relativ großes Vertrauen in die Organisationsleistungen und die Steuerungskapazitäten des Staates haben, während sie gegenüber der Leistungsfähigkeit des Marktes skeptisch sind".

Angeblich besetzen nicht nur die Deutschen, sondern „alle Europäer" „Politik in beiderlei Gestalt – sowohl als Medium der Freiheitssicherung wie als Organisationsmacht – positiv", während sie „die Erinnerung" an die mit der „Durchsetzung des Kapitalismus" verbundenen „scharfen Klassengegensätze" an einer ähnlich positiven Besetzung des Marktes hindert.

„Diese verschiedene Bewertung von Politik und Markt mag die Europäer in ihrem Vertrauen auf die zivilisierende Gestaltungsmacht eines Staates bestärken, von dem sie auch die Korrektur von 'Marktversagen' erwarten" (Habermas 2003).

Dieser empirisch daherkommenden Einschätzung fehlt jeder empirische Nachweis. Es handelt sich um subjektiv empfundene, politisch-instrumentell genutzte Empirie. Gehaltvoll sind die Thesen nur, wenn man sie als Ausdruck einer Ideologie versteht, die es sich zur Aufgabe macht, der gärtnernden Praxis der Politik in Vorstellungen und Erwartungen „der Menschen" einen bequemen Rückhalt zu verschaffen.

Weiterführende Literatur

Weber, Max 1922c: 2. Teil, Kap. VI; Luhmann, Niklas 1970a, 1981c; Raiser, Thomas 1999: S. 383 ff.

8 Schluss

Der Schluss dieser dem Hier und Heute gewidmeten Einleitung soll der künftigen Entwicklung des Rechts gelten, wie sie sich in rechtssoziologischer Perspektive darstellt. Damit sollen zugleich die in mehreren Zwischenbemerkungen aufgeworfenen Fragen aufgenommen und zu Ende geführt werden. Die Leitlinie der Prognose gibt wiederum Max Weber vor.

Am Ende seiner Rechtssoziologie hat Max Weber einige Tendenzen der künftigen Rechtsentwicklung als geradezu „unvermeidliches Schicksal" des Rechts vorhergesagt (dazu auch schon unter 5.3.). Das Recht, so heißt es in Webers Prognose, werde „an technischem Gehalt" „stetig anschwellen", die Laien würden ihm mit „unvermeidlich zunehmender *Unkenntnis*" gegenüberstehen, der Umgang mit dem Recht werde also von „Fachmäßigkeit" geprägt sein. Vor allem aber, darauf soll hier der Ton liegen, werde die Praxis bestimmt sein durch die „Wertung" des Rechts

> „ als eines rationalen, daher jederzeit zweckrational umzuschaffenden, jeder inhaltlichen Heiligkeit entbehrenden, technischen Apparats" (Weber 1922c: 511 f.; gesperrt wie im Original).

Webers Prognose hat sich im Verlauf der letzten 100 Jahre teils erfüllt. Sie kann insoweit als Basis für die Vorhersage auch der künftigen Entwicklung dienen. Teils ist sie aber auch nicht bestätigt worden und muss insofern modifiziert oder ersetzt werden. Revisionsbedürftig ist zum Teil auch sein begriffliches Instrumentarium, wenn es um unser „Hier und Heute" geht. Auf dieser Basis versuche ich eine Schluss-Bilanz in prognostischer Absicht.

Die Rechtsmasse ist erheblich angewachsen. Voraussichtlich wird sie weiter wachsen. Auch Rottleuthner, was immer er an Differenzierung im Einzelnen dazu anmahnt, bestreitet die Tendenz nicht (Rottleuthner 1987: 42 f.). Dabei hat das Recht, wie vorhergesagt, an technischem Gehalt zugenommen. Zugleich ist es dadurch geprägt, dass der „Krieg" zwischen der materialen und der formalen Rationalität eindeutig zur Vorherrschaft materialer Rationalität geführt hat, wobei, wenn „hohe Werte" ins Spiel kommen und wenn es schließlich um „Abwägung" geht, die Grenze zur Irrationalität zunehmend durchlässiger wird. Diese von Weber nicht vorhergesagte Tendenz wird vermutlich anhalten und in eins damit auch die Tendenz, das Recht ad hoc zu Gunsten anderer Medien zurückzustellen.

Die Laien verstehen, wie vorhergesagt, das Recht nicht. Es ist nicht zu sehen, wie sich das ändern sollte. Auch die neuen „Kommunikationsfähigkeiten" der Juristen, falls sie denn vermittelt werden, werden dieses Schicksal des Rechts nicht ändern. Selbst den Fachleuten fällt das Verstehen im Einzelfall nicht leicht (der Vors. Richter am BGH a. D. Klaus Kutzer im ZRP-Rechtsgespräch zum BGH-Beschluss v. 17.03.2003 zur Wirksamkeit von Patientenverfügungen – BGH NJW 2003, 1588 –: „Das Urteil ist auch für einen Juristen nicht auf Anhieb in all seinen facettenreichen Aussagen zu verstehen": ZRP 2003, 215). Vielleicht werden die Juristen in Zukunft noch mehr Schwierigkeiten mit dem Recht haben. Es genügt, in diesem Zusammenhang auf die zunehmenden Spezialisierungstendenzen hinzuweisen. Das ändert nichts daran, dass die Juristen das Monopol auf Rechtsverstehen und Rechtsanwendung haben und behalten werden.

Voll bestätigt ist Webers Prognose der Instrumentalisierung des Rechts für wechselnde politische Zwecke. Daran vor allem soll die Schluss-Bilanz ansetzen. Deutlicher als zu Webers Zeit ist zu beobachten, dass verschiedene Instanzen relativ eigenständig an der Instrumentalisierung beteiligt sind. Nicht nur das Parlament, dem diese Aufgabe vorbehalten sein soll, nutzt das Recht politisch-instrumentell, auch Exekutive und Judikative sind daran beteiligt. Auch für die Rechtswissenschaft ist die politisch-instrumentelle Perspektive auf das Recht selbstverständlich geworden. Diese Veränderung hat die Berechenbarkeit des Rechts von oben wie von unten, das, worauf es nach Weber für die Handhabung aller vom Recht tangierten Handlungschancen vor allem ankommt, deutlich geschwächt. Berechenbarkeit ist am besten gesichert, wenn Gesetzgebung und Rechtsanwendung streng getrennt sind und wenn die Aufgabentrennung jeweils durch strenge Bindung der Praxis an Verfahrensregeln und an methodische Standards gesichert wird, wenn also „Exaktheit" die Praxis kennzeichnet. Von solcher Strenge ist, wie mehrfach behandelt, inzwischen wenig zu sehen. Die Entwicklung wird sich nicht rückgängig machen lassen, selbst, wenn man wollte. Man will aber auch gar nicht. Durchgehend haben Gesetzgebung und Rechtsanwendung an Eigensinn verloren. Die Gewaltenteilung hat sich in Gewaltenverschränkung verwandelt. Die methodischen Gewissheiten, die die Praxis der Rechtsanwendung zu Webers Zeit noch kennzeichneten, sind dahin. Rechtsanwendung reflektiert immer weniger sich selbst und immer mehr die Umwelt, aus der das Recht kommt, vor allem aber die Umwelten, aus denen die juristisch zu bearbeitenden Probleme kommen und in die fachliche Lösungen zurückgegeben werden. Die Berechenbarkeit wird dadurch erheblich erschwert, aber nicht gänzlich zerstört. Man muss Berechnung und Beobachtung allerdings differenzierter einstellen auf die Faktoren, die die Praxis heute tatsächlich bestimmen (vgl. 5.8. u. 6.7.). Nach wie vor kann Berechnung an Routine orientiert werden; denn weithin bestimmt Routine die Praxis der Rechtsanwendung wie jede andere beruflich-betriebliche Praxis auch (Hesse 1978; Luhmann 1971). Schwieriger werden Beobachtung und Berechnung in den an Bedeutung zunehmenden „neuen", „offenen", durch Routine nicht gesicherten Fragen, in den so genannten „hard cases". Hier hilft nur die sorgfältige Beobachtung von Fall zu Fall. Eine Stütze findet die Beobachtung darin, dass sie eine Art Basis-Konsens der Akteure unterstellen kann, der den Ergebniswillen prägt. Durchgehend stimmen alle für die instrumentelle Nutzung des Rechts entscheidenden Instanzen darin überein, dass sie ihre Praxis in den Dienst der politischen Forderung des Tages stellen. Darüber aber, was die Forderung des Tages jeweils sei und wie ihr mit Hilfe des Rechts zu entsprechen sei, herrschte in den vergangenen 100 Jahren, ein wenig eingeschränkt nur in der Weimarer Zeit, ein breiter Konsens unter den beteiligten Akteuren. Er ist auch den Jung-Juristen der achtziger Jahre des letzten Jahrhunderts in einer breit angelegten empirischen Untersuchung attestiert worden (Heldrich/Schmidtchen 1982). Dass dieser Konsens verloren gehen könnte, ist vorläufig nicht zu sehen. Auch Rechtswissenschaft und Rechtsdogmatik streben, ob sie nun auf formalrationales oder auf materialrationales Recht bezogen sind, ob es um Formfragen oder um Werte oder um Zwecke geht, politisch erwünschte, gesellschaftlich akzeptable Ergebnisse an. Judikative und Exekutive tun dies erst recht. 100 Jahre nach Webers Prognosestellung kulminiert die von ihm bereits für seine Zeit beobachtete und für die Zukunft vorhergesagte Entwicklung in Juristen, die professionelle Rechtsanwendung als instrumentelle Praxis im Dienst der jeweils herrschenden politischen und gesellschaftlichen Tendenzen verstehen.

Wenn auch im Vergleich zur vorletzten Jahrhundertwende die Rekrutierungsbasis des Juristenberufs sich erweitert hat: die instrumentelle Nutzung des Rechts und der sie tragende Basis-Konsens sind geblieben. Dass diese Haltung nicht von ungefähr kommt, ist hier mehrfach erörtert worden. So wird sie auch in Zukunft gesichert bleiben, solange der breite Konsens anhält, der bisher das politische Handeln in Deutschland und auch Auslese und Sozialisation der Juristen auf eine Art „christ-sozial-demokratische" Politik der – freilich nicht sonderlich nachhaltigen – „Sorge für alle und jeden und um alles und jedes" festlegt. So setzen Routine und Basis-Konsens den Rahmen der Berechnung; was schließlich im Einzelfall zu erwarten ist, ist eine Frage der sorgfältigen Beobachtung der Rechtsprechungspraxis des involvierten Spruchkörpers bzw. des Berichterstatters oder gegebenenfalls des Einzelrichters.

Im Wege seiner Instrumentalisierung wird das Recht dem Geld immer mehr angenähert: ein reines Mittel, dessen Wert ausschließlich in dem – u. U. hoch gewerteten! – Zweck liegt, den es erfüllen soll. Das gilt auch, wenn das Recht um bestimmter Zwecke willen als Wertträger behandelt wird. Werte sind dem Recht nicht immanent. Man kann aus einer rechtlichen Bestimmung nur die Wertvorstellungen rauslesen, die man vorher zweckvoll reingelegt hat.

Wenn derzeit das Recht immer noch etwas schwerer zu handhaben ist als das Geld und schwerer wohl auch als die Kommunikation, die bekanntlich ebenso wie das Geld mit dem Recht um die Aufgabe konkurriert, politische Botschaften zu transportieren, Krisen zu bewältigen, Konflikte zu absorbieren und stellvertretend zu lösen, so ist das eine rein technische Frage. Es wurde auch bereits gezeigt, wie intensiv daran gearbeitet wird, die instrumentelle Handhabung des Rechts weiter zu erleichtern. Erinnert sei nur an die ohne Rücksicht auf hohe Verfassungspostulate betriebene Vermehrung der Rechtsquellen und an die Erhöhung der Fließgeschwindigkeit. Hierhin gehören ferner die, wiederum von entgegenstehenden Verfassungspostulaten unberührten, vielfältigen Praktiken der zeitweisen Suspendierung der Rechtsgeltung einschließlich der Verfassungsgeltung wie auch der Duldung rechtsfreier Räume. Hierhin gehört das Bewusstsein methodischer Freiheiten bei der Rechtsauslegung bis hin zur offenen Propagierung „kreativen Umgangs" mit dem Recht. Hierhin gehört der vielfach und inzwischen ebenfalls offen praktizierte Verzicht auf Rechtsdurchsetzung zu Gunsten von „Mediation", „Kooperation" und „deal". Hierhin gehört der Druck auf verkürzte Verfahren und auf effektive Erledigung von Rechtssachen. Hierhin gehören Praktiken unzureichender Ausstattung der rechtsanwendenden Behörden und der Gerichte; hierhin gehören ebenfalls Praktiken der Karrieregestaltung. Hierhin gehört die jüngste Reform der Juristenausbildung, die den Rechtsanwalt anstelle des Richters zur Leitfigur der Juristenausbildung gemacht und Rhetorik und dergleichen „soft skills" als „Schlüsselqualifikationen" zum Bestandteil von Lehre und Prüfung erhoben hat. Ich sehe nichts, was diese Entwicklung stoppen oder gar umkehren könnte. Also wird die „Wertung" des Rechts als reines Mittel immer allgemeiner werden. Den Sinn eines konsequent instrumentalisierten Rechts wird der Fachmensch ebenso wie der Laie aussichtsreich nur noch außerhalb des Rechts suchen können. Als Sinn des Rechts wird nur noch der ökonomische, der politische, der soziale, der ökologische, der kulturelle Sinn gelten können, den zu verwirklichen dem Recht generell aufgetragen ist oder den zu verwirklichen ihm von Fall zu Fall konkret zugedacht und auf den hin es entsprechend ausgelegt wird. Das wird das Gewicht nicht-juristischer Erwägungen bei Rechtsauslegung und Rechtsanwendung weiter verstärken. Es ist anzunehmen, dass parallel dazu nicht-juristische Erwägungen auch bei den sekundären Adressaten an Gewicht gewinnen werden, wenn es um die Frage der Akzeptanz und der Befolgung geht. Dass das Recht unter diesen Umständen weiterhin dazu taugen wird, die Funktionen zu erfüllen, die ihm bisher zugedacht waren, ist nicht selbstverständlich zu erwarten. Je deutlicher die instrumentelle Wertung des Rechts bei den für sein Schicksal entscheidenden Instanzen hervortritt, umso weniger ist damit zu rechnen, dass das Recht um seiner selbst willen wirkt. Man wird die Akzeptanz vor allem bei den sekundären Adressaten mehr oder weniger kunstvoll herstellen müssen. Man wird also vor allem in den „hard cases" „talk" zur Sicherung der Akzeptanz verstärken müssen. Das kündigt sich längst an. „PR" ist auch hier das Gebot der Stunde. Der Kommunikationsdirektor wird zur notwendigen Begleitfigur des Juristen.

Dass Webers Maschinenmodell bei alledem zum Verstehen der aktuellen Besonderheiten juristischer Praxis nicht mehr viel beiträgt, ist mehrfach erörtert (5. u. 6.). Eine endgültige Stellungnahme ist dieser Schlussbetrachtung vorbehalten.

Die Zeichen der Zeit stehen gegen die weitere Relevanz des Weberschen Maschinenmodells. Rechtsanwendung steht im Zeichen eines mit wachsender Geschwindigkeit materialisierten, dynamisierten und flexibilisierten Rechts und geschieht unter ständig forcierter Betonung der besonderen Umstände des Einzelfalls. Recht soll, so wie der Gesetzgeber es geschaffen hat, *generell* zur Bewertung von Handlungen und Beständen dienen. Auf die generelle Bewertung kommt es aber im Einzelfall immer weniger an, immer mehr stattdessen auf den politischen und den ökonomischen Wert, der bei der Rechtsanwendung den besonderen Umständen des Einzelfalles im Hinblick auf das angestrebte Ergebnis jeweils gerade zugemessen wird. So setzen sich im Ergebnis aktuelle und partikulare politische oder ökonomische oder sonstige Bewertungen durch, überformen die generalisierte rechtliche Bewertung, relativieren sie und passen sie an. Das allfällige Mittel dazu heißt Abwägung. Vom Prozess der Materialisierung, Dynamisierung und Flexibilisierung des Rechts und von seiner Anpassung an das Gewicht von Ökonomie und Politik von Fall zu Fall bleibt auch das Verfassungsrecht nicht verschont und dies selbst dann nicht, wenn es mit der „Ewigkeitsgarantie" des Art. 79 Abs. 3 GG ausgestattet ist. Auch diese Garantie hat Teil am allgemeinen Fließen des Rechts, ist einbezogen in die Vermittlung von Politik, Ökonomie und Recht im Wege der Abwägung von Fall zu Fall und von Umstand zu Umstand. Es ist nicht zu sehen, welche gesellschaftlichen Kräfte der „Ewigkeitsgarantie" das Widerstandspotential verleihen könnten, mit dessen Hilfe sie dem Fließen erfolgreich entgegengesetzt werden könnte. Die Profession der Juristen jedenfalls kommt, wie gezeigt, dafür nicht in Frage.

Als Maschine ist Rechtsprechung dadurch gekennzeichnet, dass sie ohne Irritation ihre Arbeit tut. Das galt programmatisch um 1900. Das eigene Programm sollte die Maschine nicht irritieren. Die juristisch zu bewertenden Sachverhalte sollten sie ebenfalls nicht irritieren. Das Ergebnis der Arbeit sollte auch nicht irritieren. So sollte sie exakt und „ohne Spiel" arbeiten. Längst sind inzwischen programmatisch die sog. „Handlungsspielräume" in das Zentrum der Rechtsanwendung gerückt. Dort werden sie auch in Zukunft bleiben. Geschlossen werden sollen die „Spielräume" im Hinblick auf die „besonderen Umstände des Einzelfalls" und im Zeichen der Suche nach der bestmöglichen Verwirklichung dieses oder jenes so oder so bewerteten Zwecks. Eine Maschine, die man daran beteiligen wollte, müsste mit einem Übermaß an „Spiel" ausgestattet sein. Sie müsste ständig irritierbar sein im Hinblick auf ihr Programm, auf die Sachverhalte und auf das Ergebnis. So müsste sie unaufhörlich neu justiert werden. Dies lässt sich mit Webers Maschinenmodell nicht abbilden. Maschine ist zwar, wie erwähnt, eine mehrdeutige Metapher (Schmidt-Biggemann 1980). Aktueller Wortgebrauch ist aber deutlich gekennzeichnet durch die auch bei Weber anzutreffende Vorstellung von mechanisch ablaufender Arbeit. Man kann diesen Maschinen-Typ auch als Trivial-Maschine bezeichnen und von nicht-trivialen Maschinen unterscheiden. Luhmann hat davon mehrfach Gebrauch gemacht (Luhmann 1994c: 192 ff.). Trivial-Maschinen verarbeiten auf berechenbare Weise, weil exakt und „ohne Spiel", input zu output.

> „Nicht-triviale Maschinen, z. B. Turing-Maschinen, ... reagieren ... bei aller Transformation von Input in Output immer auf ihre eigene Befindlichkeit" (Luhmann 19994c: 192).

Sie sind deshalb unzuverlässige Maschinen und

> „geben auf eine Frage einmal diese, das nächste Mal eine andere Antwort je nachdem, wohin ihr vorheriger Output sie geführt hat oder wie sie sich fühlen und welche Eindrücke in der Situation sonst noch auf sie einwirken und ihre Befindlichkeit bestimmen" (Luhmann 1994c: 192).

Luhmanns Beschreibung einer nicht-trivialen Maschine bildet relativ genau Eigenarten aktueller Rechtsanwendung ab, soweit diese nicht routinehaft verläuft. Gleichwohl ist die nicht-triviale Maschine keine hilfreiche Metapher zur Kennzeichnung aktueller Rechtsanwendung. Metaphern sollen den Erklärungswert einer Darstellung steigern. Dazu taugt die nicht-triviale Maschine nicht, weil sie selbst (noch) erklärungsbedürftig ist. Der Gebrauch der Maschinenmetapher ist bisher besetzt vom Typ der Trivial-Maschine. Gegen dieses Verständnis müsste die Maschinenmetapher sorgfältig gesichert werden, wenn sie für die nicht-triviale Maschine stehen soll. Andererseits müsste Webers Wortgebrauch ständig von der nicht-trivialen Maschine abgehoben werden. Damit aber werden Darstellung und Verständnis erschwert statt erleichtert. Deshalb ist Rechtsanwendung, die im Zeichen der „Handlungsspielräume" steht, besser zu rekonstruieren und zu verstehen unter Verzicht auf das Maschinenmodell.

Dabei darf nicht übersehen werden, dass Praxis nicht nur im Zeichen der „Handlungsspielräume" steht. Mehr als je vielleicht geht es aktuell bei der politischen Gestaltung der juristischen Praxis um Beschleunigung, Effektivierung und Verbilligung der Arbeit. Auch private Arbeitsstrategien gehen in diese Richtung. Immer und jetzt erst recht ist Routinisierung eine geradezu unvermeidliche Folgeerscheinung beruflicher Arbeit. Auch die Dogmatik gehört in diesen Zusammenhang (Luhmann 1974). Sie eröffnet einem kleinen Kreis von Disputanten die Möglichkeit, gängiges Verstehen von Rechtsnormen in Frage zu stellen, Auslegungsalternativen zu eröffnen und so die Komplexität der Entscheidungssuche zu steigern, und sie sorgt, indem sie sich für die Vertretbarkeit bestimmter Lösungen „verbürgt", zugleich dafür, dass die juristische Praxis im Alltagsgeschäft die Normarbeit von Zweifeln entlastet betreiben kann. Im Blick auf solche Routinepraxis könnte man dem vertrauten Maschinenmodell weiterhin Relevanz zusprechen. Auch die aktuellen Tendenzen der Beschleunigung, Effektivierung und Verbilligung der Praxis ließen sich mit dem vertrauten Maschinenmodell abbilden, denn die Trivial-Maschine steht auch für diese Tendenzen. Um all dies ging es Weber bei seinem Gebrauch der Maschinenmetapher aber gerade nicht. Maschine war für ihn Ausdruck eines an sein Ziel gekommenen Rationalisierungsprozesses, der in formalrationalem Recht, im Willen zu juristischer Wahrheit und in der Strenge juristischer Logik und Methodik zum Höchstmaß an Exaktheit und Berechenbarkeit der Arbeit geführt hatte. Davon hat sich die aktuelle Praxis inzwischen weit entfernt. Auch die künftige Entwicklung wird nicht im Zeichen der Dominanz formaler Rationalität und exakter Praxis stehen.

So ist Webers Maschinenmodell unbrauchbar geworden für die Rekonstruktion aktueller und künftiger juristischer Praxis. Angemessen ist dafür stattdessen das oben (2.1.) entwickelte Modell sozialen Handelns. Es ist offen für die Besonderheiten professioneller Darstellungstechniken und -routinen, und es ist ebenso offen für die privaten Strategien und für die Mischungen aus professioneller Rationalität, individueller Erfahrung und individueller Emotionalität, die die Herstellungspraxis kennzeichnen.

Das Recht ist in dieser Einführung in den Grenzen des Nationalstaats und bezogen auf nationale Gesellschaft und nationalen Markt betrachtet worden. In diesem Rahmen ist nationales Recht als Instrument der Politik behandelt worden, mit dessen Hilfe soziales Handeln freigesetzt oder eingefangen, reguliert oder dereguliert werden soll. Was immer an Eigendynamik im sozialen Handeln und im Marktgeschehen angelegt ist: solange die Eigendynamik an den Grenzen des Nationalstaats endet, ist die dem Recht politisch gestellte Aufgabe jedenfalls im Prinzip nicht unerfüllbar. In dem Maße, in dem die Grenzen des Nationalstaats irrelevant werden für soziales Handeln und für das Marktgeschehen, wird nationales Recht prinzipiell zum untauglichen Mittel nationaler Politik. Der Rationalisierungsprozess wird vor diesem Befund nicht stillgestellt. Dass das nationale deutsche Recht zunehmend internationalisiert wird, insbesondere durch die Übernahme von EU-Recht (geschätzter Anteil von EU-Recht am deutschen Recht: 80 % am Wirtschaftsrecht, 50 % an allen deutschen Gesetzen; nach Rehbinder 2003: 104 unter Bezugnahme auf BVerfG 89, 155), ist die politische Antwort auf den inzwischen eingetretenen Funktionsschwund nationalen Rechts. Die Rationalitätsdefizite sind damit allerdings noch nicht überwunden. Die EU stellt bisher nur eine schwach integrierte Verbindung von Nationalstaaten und nicht etwa deren Aufhebung zugunsten eines Zentralstaats dar (Lepsius 2000; Epping 2003); im Übrigen ist die EU nicht die Welt. Wieweit deutsches Recht im aktuellen Stand seiner Internationalisierung auf grenzsprengende Aktivitäten der Akteure sozialen Handelns und auf global orientiertes Marktgeschehen einzuwirken vermag, kann angesichts des Stands der Disziplin, in die hier eingeführt werden soll, nur als offene Frage den Schluss der Einführung markieren. Skepsis ist allerdings angebracht. Die Linien, die die Entwicklung der letzten hundert Jahre und im „Hier und Heute" markieren, lassen sich zur Beantwortung jedenfalls nicht nutzen. Möglicherweise thematisiert die Einführung Recht und Rechtssoziologie am Ende einer von nationaler Ökonomie, nationalem Verkehr und Habitus, nationaler Politik und nationalem Staat und Recht geprägten Epoche und am Beginn einer Epoche, die mehr und mehr von international agierenden Akteuren, internationaler Ökonomie, internationalem Verkehr und Habitus und internationaler Politik, internationaler Staatlichkeit, internationalen Herrschaftsverbänden und internationalem Recht geprägt wird. Eine radikale Neubestimmung der Funktion von Politik, Recht und Staat wäre die Folge, und auch die Rechtssoziologie wäre neu zu bestimmen.

Abkürzungsverzeichnis

Abs.	Absatz
AG	Aktiengesellschaft
AIDS	Acquired Immune Defficiency Syndrome
AnwBl	Anwaltsblatt
ARSP	Archiv für Rechts- und Sozialphilosophie
Art.	Artikel
Aufl.	Auflage
BAG	Entscheidungen des Bundesarbeitsgerichts
Bd.	Band
BGB	Bürgerliches Gesetzbuch
BGHSt	Entscheidungen des Bundesgerichtshofs in Strafsachen
BGHZ	Entscheidungen des Bundesgerichtshofs in Zivilsachen
BRD	Bundesrepublik Deutschland
BVerfG	Entscheidungen des Bundesverfassungsgerichts
BVerwG	Entscheidungen des Bundesverwaltungsgerichts
bzw.	beziehungsweise
d. h.	das heißt
DDR	Deutsche Demokratische Republik
ders.	derselbe
DIN	Deutsches Institut für Normung
Diss.jur.	juristische Dissertation
DRiG	Deutsches Richtergesetz
e. V.	eingetragener Verein
ebd.	ebenda
f.	folgend
FAZ	Frankfurter Allgemeine Zeitung
ff.	folgende
GG	Grundgesetz
ggf.	gegebenenfalls
GmbH	Gesellschaft mit beschränkter Haftung
Hg.	Herausgeber
Hist. WB. Philos.	Historisches Wörterbuch der Philosophie
Jg.	Jahrgang

JuS	Juristische Schulung
JZ	Juristenzeitung
Kap.	Kapitel
KJ	Kritische Justiz
KZfSS	Kölner Zeitschrift für Soziologie und Sozialpsychologie
LdR	Lexikon des Rechts
NDV	Nachrichtendienst des Deutschen Vereins für öffentliche und private Fürsorge
NJW	Neue Juristische Wochenschrift
NuR	Natur und Recht
o. J.	ohne Jahresangabe
RGSt	Entscheidungen des Reichsgerichts in Strafsachen
RGZ	Entscheidungen des Reichsgerichts in Zivilsachen
S.	Seite
sog.	so genannt
Sp.	Spalte
StGB	Strafgesetzbuch
StVG	Straßenverkehrsgesetz
StVO	Straßenverkehrsordnung
StVZO	Straßenverkehrszulassungsordnung
StWG	Gesetz zur Förderung der Stabilität und des Wachstums der Wirtschaft
u. a.	und andere/unter anderem
usw.	und so weiter
v.	von/vom
VerbIG	Verbraucherinformationsgesetz
Weim. Verf.	Weimarer Verfassung
z. B.	zum Beispiel
ZfR	Zeitschrift für Rechtssoziologie
ZfU	Zeitschrift für Umweltpolitik & Umweltrecht
ZfVR	Zeitschrift für Vergleichende Rechtswissenschaft
ZRP	Zeitschrift für Rechtspolitik

Literaturverzeichnis

Agamben, Giorgio (2003), „Vom Ausnahmezustand", in: Lettre International, Heft 60, S. 61-63.

Albrecht, Peter-Alexis (2003), Die vergessene Freiheit, Berlin.

Allmendiger, Jutta/Ludwig-Mayerhofer, Wolfgang (Hg.) (2000), Soziologie des Sozialstaats, Weinheim/München.

Aubert, Vilhelm (1967), „Einige soziale Funktionen der Gesetzgebung", KZfSS, Sonderheft 11: Studien und Materialien zur Rechtssoziologie, S. 284-309.

Backert, Wolfram/Brock, Ditmar (1999), „Die neue Insolvenzordnung – ein probates Mittel zur Lösung des Problems der Verbraucherüberschuldung?", in: Hof/Lübbe-Wolff (Hg.), Wirkungsforschung zum Recht I, Baden-Baden, S. 301-314.

Bauman, Zygmunt (1992), Moderne und Ambivalenz, Hamburg.

Bayerische Rückversicherung (Hg.) (1993), Risiko ist ein Konstrukt, München.

Beck, Rainer (2003), Ebersberg oder das Ende der Wildnis, München.

Beck, Ulrich (1986), Risikogesellschaft, Frankfurt/M.

Beck, Ulrich (1988), Gegengifte. Die organisierte Unverantwortlichkeit, Frankfurt/M.

Bendix, Ludwig (1968), Zur Psychologie der Urteilstätigkeit des Berufsrichters und andere Schriften, Neuwied/Berlin.

Beyme, Klaus von (1997), Der Gesetzgeber, Opladen.

Bien, G. (1971), Art. Circumstantia, in: Hist. WB. Philos., Bd. 1, Darmstadt, Sp. 1019 ff.

Bihler, Michael (1979), Rechtsgefühl, System und Wertung, München.

BKA (2001), Bundeslagebild Korruption.

Blankenburg, Erhard (Hg.) (1975), Empirische Rechtssoziologie, München.

Blankenburg, Erhard (1986), Art. Implementation von Recht, in: LdR 3/70.

Blankenburg, Erhard (1987), Art. Wirksamkeit von Gesetzen, in: LdR 3/310.

Blankenburg, Erhard (1995), Mobilisierung des Rechts, Berlin/Heidelberg/New York.

Böckenförde, Ernst-Wolfgang (1992), Art. Rechtsstaat, in: Hist. WB. Philos., Bd. 8, Darmstadt, Sp. 332 ff.

Böckenförde, Ernst-Wolfgang (2003), „Die Würde des Menschen war unantastbar", FAZ vom 03.09., S. 33/35.

Bohne, Eberhard (2001), „Pointierte Zusammenfassung", in: Hill/Hof (Hg.), Wirkungsforschung zum Recht II, S. 371-379.

Bohrer, Karl Heinz/Kurt Scheel (Hg.) (2003), „Kapitalismus oder Barbarei?", Sonderheft Merkur Sept./Okt.

Boss, Alfred/Rosenschon, Astrid (2003), Finanzhilfen des Bundes. Kieler Arbeitspapier Nr. 1188. Im Internet abrufbar unter www.uni-kiel.de/ifw/pub/kap/ 2003/kap1188.pdf

Brand, Karl-Werner (1999), „Politische Steuerung, Akteursnetzwerke und Diskurskoalitionen. Zur Ermittlung ungeplanter Wirkungen der Verpackungsverordnung im Bereich der Kunststoffabfälle", in: Hof/Lübbe-Wolff (Hg.), Wirkungsforschung zum Recht I, Baden-Baden, S. 121-138.

Bundesministerium der Finanzen (Hg.) (2001), 18. Subventionsbericht, Berlin.

Bruckner, Pascal (1996), Ich leide, also bin ich, Weinheim/Berlin.

Bundeszentrale für Politische Bildung (Hg.) (1999), Menschenrechte. Dokumente und Deklarationen, 3. Aufl., Bonn.

Buß, Eugen (1985), Lehrbuch der Wirtschaftssoziologie, Berlin/New York.

Cacciari, Massimo (1998), Der Archipel Europa, Köln.

Carbonnier, Jean (1967), „Die großen Hypothesen der theoretischen Rechtssoziologie", KZfSS, Sonderheft 11: Studien und Materialien zur Rechtssoziologie, S. 135-150.

Claussen, Hans Rudolf/Ostendorf, Heribert (Hg.) (2002), Korruption im öffentlichen Dienst, 2. Aufl., Köln usw.

Dahrendorf, Ralf (2001), „Recht und Ordnung", FAZ vom 21.11., S. 10.

Denninger, Erhard (1988), „Der Präventions-Staat", KJ, S. 1-15.

Denninger, Erhard (2002), „Freiheit durch Sicherheit?", KJ, S. 467-475.

Deutscher Bundestag (Hg.) (1988), AIDS: Fakten und Konsequenzen. Zwischenbericht der Enquete-Kommission des 11. Deutschen Bundestages „Gefahren von AIDS und wirksame Wege zu ihrer Eindämmung", Bonn.

Deutscher Bundestag (Hg.) (1990), AIDS: Fakten und Konsequenzen. Endbericht der Enquete-Kommission des 11. Deutschen Bundestages „Gefahren von AIDS und wirksame Wege zu ihrer Eindämmung", Bonn.

Diekmann, Irene/Schoeps, Julius H., Das Wilkomirski-Syndrom, Zürich/München.

Dörr, Dieter/Wilms, Heinrich (2002), „Verfassungsmäßigkeit der Abstimmung über das Zuwanderungsgesetz?", ZRP, S. 265-268.

Dose, Nicolai (1995), „Kooperatives Handeln in der Umweltschutzverwaltung", in: Nicolai Dose/Rüdiger Voigt (Hg.), Kooperatives Recht, Baden-Baden, S. 91-130.

Dose, Nicolai/Voigt, Rüdiger (Hg.) (1995), Kooperatives Recht, Baden-Baden.

Dreier, Horst (Hg.) (2000), Rechtssoziologie am Ende des 20.Jahrhunderts, Tübingen.

Dreier, Ralf (2002), „Niklas Luhmanns Rechtsbegriff", ARSP, S. 305-322.

Ehrlich, Eugen (1967), Grundlegung der Soziologie des Rechts, 3. Aufl., Berlin (Erstausgabe 1913).

Ellwein, Thomas (1995), „Kooperatives Verwaltungshandeln im 19. Jahrhundert", in: Nicolai Dose/Rüdiger Voigt (Hg.), Kooperatives Recht, Baden-Baden, S. 43-63.

Engisch, Karl (1963), Logische Studien zur Gesetzesanwendung, 3. Aufl., Heidelberg.

Enste, Dominik H. (2003), Schattenwirtschaft und institutioneller Wandel, Tübingen.

Epping, Volker (2003), „Die Verfassung Europas?", JZ, S. 821-831.

Esser, Josef (1972), Vorverständnis und Methodenwahl in der Rechtsfindung, Frankfurt/M.

Evers, Hans-Dieter (1987), „Schattenwirtschaft, Subsistenzproduktion und informeller Sektor. Wirtschaftliches Handeln jenseits von Markt und Staat", KZfSS, Sonderheft 28: Soziologie wirtschaftlichen Handelns, S. 353-366.

Ewald, Francois (1993), Der Vorsorgestaat, Frankfurt/M.

Faber, Heiko (1995), Verwaltungsrecht, 4. Aufl., Tübingen.

Feest, Johannes (1975), „Polizeiliche Situationen und die Bagatellisierung von Delikten", in: Erhard Blankenburg (Hg.), Empirische Rechtssoziologie, München, S. 56-76.

Forsthoff, Ernst (1971), Art. Ausnahmezustand, in: Hist. WB. Philos., Bd. 1, Darmstadt, Sp. 669 f.

Fraenkel, Ernst (1968), Zur Soziologie der Klassenjustiz, 1927, Neudruck Darmstadt.

France, Anatole (2003), Die rote Lilie, Zürich.

Freund, Julien (1987), „Die Rationalisierung des Rechts nach Max Weber", in: Manfred Rehbinder/Klaus-Peter Tieck (Hg.), Max Weber als Rechtssoziologe, Berlin, S. 9-35.

Geiger, Theodor (1949), Die Klassengesellschaft im Schmelztiegel, Köln/Hagen.

Geiger, Theodor (1964), Vorstudien zu einer Soziologie des Rechts, Neuwied/Berlin.

Gierke, Otto von (1883), „Labands Staatsrecht und die deutsche Rechtswissenschaft", Schmollers Jahrbuch für Gesetzgebung, Verwaltung und Volkswirtschaft, S. 1097-1195.

Goethe, Johann Wolfgang von (1982), Gedichte in zeitlicher Reihenfolge, Frankfurt/Leipzig.

Görlich, B./R. J. Butzer (1992), Art. Rationalisierung, in: Hist. WB. Philos., Bd. 8, Darmstadt, Sp. 41 ff.

Grimm, Dieter (Hg.) (1990), Wachsende Staatsaufgaben – sinkende Steuerungsfähigkeit des Rechts, Baden-Baden.

Grimm, Dieter (Hg.) (1991), Einführung in das Recht, 2. Aufl., Heidelberg.

Grimm, Dieter (2001), Die Verfassung und die Politik, München.

Habermas, Jürgen (1977), Faktizität und Geltung, 2. Aufl., Frankfurt/M.

Habermas, Jürgen (1983), Moralbewusstsein und kommunikatives Handeln, Frankfurt/M.

Habermas, Jürgen (1995), Theorie des kommunikativen Handelns, 2 Bde, Frankfurt/M.

Habermas, Jürgen (2003), „Unsere Erneuerung", FAZ v. 31.05.2003 (Mitautor Jacques Derrida).

Haft, Fritjof/Hof, Hagen/Wesche, Steffen (Hg.) (2001), Bausteine zu einer Verhaltenstheorie des Rechts, Baden-Baden.

Hanau, Peter/Adomeit, Klaus (2000): Arbeitsrecht, 12. Aufl., Neuwied/Kriftel/Berlin.

Hart, Dieter/Kemmnitz, Wolfgang (2001), „Recht und professionelle Normsetzung", in: Haft/Hof/Wesche (Hg.), Bausteine zu einer Verhaltenstheorie des Rechts, Baden-Baden, S. 279-290.

Hartwieg, Oskar (2002), Tatsachen- und Normarbeit im Rechtsvergleich, hrsg. von Stephan Meder und Hans Albrecht Hesse, Tübingen.

Hartwieg, Oskar/Hesse, Hans Albrecht (1981), Die Entscheidung im Zivilprozess, Königstein.

Haverkate, Görg (1977), Gewissheitsverluste im juristischen Denken, Berlin.

Heede, R. (1971), Art. Abduktion, in: Hist. WB. Philos., Bd. I, Darmstadt.

Heinemann, Klaus (1987), „Soziologie des Geldes", KZfSS, Sonderheft 28: Soziologie wirtschaftlichen Handelns, S. 322-338.

Heldrich, Andreas/Schmidtchen, Gerhard (1982), Gerechtigkeit als Beruf, München.

Henecka, Hans Peter (2000), Grundkurs Soziologie, 7. Aufl., Opladen.

Hennis, Wilhelm (1996), Max Webers Wissenschaft vom Menschen, Tübingen.

Hennis, Wilhelm (1998), Auf dem Weg in den Parteienstaat, Stuttgart.

Hennis, Wilhelm (2003), Max Weber und Thukydides, Tübingen.

Herberger, M. (1992), Art. Recht I, in: Hist. WB. Philos., Bd. 8, Darmstadt, Sp. 221 ff.

Herzog, Felix (1991), Gesellschaftliche Unsicherheit und strafrechtliche Daseinsvorsorge, Heidelberg.

Hesse, Hans Albrecht (1972), Berufe im Wandel, 2. Aufl., Stuttgart.

Hesse, Hans Albrecht (1978), „Routine im Richter-Beruf", KZfSS, S. 305-320.

Hesse, Hans Albrecht (1982), „Die Praxis der juristischen Berufe und die Juristenausbildung", JZ, S. 272-279.

Hesse, Hans Albrecht (1983), „Die Relevanz der Soziologie Max Webers für juristische Praxis und Juristenausbildung", ZfVR, S. 242-260.

Hesse, Hans Albrecht (1984), Das Recht der Bundesrepublik Deutschland, Heidelberg.

Hesse, Hans Albrecht (1991), „Der Experte als Laie: eine berufssoziologische Analyse mit einem ausbildungspolitischen Ausklang", in: Nippert/Pöhler/Slesina (Hg.), Kritik und Engagement. Festschrift für Christian von Ferber zum 60. Geburtstag, München, S. 247-255.

Hesse, Hans Albrecht (1994), Der Schutzstaat, Baden-Baden.

Hesse, Hans Albrecht (1997), „Juristenausbildung in Deutschland am Ende des 20. Jahrhunderts", ZRP, S. 376-370.

Hesse, Hans Albrecht (1998a), „Soziologie in Forschung und Lehre – Max Webers Wissenschaftsprogramm heute", in: Schütte/Uhe (Hg.), Die Modernität des Unmodernen. Festschrift für Wolf-Dietrich Greinert zum 60. Geburtstag, Berlin, S. 295-317.

Hesse, Hans Albrecht (1998b), Experte, Laie, Dilettant, Opladen/Wiesbaden.

Hesse, Hans Albrecht (2000a), „Der Experte als Experte, als Laie und als Dilettant", Scheidewege, Jg. 29, S. 169-193.

Hesse, Hans Albrecht (2000b), „Über die Eignung des Studiums der Rechtswissenschaft zur beruflichen Qualifizierung", AnwBl, S. 325-334.

Hesse, Hans Albrecht (2000c), „Reform des Universitätsstudiums der Rechtswissenschaft. Ein Verfahrensvorschlag", AnwBl, S. 701-704.

Hesse, Hans Albrecht (2002a), „Über die Einheit der juristischen Profession", AnwBl, S. 69-75.

Hesse, Hans Albrecht (2002b), „Die Reform des Jura-Studiums als Politik seiner Mechanisierung", JZ, S. 704-708.

Hesse, Konrad (1956), Der Rechtsschutz durch staatliche Gerichte im kirchlichen Bereich, Göttingen.

Hesse/Hinsch/Kauffmann/Meyer/Oldenburger-Miltz (1999), „Tendenzen des richterlichen Umgangs mit Schutz und Hilfe", ZRP, S. 502-507.

Hill, Hermann/Hof, Hagen (Hg.) (2000), Wirkungsforschung zum Recht II, Baden-Baden.

Hillgruber, Christian (1992), Der Schutz des Menschen vor sich selbst, München.

Hof, Hagen/Lübbe-Wolff, Gertrude (Hg.) (1999), Wirkungsforschung zum Recht I, Baden-Baden.

Hoffmann von Fallersleben (o. J.), Ausgewählte Werke in vier Bänden, Bd. 1, Leipzig.

Hommerich, Christoph (1988), Die Anwaltschaft unter Expansionsdruck, Köln/Essen.

Hümmerich, Klaus (2002), „Erweiterte Arbeitsnehmerrechte durch Verbraucherschutz", AnwBl., S. 671-681.

Hummel, Konrad (2003), Recht der behördlichen Regelungsexperimente, Berlin.

Ipsen, Jörn (2003), Staatsrecht I, 15. Aufl., Neuwied/Kriftel/Berlin.

Isensee, Josef (1983), Das Grundrecht auf Sicherheit, Berlin/New York.

Japp, Klaus P. (1997), „Die Idee ökologischer Prävention als moderner Mythos: Das Beispiel der Umweltgefährdungshaftung", KritVJ, S. 80-99.

Jarass, Hans D. (1997), Wirtschaftsverwaltungsrecht mit Wirtschaftsverfassungsrecht, 3. Aufl., Neuwied/Kriftel/Berlin.

Jerouschek, Günter (1999), „Denunziation. Überlegungen zu Geschichte und Funktion eines strafprozessualen Rechtsinstituts", in: Hof/Lübbe-Wolff (Hg.), Wirkungsforschung zum Recht I, Baden-Baden, S. 245-254.

Jhering, Rudolf von (1872), Der Kampf ums Recht, Wien.

Jhering, Rudolf von (1893), Der Zweck im Recht, 1. Bd., 3. Aufl., Leipzig.

Kaiser, Günther (1999), „Wirkungsforschung zum Umweltstrafrecht", in: Hof/Lübbe-Wolff (Hg.), Wirkungsforschung zum Recht I, Baden-Baden, S. 183-194.

Kantorowicz, Hermann (1963), Der Begriff des Rechts, Göttingen.

Kardasiadou, Zoi (1998), Die Produkthaftung für fehlerhafte medizinische Expertensysteme, Baden-Baden.

Kauffmann, Peter (2003), Zur Konstruktion des Richterberufs durch Richterleitbilder. Eine empirische Untersuchung, Frankfurt/M.

Kaufmann, Arthur (1999), Das Verfahren der Rechtsgewinnung, München.

Kaufmann, Franz-Xaver (1973), Sicherheit als soziologisches und sozialpolitisches Problem, 2. Aufl., Stuttgart.

Kaufmann, Franz-Xaver (1997), Herausforderungen des Sozialstaats, Frankfurt/M.

Kirchmann, Julius von (1956), Die Wertlosigkeit der Jurisprudenz als Wissenschaft, Darmstadt.

Kilb, Wolfgang (2003), „Subventionskontrolle durch europäisches Beihilferecht – Eine Übersicht", JuS, S. 1072-1076.

Koch, Hans-Joachim (Hg.) (2002), Umweltrecht, Neuwied/Kriftel.

Koslowski, S. (1995), Art. Sozialstaat, in: Hist. WB. Philos., Bd. 9, Darmstadt, Sp. 1245 ff.

Krawietz, W. (1971), Art. Begriffsjurisprudenz, in: Hist. WB. Philos., Bd. 1, Darmstadt, Sp. 809 ff.

Krawietz, W. (1972), Art. Freirechtslehre, in: Hist. WB. Philos., Bd. 2, Darmstadt, Sp. 1098 ff.

Kunig, Philip (1986), Das Rechtsstaatsprinzip, Tübingen.

Ladeur, Karl-Heinz (1994), „Recht und Verwaltung", in: Dammann/Grunow/Japp (Hg.), Die Verwaltung des politischen Systems, Opladen, S. 99-107.

Lamnek, Siegfried/Schäfer, Wolfgang J. (2001), „Akzeptanzverlust gesetzlicher Normen am Beispiel sozialer Devianz", in: Haft/Hof/Wesche (Hg.), Bausteine zu einer Verhaltenstheorie des Rechts, Baden-Baden, S. 159-172.

Lautmann, Rüdiger (1972), Justiz – die stille Gewalt, Frankfurt/M.

Lepsius, Oliver (1999), Steuerungsdiskussion, Systemtheorie und Parlamentarismuskritik, Tübingen.

Lepsius, Rainer M. (2000), „Die Europäische Union als rechtlich konstituierte Verhaltensstrukturierung", in: Horst Dreier (Hg.), Rechtssoziologie am Ende des 20. Jahrhunderts, Tübingen, S. 289-305.

Leyendecker, Hans (2003), Die Korruptionsfalle, Reinbek.

Lindblom, Charles E. (1980), Jenseits von Markt und Staat, Stuttgart.

Lisken, Hans/Denninger, Erhard (Hg.) (2001), Handbuch des Polizeirechts, 3. Aufl., München.

Ludwig-Mayerhofer, Wolfgang (1998), Das Strafrecht und seine administrative Rationalisierung, Frankfurt/M./New York.

Lübbe-Wolff, Gertrude (1993), „Vollzugsprobleme der Umweltverwaltung", NuR, S. 217-229.

Luhmann, Niklas (1965), Grundrechte als Institution, Berlin.

Luhmann, Niklas (1969), Legitimation durch Verfahren, Neuwied.

Luhmann, Niklas (1970a), „Zur Funktion der „subjektiven Rechte", in: Jahrbuch für Rechtssoziologie und Rechtstheorie, Bd. I, Bielefeld, S. 321-330.

Luhmann, Niklas (1970b), Soziologische Aufklärung, Köln/Opladen.

Luhmann, Niklas (1971), „Lob der Routine", in: ders., Politische Planung, Opladen, S. 113-142.

Luhmann, Niklas (1974), Rechtssystem und Rechtsdogmatik, Stuttgart/Berlin/Köln/Mainz.

Luhmann, Niklas (1976), „Rechtsprechung als professionelle Praxis", in: Konrad-Adenauer-Stiftung (Hg.), Material über Zukunftsaspekte der Rechtspolitik, Eichholz, S. 67-77.

Luhmann, Niklas (1981a), Die Ausdifferenzierung des Rechts, Frankfurt/M.

Luhmann, Niklas (1981b), „Die Funktion des Rechts: Erwartungssicherung oder Verhaltenssteuerung?", in: ders., Die Ausdifferenzierung des Rechts, Frankfurt/M., S. 73-91.

Luhmann, Niklas (1981c), „Subjektive Rechte: Zum Umbau des Rechtsbewußtseins für die moderne Gesellschaft", in: ders., Gesellschaftsstruktur und Semantik, Bd. 2, Frankfurt/M., S. 45-104.

Luhmann, Niklas (1983), Legitimation durch Verfahren, Frankfurt/M.

Luhmann, Niklas (1987), Rechtssoziologie, 3. Aufl., Opladen.

Luhmann, Niklas (1988), Soziale Systeme, 2. Aufl., Frankfurt/M.

Luhmann, Niklas (1989), Gesellschaftsstruktur und Semantik, Bd. 3, Frankfurt/M.

Luhmann, Niklas (1991), Soziologie des Risikos, Berlin/New York.

Luhmann, Niklas (1993), Das Recht der Gesellschaft, Frankfurt/M.

Luhmann, Niklas (1994a), „Die Unterscheidung von Staat und Gesellschaft", in: ders., Soziologische Aufklärung 4, 2. Aufl., Opladen, S. 67-73.

Luhmann, Niklas (1994b), „Staat und Politik", in: ders., Soziologische Aufklärung 4, 2. Aufl., Opladen, S.74-103.

Luhmann, Niklas (1994c), „Codierung und Programmierung", in: ders., Soziologische Aufklärung 4, 2. Aufl., Opladen, S. 182-201.

Luthe, Ernst-Wilhelm (1989), Das besondere Gewaltverhältnis – Selbstregulationsmodell des öffentlichen Rechts, Frankfurt/M.

Luthe, Ernst-Wilhelm (2001), Optimierende Sozialgestaltung, Tübingen.

Makropoulos, M. (1995), Art. Sicherheit, in: Hist. WB. Philos., Bd. 9, Darmstadt, Sp. 745 ff.

Marßolek, Inge (2001), „Denunziation in Deutschland 1933-1955: eine Fallgeschichte", in: Haft/Hof/Wesche (Hg.), Bausteine zu einer Verhaltenstheorie des Rechts, Baden-Baden, S. 261-269.

Marx, Karl (1971a), Zur Judenfrage, Karl-Marx-Ausgabe, hrsg. von Hans-Joachim Lieber, Bd. I, Darmstadt, S. 451-487.

Marx, Karl (1971b), Der achtzehnte Brumaire des Louis Napoleon, Karl-Marx-Ausgabe, hrsg. von Hans-Joachim Lieber, Bd. III.1, Darmstadt, S. 268-387.

Maurer, Hartmut (2001), Staatsrecht I, 2. Aufl., München.

Mayntz, Renate (1978), „Gesetzesvollzug im Umweltschutz – Wirksamkeit und Probleme", ZfU, S. 217-244.

Mayntz, Renate (1997), Soziologie der öffentlichen Verwaltung, 4. Aufl., Heidelberg/Karlsruhe.

Meder, Stephan (1993), Schuld, Zufall, Risiko, Frankfurt/M.

Meder, Stephan (2002), Rechtsgeschichte, Köln/Weimar/Wien.

Metzler, Gabriele (2003), Der deutsche Sozialstaat, Stuttgart/München.

Meyer, Willi (1987), „Eigentumsrechte und Güternutzung", KZfSS, Sonderheft 28: Soziologie wirtschaftlichen Handelns, S. 97-118.

Meyer, Rita (2000), Qualifizierung für moderne Beruflichkeit, Münster usw.

Michels, Robert (1957), Zur Soziologie des Parteiwesens in der modernen Demokratie, 2. Aufl., Stuttgart.

Morlok, Martin/Köbel, Ralf/Launhardt, Agnes (2000), „Recht als soziale Praxis", Rechtstheorie, S. 15-46.

Müller, Hans-Peter (2003), „Kapitalismus im Plural", in: Bohrer/Scheel (Hg.), Kapitalismus oder Barbarei? Sonderheft Merkur, Sept./Okt., S. 850-860.

Münch, Richard (1988), Theorie des Handelns, Frankfurt/M.

Naucke, Wolfgang (1998), Strafrecht, 8. Aufl., Neuwied/Kriftel.

Offe, Claus (1972), Strukturprobleme des kapitalistischen Staates, Frankfurt/M.

Opp, Karl-Dieter/Peuckert, Rüdiger (1971), Ideologie und Fakten in der Rechtsprechung, München.

Ossenbühl, Fritz (2000), Die Not des Gesetzgebers im naturwissenschaftlich-technischen Zeitalter, Wiesbaden.

Parsons, Talcott (1965), „Wertgebundenheit und Objektivität in den Sozialwissenschaften", in: Max Weber und die Soziologie heute. Verhandlungen des 15. Deutschen Soziologentages, Tübingen, S. 39-64.

Pawlowski, Hans-Martin (2000), Einführung in die juristische Methodenlehre, 2. Aufl., Heidelberg.

Pitschas, Rainer (2000), Polizei und Sicherheitsgewerbe, Wiesbaden.

Plessner, Helmuth (1959), Die verspätete Nation, 2. Aufl., Stuttgart.

Podgórecki, Adam (1967): „Die Drei-Stufen-Hypothese über die Wirksamkeit des Rechts", KZfSS, Sonderheft 11: Studien und Materialien zur Rechtssoziologie, S. 271-283.

Popitz, Heinrich (1968), Über die Präventivwirkung des Nichtwissens, Tübingen.

Popper, Karl R. (1994), Alles Leben ist Problemlösen, München/Zürich.

Prittwitz, Cornelius (1993), Strafrecht und Risiko, Frankfurt/M.

Raiser, Thomas (1999a), Das lebende Recht, 3. Aufl., Baden-Baden.

Raiser, Thomas (1999b), „Wirkungen des Mitbestimmungsgesetzes", in: Hof/Lübbe-Wolff (Hg.), Wirkungsforschung zum Recht I, Baden-Baden, S. 107-120.

Rawls, John (1979), Eine Theorie der Gerechtigkeit, Frankfurt/M.

Rehbinder, Eckhard (1996), Das Vollzugsdefizit im Umweltrecht und das Umwelthaftungsrecht, Leipzig.

Rehbinder, Manfred (1967), „Wandlungen der Rechtsstruktur im Sozialstaat", KZfSS, Sonderheft 11: Studien und Materialien zur Rechtssoziologie, S. 197-222.

Rehbinder, Manfred (2003), Rechtssoziologie, 5. Aufl., München.

Reichertz, Jo (1991), Aufklärungsarbeit, Stuttgart.

Reichertz, Jo (1993), „Organisation und Interaktion. Zur Struktur kriminalpolizeilicher Aufklärung", Die Polizei, Heft 5, S. 117-124.

Reichertz, Jo (1994), „Polizeiliche Expertensysteme: Illusion oder Verheißung?", in: Hitzler/Honer/Maeder (Hg.), Expertenwissen, Opladen, S. 193-213.

Reiners, Ludwig (1957), Der ewige Brunnen, München.

Repgen, Tilman (2001), Die soziale Aufgabe des Privatrechts, Tübingen.

Rescher, Nicholas (1985), „Handlungsaspekte", in: Georg Meggle (Hg.), Analytische Handlungstheorie, Frankfurt/M., S. 1-7.

Richter, Walther (1973), Zur Bedeutung der sozialen Herkunft des Richters für die Entscheidungsbildung, Stuttgart.

Robbers, Gerhard (1987), Sicherheit als Menschenrecht, Baden-Baden.

Röhl, Klaus F. (1987), Rechtssoziologie, Köln usw.

Röhl, Klaus F. (2000), „Zur Bedeutung der Rechtssoziologie für das Zivilrecht", in: Horst Dreier (Hg.), Rechtssoziologie am Ende des 20. Jahrhunderts, Tübingen, S. 39-85.

Rottleuthner, Hubert (1984), Rechtssoziologische Studien zur Arbeitsgerichtsbarkeit, Baden-Baden.

Rottleuthner, Hubert (1987), Einführung in die Rechtssoziologie, Darmstadt.

Rottleuthner, Hubert (2001), „Pointierte Zusammenfassung: Dejà Vu", in: Hof/Schulte (Hg.), Wirkungsforschung zum Recht III, Baden-Baden, S. 307-310.

Rückert, Joachim (1997), „Der neue Richter: Weimar und die Folgen", KJ, S. 429-441.

Rüthers, Bernd (1968), Die unbegrenzte Auslegung, Tübingen.

Rüthers, Bernd (1995), Die Wende-Experten: zur Ideologieanfälligkeit geistiger Berufe am Beispiel der Juristen, München.

Rüthers, Bernd (1999), Rechtstheorie, München.

Rüthers, Bernd (2002), „Demokratischer Rechtsstaat oder oligarchischer Richterstaat?", JZ, S. 365-371.

Schmid, Jeannette/Drosdeck, Thomas/Koch, Detlef (1997), Der Rechtsfall – ein richterliches Konstrukt, Baden-Baden.

Schmidt, Eberhard (1953), „Richtertum, Justiz und Staat", JZ, S. 321-326.

Schmid-Biggemann, W. (1980), Art. Maschine, in: Hist. WB. Philos., Bd. 5, Darmstadt, Sp. 790 ff.

Schneider, Friedrich/Enste, Dominik (2000), Schattenwirtschaft und Schwarzarbeit, München, Wien.

Schneider, Hans-Peter (1989), „Gewaltenverschränkung zwischen Parlament und Regierung", in: Detlef Merten (Hg.), Gewaltentrennung im Rechtsstaat, Berlin, S. 77-89.

Schulte, Hans (1999), Umweltrecht, Heidelberg.

Schuppert, Gunnar Folke (2000), „Soziologie der öffentlichen Verwaltung", in: Horst Dreier (Hg.), Rechtssoziologie am Ende des 20. Jahrhunderts, Tübingen, S. 206-251.

Schur, Wolfgang (2001), Leistung und Sorgfalt, Tübingen.

Schütz, Alfred/Parsons, Talcott (1977), Zur Theorie sozialen Handelns, Frankfurt/M.

Simon, Dieter (1975), Die Unabhängigkeit des Richters, Darmstadt.

Soretz, Friedrich (2003), Pädagogische Professionalität und schulische Organisationsentwicklung, Hamburg.

Stammer, Otto u. a. (1965), Verbände und Gesetzgebung, Köln/Opladen.

Steiner, George (2003), „Wir alle sind Gäste des Lebens und der Wahrheit", Dankesrede aus Anlass der Verleihung des Börne-Preises, in: FAZ vom 31.05., S. 39.

Stober, Rolf (2000), „Wirkungen von Subventionsrecht und Subventionspraxis", in: Hill/Hof (Hg.), Wirkungsforschung zum Recht II, S. 251-263.

Streng, Franz (1984), Strafzumessung und relative Gerechtigkeit, Heidelberg.

Strzelewicz, Willy (1968), Der Kampf um die Menschenrechte, Frankfurt/M.

Teubner, Gunther (1984), „Verrechtlichung – Begriffe, Merkmale, Grenzen, Auswege", in: Friedrich Kübler (Hg.), Verrechtlichung von Wirtschaft, Arbeit und sozialer Solidarität. Baden-Baden. S. 289-344.

Teubner, Gunther/Willke, Helmut (1984), „Kontext und Autonomie: Gesellschaftliche Selbststeuerung durch reflexives Recht", ZfR, S. 4-35.

Treiber, Hubert (1990), Art. Verwaltung, in: LdR 3/290.

Voigt, Rüdiger (Hg.) (1986), Recht als Instrument der Politik, Opladen.

Voigt, Rüdiger (2000), Recht – Spielball der Politik?, 4. Aufl., Baden-Baden.

Volkmann, Uwe (2001), „Der dezente Staat – Verhaltenssteuerung im Umweltrecht", JuS, S. 521-528.

Wassermann, Rudolf (1978), Der soziale Zivilprozeß, Neuwied/Darmstadt.

Wassermann, Rudolf (1979), Menschen vor Gericht, Neuwied/Darmstadt.

Weber, Max (1921), Gesammelte politische Schriften, München.

Weber, Max (1922a), Gesammelte Aufsätze zur Religionssoziologie, Bd. I, Tübingen.

Weber, Max (1922b), Gesammelte Aufsätze zur Wissenschaftslehre, Tübingen.

Weber, Max (1922c), Wirtschaft und Gesellschaft. Grundriss der Sozialökonomik, III. Abteilung, Tübingen.

Weber, Max (1923), Wirtschaftsgeschichte, Tübingen.

Weber, Werner (o. J.), Spannungen und Kräfte im westdeutschen Verfassungssystem, Stuttgart.

Weingarten, Joe (1995), „Kooperatives Recht in der Finanzverwaltung", in: Nicolai Dose/Rüdiger Voigt (Hg.), Kooperatives Recht, Baden-Baden, S. 149-184.

Weiß, Wolfgang (2002), „Völkerstrafrecht zwischen Weltprinzip und Immunität", JZ, S. 696-704.

Werle, Gerhard/Jeßberger, Florian (2002), „Das Völkerstrafgesetzbuch", JZ, S. 725-734.

Wieacker, Franz (1952), Privatrechtsgeschichte der Neuzeit, Göttingen.

Willke, Helmut (1994), „Staat und Gesellschaft", in: Klaus Dammann/Dieter Grunow/Klaus P. Japp (Hg.), Die Verwaltung des politischen Systems, Opladen, S. 13-26.

Windscheid, Bernhard (1904), Gesammelte Reden, Leipzig.

Wohlfahrt, Norbert (2001), „Der aktivierende Sozialstaat: Konzept und Konsequenzen einer veränderten Sozialpolitik", NDV, S. 82-86.

Zippelius, Reinhard (1999), Juristische Methodenlehre, 7. Aufl., München.

Sachregister

Personenregister

Einführungen in die Soziologie

Martin Abraham,
Thomas Hinz (Hrsg.)

Arbeitsmarktsoziologie
(Arbeitstitel)
Probleme, Theorien,
empirische Befunde
2004. ca. 288 S. Br. ca. EUR 24,90
ISBN 3-531-14086-8

Der Band bietet einen fundierten
Einblick in die zentralen Theorien
und Probleme des Arbeitsmarktes.
Voraussichtlich mit Beiträgen von
Rolf Becker, Hans Dietrich, Markus
Gangl, Henriette Engelhardt, Frank
Kalter, Wolfgang-Ludwig-Mayerhofer,
Tanja Mühling, Olaf Struck, Heike
Trappe u.a.

Michael Jäckel

**Einführung
in die Konsumsoziologie**
(Arbeitstitel)
Geschichte – Forschungsstand –
Quellen
2004. ca. 272 S. Br. ca. EUR 21,90
ISBN 3-531-14012-4

Die moderne Gesellschaft lässt sich
als Konsumgesellschaft beschreiben. Mode, Geschmack, Stil sind
ebenso prägend wie die mit der ent-
stehenden Konsumgesellschaft ein-
hergehende Konsumkritik. Dieses
einführende Lehrbuch beschreibt
daher die Entstehung und Entwicklung von Konsum und seine gesellschaftliche Bedeutung.

Paul B. Hill, Johannes Kopp

Familiensoziologie
Grundlagen und theoretische
Perspektiven
3. Aufl. 2004. ca. 352 S.
Br. ca. EUR 26,90
ISBN 3-531-43734-8

Das Buch gibt einen fundierten Einblick in die Familiensoziologie. Dabei
werden zunächst die historischen
und ethnologischen Variationen der
Formen familialen Lebens thematisiert und die wichtigsten Theorietra-
ditionen der Familiensoziologie vorgestellt. Für die zentralen Gegen-
standsbereiche – etwa Partnerwahl,
Heiratsverhalten, innerfamiliale
Interaktion, Fertilität, Familienfor-
men sowie Trennung und Scheidung
– wird der theoretische und empirische Stand der Forschung vorgestellt und diskutiert.

Erhältlich im Buchhandel oder beim Verlag
Änderungen vorbehalten Stand Januar 2004

www.vs-verlag.de

VS VERLAG FÜR SOZIALWISSENSCHAFTEN

Abraham-Lincoln-Straße 46
65189 Wiesbaden
Tel 0611.7878-285
Fax 0611.7878-400

Nachschlagewerke